阐释并守护世界意义的人

——人文知识分子的起源及其使命

（新修订版）

尤西林 著

华东师范大学出版社

华东师范大学出版社六点分社　策划

目 录

内容提要 / 1

2017 年修订版绪言 / 1

导论：知识分子的当代含义

一、知识分子观念的历史演变 / 3
    （一）脑体分工的巫术文化背景 / 3
    （二）科技专家：近现代知识分子观念 / 5
    （三）对知识分子观念的多重当代挑战 / 8
二、知识分子观念的当代阐释 / 25
    （一）作为西方"知识分子"原型的俄国"интеллигинция" / 25
    （二）当代中国知识分子自我定位的困境 / 29
三、人文科学与人文知识分子 / 37
    （一）古典人文学科的历史演化 / 38
    （二）人文科学统摄人文学科的现代性意义 / 40
    （三）人文知识分子的内涵 / 43

第一章 世界与意义

一、劳动与世界 / 47

二、劳动二重性 / 55

三、技术：希望与危险 / 63

　　（一）技术理性及其批判 / 63

　　（二）技术的艺术境界 / 66

四、意义与涵义 / 69

　　（一）含义世界 / 69

　　（二）意义与涵义 / 70

第二章 意义与阐释

一、符号命名与劳动建构 / 83

二、分离（Kekhorismene）与沉思：脑体分工的人文意义 / 86

三、意义与阐释 / 91

四、文化与意义世界 / 101

五、作为社会分工的意义阐释 / 104

第三章 阐释并守护世界意义的人：人文知识分子的起源与演化

一、巫：知识分子的原型 / 108

二、巫术解体与知识分子演化谱系 / 120

第四章 意义与权力——人文知识分子与世界（一）

一、巫王分合的逻辑意义 / 130
二、意义空间：有别于国家的"天下"社会 / 134
    （一）问题："天下"的语义 / 135
    （二）作为专有名词的"天下"古义 / 136
    （三）先秦儒学的阐释与"天下"社会观的建立 / 138
    （四）与君主专制"国家"对峙的"天下" / 146
    （五）"天下"与"国家"：中西比较与现代批判 / 155
三、介入权力：革命家与公务员 / 162

第五章 意义与意识形态——人文知识分子与世界（二）

一、意识形态的内涵 / 175
二、权力与教化：政教合一 / 179
    （一）政教合一的两个方向 / 179
    （二）政教合一与专制主义 / 182
    （三）激扬真理与爱之教化 / 185
三、政教分离及其现代遗产 / 192
四、人文意义与近现代世界 / 199
    （一）理性道德与经济制度 / 201
    （二）文化理想主义：文明的价值规范 / 204

第六章 出世与入世：人文知识分子的生存张力——人文知识分子与世界（三）

一、人文知识分子人格的特殊性 / 208

二、人文知识分子人格命运的悲剧性 / 209
三、人文知识分子的职业困境 / 212
四、人文知识分子与民间百姓 / 215
五、隐逸的人文意义 / 222

结语

附论 1　大学人文精神的信仰渊源 / 233
附论 2　百姓日用是否即道？——关于中国世俗主义传统的
　　　　检讨 / 250
附论 3　关怀公共精神的"积极自由"行动者——鲁迅与现代知识
　　　　分子角色 / 263

附录

2008 年台湾繁体版前言 / 275
2006 年增订版引言 / 278
1996 年初版序 / 285
后记 / 288

内容提要

导论：知识分子的当代含义

1. 对划定知识分子原则的脑体分工须作历史性考察。信仰背景下的古代脑体分工并非近代的劳动自然分工。脑体活动的对象及目的有着深刻的区别,这一区别被近现代知识观念湮没。

2. 近现代形成了以科技专业为典范的知识及知识分子观念,这一观念下的知识分子主要是技术工具。

3. 人文科学并非与自然科学及社会科学平行的文科知识类型学,而是对包括自然科学与社会科学在内的人类文化的意义研究。人文科学及其各门人文学科在对象、方法与功能上有别于科技知识。人文科学成为人文知识分子的学理根据。

4. 现代社会的系统化与电子化使近代脑体分工的个体差别日趋缩小。操作消除意识。唯有价值目的不被同化于操作系统。当代知识分子只有在人文价值意义中才保留着知识分子的独特含义。

5. 20世纪专政型意识形态对人文价值理性与人文知识分子的垄断同化,使独立的知识分子只在工具理性含义下被认可。

6. 后现代主义以否定性消解取代肯定性理想,人文知识分子被视为精神观念专制者而受到批判。

7. 作为当代知识分子观念的原型"интеллигенция":别尔嘉耶夫关于俄国知识分子的论述第一次揭示了为近现代科技知识分子观念所掩盖的知识分子独特含义。

8. 当代中国从专政型意识形态向商品经济的转变,使开始独立人文价值思考的人文知识分子却又被工具理性与功利价值的社会主流所冷落排斥。当代中国人文知识分子自我定位的痛苦。知识分子原理学研究成为攸关当代中国知识分子自我意识与安身立命的时代课题。

9. 人文学科与人文知识分子的形上含义。人文教化不是科技分工层面的形下专业知识授受。人文知识分子不是基于专业与职业的外在固定类聚,而是基于人文价值的精神态度群体:物理学家的爱因斯坦比乾嘉学者更属于人文知识分子。

第一章 世界与意义

1. 劳动是建构世界的功能性本体。劳动本体论不是人类中心本体论,自然本体先于劳动本体,劳动本体价值基于劳动产品的使用价值及其交换价值,但超越上述价值。

2. 劳动二重性:劳动既是人基于自然生命需要的谋生手段,又是人超越自然需要以实现人性的目的形态。劳动的自由性与神圣性。劳动二重性的辩证关系及其近现代思想史。近代劳动的尊贵地位为何在当代被贬黜?

3. 作为劳动骨骼的技术:危险与希望同在。技术理性在建构文明世界的同时却使世界失去目的。技术列维坦的艺术化以目的观念的转变为前提。选择的立场基于精神世界。

4. 符号意义是人与世界关联的绝对中介,它拥有指称与表达两大内容。系统化含义构成含义世界。广义的知识分子是拥有含义世界的符号工作者。

5. 劳动谋生与自由二重性经由意义与涵义的符号化获得普遍的语用与解释功能。基于劳动二重性的含义相应地区分为涵义(meaning)与意义(Significance)两类。逻辑经验主义以涵义(meaning)排斥意义(Significance)。

6. 涵义(meaning)是基于谋生性劳动的确定而有限的逻辑谓(宾)词。涵义价值精于算计,但缺少内在目的与终极价值。荒诞:有涵义而无意义。

7. 意义(Significance)是超越涵义的普遍性理念,它既为涵义提供系统扩展的框架,又为涵义提供终极目的。意义所指超出了逻辑谓(宾)词而呈现为意境。代表当代科技核心涵义形态的人工智能,其本体性限定是缺少意义感。人文科学的普遍符号形态即意义学。

第二章　意义与阐释

1. 符号命名是动物受动性劳累提升为人类主体性劳动的必要条件。命名创造意义,意义沉积为操作性涵义的深层结构而赋予其超越意向。

2. 操作性涵义在行为意识层面抑制意义意识。沉思与反思是对涵义的超越,它以脱离技术操作为前提。作为沉思前提的亚里士多德"分离"——康德与阿伦特"旁观"——海德格尔"泰然任之"。

3. 与对涵义的说明有别,意义需要理解。理解—阐释—美学—人文科学—意义相互包孕的关系。阐释意向对操作涵义目的定位,意义必须经由阐释(包括原创性命名)才能生成。阐释的特性:扩展系统、消解概念、回溯本源、转换意念、保护隐喻与尊重神话及经典。科学主义的考古观对神话与经典祛魅,从而将意义还原为涵义事实,由此消解精神意义信仰并导致虚无主义。将大禹考证为虫的危险后果。意义创造论与涵义进化论需要各安其位。实证主义即虚无主义。意义世界需要守护:布洛赫论证作为激情目标的虚幻的特洛伊海伦比考古学证实的埃及海伦本人更真实。

4. 文化是意义的结晶,一如文明之于涵义。文化系统构成意义世界。意义世界升华为意境。意义世界的多种形态:艺术本体、社会理想、宗教天国、意识形态。意义世界须历代阐释积累与守护。传统文化的意义高于其特定涵义。大学是现代意义世界最重要的制度代表。

第三章　阐释并守护世界意义的人: 人文知识分子的起源与演化

1. 人类第一个(大一统)专业是巫术。巫是超越性意义神界与人类现实涵义界的中介沟通者。"神使"(Hermes)是阐释学(Hermeneutics)的辞源本义。远古人类为何要以稀缺的剩余产品供养职业想象家?巫术狂热的意义阐释承担着攸关生死的实用涵义功能。巫对神性意义的阐释为突破现实困境提供想象性目的与自我意识信心。

2. 神使兼人类利益最高代言者。双重重负诞生出"使命"。使命高于使者:杀巫与"自我牺牲"的崇高原型。巫术语文是最古老的语言文字,巫术成为人类知识母体,巫成为人类知识分子的始祖原型。

3. 巫术文化时代的结束,以巫术退出直接生产领域为标志。"轴心期"(Axial Period)由此开端。巫据守人文意义传统而散布演化为儒生、教士、艺术家、哲学家。科技知识分子的渊源。巫术文化解体后流浪无业的最早人文导师为何气度不凡?孔子、沙门、佛陀、苏格拉底、基督。管理与讲学的渊源。巫术从秘密仪式与种姓传递向社会教育与学术的转化。巫—宗教—迷信的分梳。

第四章 意义与权力

1. 巫王天然趋向合一。精神权威内在构成政治权威。私有制背景的决定性推动。巫之超越性与无限性包含着向统治转化的契机。

2. "社会"(Society)是"国家"的基础与权威合法性的根据。"社会"观念(idea)具有形上理想性,它是人文知识分子阐释的文化意义世界。中国传统社会观的最高空间意象即原始儒学所阐释的大同公有"天下"。"天下"成为中国传统人文主义的空间原型。"天下"迄今存活,其道义资源与游民社会之混合。

3. 人文意义径由"正义"转入革命。"革命"成为人文意义对涵义世界强力改造。意义须凭借涵义同质力量才能作用于涵义,因而意义使涵义意义化的同时也使自身涵义化。人文知识分子投身近代民族民主革命而转化为革命家。法国大革命所尖锐凸出的人文意义与革命涵义的矛盾:《九三年》的经典对白。革命人文知识分子的激进导致道德专制,同时又以其意义纯洁态度而遭涵义世界的权力排斥。孔子与苏格拉底为何不从政?现代人文知识分子的专家地位是其意义批判的权力条件。马基雅维利、阿伦特以来挟意义进入涵义世界的现代行动政治哲学:承受肮脏涵义界的意义诠释者才是真实的人文知识分子,救世之爱高于个人独善其身。后巫术的古典两个世界格局被重归于一个世界。如何基于个人自由构成实质交往的公共领域是现代化历史迄今仍未解决的难题。阿伦特寄望的当代审美共通体的现当代异化。

第五章 意义与意识形态

1. 意识形态以理性逻辑论证超越性理念,成为人文意义与形下涵义的混合体。意识形态以普遍性话语将特定阶层利益逻辑化,评价混淆为客观真理。经院哲学之于中世纪统治,黑格尔总体理性主义与同一性哲学之于现代专制主义。意识形态的弊害在于意义理念与权力的结合。人文知识分子成为意识形态专家。从九品中正制到现代评奖。人文意义的独立尊严:萨特为何拒绝诺贝尔奖?

2. 政教合一的两种形式:权力役使教化与教化扩张为权力。

3. 政教合一可导致极权主义。人文意义阐释被权力垄断,人文知识分子被根本取缔。权力从外在统治扩张为内在人格控制。

4. 政教合一的意识形态语言特征。传统"真理"观念的侵犯进攻风格:统治、同一、征服。"真理"的斗争性派生出"正义"。意义阐释:自由游戏与谦逊信仰。意义不隶属于阐释者。人文语言的和平友爱与非暴力精神攸关人类幸福。消除中国百年悍戾之气的制度前提。"人格"概念的个体性为何被私人化?

5. 作为现代文明标志之一的政教分离。政教分离使世俗权力与人文知识分子各归其位。近代政教分离之后人文意义及其知识分子一直在寻找独立的生存基地。比宗教信仰更普遍的人文信仰需要超越性意义境界的实在感,虚无主义却囿于涵义的实在经验。

6. "理性"、"公正"等人文意义理念转化为近现代市场经济制度的涵义性结构。诺思的经济制度变迁论:意识形态成为弥补产权缺陷的社会整合力量。

7. 人文意义以文化理想形态对市场经济、科技知性与文明时潮提供价值批判尺度。共产主义如何可能作为人文理想重生?

第六章 出世与入世

1. 近现代世俗化社会结束了巫与导师的特权,使之转化为严格意义的人文知识分子。在涵义世界中谋生与意义阐释构成为现代人文知识分子的个体人格内在矛盾。

2. 在现代世俗化主潮中,集劳动二重性矛盾于一体的人文知识分子人格的悲剧性命运。

3. 人文价值是使用价值的本体,它无价可估,无法进入市场交换。商品社会中人文知识分子职业定位及生存的困境。人文知识分子经济来源的若干类型。

4. 人文知识分子的四重交往关系。政教分离前后不同历史条件下人文知识分子与民众的不同关系。神圣化的集合名词"人民"与专制主义。痞子文化与专制相互补充。面对意识形态与世俗主义的当代中国人文知识分子。"媚俗"的统治地位。民粹主义与启蒙主义的混合意识形态以社会平等与人格平等抹杀意义精神品级。精神意义品级的提升性与社会涵义的平等性相互依存,精神品级将成为未来中国精神建设最重要的课题之一。

5. 作为人文阐释"消极自由"保障条件的隐逸是一种精神态度:与涵义世界的间距化。犬儒主义辨析。出世的隐逸构成积极入世的功能环节。隐逸的社会学类型:山林与朝市。中国隐逸的世俗化与印度、西方隐逸的孤寂境界。隐逸是"我"与"神"独在。

结　语

当代中国对人文阐释的三种客观需要。既非主观修养亦非吁求社会,中国人文知识分子只有在阐释并守护中国现代化意义的过程中才能生成自身。

附　论

大学人文精神的信仰渊源

　　精神教化与知识传授一统于大学,为现代社会奠定了知识与意义(significance)统一的教育机制。大学作为创新科学原理与守护精神价值的策源地,其教育目标是培养人文知识分子而超越了文理专业区别。大学是人文知识分子的"教会"。大学人文通识素质教育,所培养的主体认知、意志与情感素质,最高亦即最深层的素质乃是对真善美终极价值尺度的执着向往,大学人文精神从而成为对古典信仰教化的现代性转化与承担。

百姓日用是否即道?——关于中国世俗主义传统的检讨

　　世俗主义将本体内化与同一化于世俗生活。儒道释共同的倾向是将意义世界内化于涵义世界。

　　当代中国世俗主义化的生活世界从根基上消解着中国意义阐释。中国文化是否不需要两个世界的架构?

关怀公共精神的"积极自由"行动者——鲁迅与现代知识分子角色

　　康德基于非职业化定义"公开运用理性"是一个被忽视的启蒙要点。超专业—职业的公共精神成为现代知识分子本义。鲁迅所象征的中国知识分子公共精神正受到中国当代消极自由主义者的批判。消极自由与积极自由的辩证关系。

2017年修订版绪言

承蒙彭文曼女士一再建议与督促,《阐释并守护世界意义的人》以修订版交付上海"六点"(华东师范大学出版社六点分社)出版。此书1996年初版迄今逾20年,历经四个出版社不断被要求修订出版;出乎意外的是,今日已是学界中坚的一批北大、中国社科院、复旦、人大、台大中年学者在与我初次见面时几乎都告诉我曾精读或讨论过此书;此书的核心概念"意义—涵义"甚至被厦门大学几位教授引入法理学展开讨论;特别是曾启蒙我进入学术的已逾80岁的赵宋光老师,2014年告诉我他"一直在看这本书",并结合此书第二章提出三个命题与我"辩论"……上述情况使此书凸显为一个独立于我的思想客体。

此书的影响力直接缘自知识分子主题在当代中国的思想史地位,导论"当代中国知识分子自我定位的困境"一节叙述了这段思想史。1978年中国现代化转型以消极(弱化)意识形态与积极经济变革相结合为特色,务实治国的新意识形态不再关注精神意义。然而,"后文革"的中国精神状态却是:

> 否定文革,不仅是政治转折,而且是亿万人十年社会心理大转折。狂热的革命人生观与世界观顿时失效,但文革所培

养的极度意义化的奇特生活方式(全社会职业革命化)却酿造了巨大的社会心理能量。这一社会心理曾拥有"无神论宗教"的狂热、崇拜、仪式化与组织化等全部元素。当这一社会心理失去目标后,无意义的生活立刻产生精神危机。标志性事件即是以"潘晓"化名引发的"人生意义是什么"大讨论。1980年发生的这一思想史事件,完全没有故事情节与特殊背景,平淡无奇的一封倾诉人生苦闷的读者来信,在短短的半年中竟激起了六万多封信的回音共鸣,规模影响之大,使执政党总书记胡耀邦、意识形态权威胡乔木、中宣部长王任重亦介入讨论。这一事件重要的不是其纷纭驳杂的具体观点,而是其信仰层次与全社会规模。它适足表明中国后文革信仰危机的深广度与力度。①

80年代上半叶的马克思主义人道主义与异化理论讨论承担了革命意识形态变革重建的工作,与之呼应的"美学热"以及文化讨论,均以人文主义的精神思潮承载了"后文革"的信仰诉求。这一潮流在80年代中期被遏制,对马克思主义人道主义性质的否定使意识形态继"文革"之后进一步失去精神感召中心地位。与之形成对比,中西文化学术的大规模传播启蒙至80年代后期,现代化的知识系统与现代性的人文科学价值公理已构成中国新的广义意识形态,它超出了执政党的经济改革定位及其意义解释,由此势必从实践角度呼唤承担这一新意识形态的知识阶层。"知识分子"观念从而在全新意义上被关注与讨论。1988年成为中国"知识分子年"。"后文革"知识精英的信仰追求已趋向定位于"人文知识分子",这一身份感透露出浓郁的信仰性乃至教团气质。以知识分子为主体的80年代末叶反腐败运动,从而成为规范中国现

---

① 尤西林:《当代汉语神学的思想史渊源》,香港:《基督教文化评论》2014年秋季卷。

代化转型的"知识分子"介入实践。90年代初开始强化的产权改革,在将新中国的全民资产主权分化为社会学涵义的等级阶层的同时,在人文科学层面则形成了以金钱为象征的唯利益驱动机制。由此形成了现当代中国人以"文革"为界限的不同精神偏向:此前被鼓动的仇恨与此后被张扬的贪婪。这一格局使知识分子对以经济行为为代表的人的谋生意义的人文阐释与结合法学政治学的社会科学实践介入均空前严重了。21世纪以来,大学这一知识分子基地的体制化强化,则使知识分子自身严重分化与被限定,从而发生了知识分子生存样态多样化的正当性乃至关于"犬儒"的思想史争论。

上述社会史及其思想史所包含的问题至今横亘为真实且关键的问题。贴近并依托上述社会与思想问题史的《阐释并守护世界意义的人》一书的生命力庶几在此。

但是,90年代以来"人文精神"与"人文知识分子"已成流行话语,此类名义下回应甚至"回答"上述问题的话语夥矣! 而为何其中许多被讥为"心灵鸡汤"? 撇过问题意识的深浅度以及贴近社会史与思想史的真切度,聚焦滔滔感想并揭示百姓日用而不知的深层结构,人文话语的生命力终须学理支撑。此书的主题内容是人文知识分子,但知识分子这一社会学课题,被深度化为哲学人类学研究,而构成这一研究的核心却是远超出知识分子特定课题意义的劳动二重性理论,它已进入卢卡奇所说的社会存在本体论层面。正是"劳动二重性"及其意义与涵义的抽象,使知识分子这一经验社会学对象获得了尽可能抵达的深度。

在电子化的今天,"劳动"一词似乎已经是一个过时的概念了。但我们还能有其他更合适的概念概括人类形形色色的活动特性吗? 阿伦特依据希腊奴隶劳动原型贬低劳动,这一原型被扩展为人类所有为谋生而重复的活动,特别是维持日常消费性吃喝拉撒的家务活动被称为劳动(Labor),它是无意义的消极受动行为。

人类积极特质的行为则被称作"行动"(action)。行动是劳动之外的行为。这个概念令我们首先会联想到那些挺身而出打破局面的特立人物。但与这些行为相比，人类最大量行为仍然是阿伦特蔑视的劳动。某些古典生活态度，如禅宗"运水搬柴，无非妙道"，则肯定那些平庸无奇的日常生活的意义。然而，禅宗因此却可能将生活一锅煮而将实在的差异性劳动一厢情愿地匀质化了。马克思清醒地判定劳动维持人类新陈代谢的永恒自然属性，但劳动的这一自然受动性在马克思自然王国逐渐缩小的理想愿景中却意味着一种纯然消极的性质，这同他早年与斯密等论战的"美的规律"的劳动理想隐隐构成了两极对立。

《阐释并守护世界意义的人：人文知识分子的起源及其使命》一书即是面对上述思想史问题的思考。它基于劳动二重性结构这一真实人类学形态，特别思考了迄今仍然为谋生赚钱而活动的人类绝大多数行为的意义。

此书"劳动二重性"并非《资本论》商品生产的具体劳动与抽象劳动的二重性，而是指劳动这一人类学行为具有永恒的谋生与自由双重性。劳动的谋生工具性直接来自《资本论》关于作为生命体的人必须与自然变换物质新陈代谢的思想，劳动的自由性集中体现于青年马克思同斯密、李嘉图的论辩中，却又在后期逆转并呈现复杂的分裂关系。正是分梳这一复杂关系的困境促使我反向采取了劳动二重性的综合立场，也成为人文知识分子特质及其与世界关系的哲学人类学根据。但是，信息化与电子化时代的劳动形态演变要求将肢体动作与工具及其劳动意识扩展，这促使我将劳动二重性语言学与符号学化，并基于汉语概念获得了劳动的涵义(meaning)与意义(significance)二重性这一普遍形态。凭借劳动的涵义与意义二重性结构，此书对从日常动作到专业技术、从无语沉默到逻辑概念思维乃至人工智能制造的人类行为进行了普遍阐释。由于劳动二重性涵盖了人类全部行为，而对最高尚行为意义的谋生涵义渊源与最卑俗谋生涵义的自由意义各自均有的劳动二重性结构的揭示,使劳动二重性理论成为一种挑战:它既非一个世界也非两个世界,而是既是一个世界又是两个世界的结构性本体。劳动二重性以对立统一矛盾体回应着柏拉图与基督教以来的西方两个分裂世界的紧张关系,以及西周以后中国以一个世界消弭两个世界所包含的紧张关系。这一理论甚至回应着全部思想史:劳动二重性使人摆脱了非神即兽的虚假选择。永恒而正当的劳动谋生性并不耻于自然受动性,但需要劳动自由意义的转化提升以保持人类的超越性。这一"原罪"式生存使劳动二重性既不沉浸于欲望涵义驱动的劳动占有—消费的各类世俗主义中,也不会自我超拔为工团主义或无产阶级名义下的劳动神圣意识形态;劳动自由意义的超越以转化谋生劳动涵义为依赖性前提,因而劳动二重性不会如奥古斯丁那样蔑视人生为客旅或道家与印度佛教那样以否弃现实社会关系实现自由(解脱);劳动二重性又以其人类学根基行为形态的真实存在不同于抽象为各种名言概念的思辨哲学,即使黑格尔式的思辨体系很大程度上表述出劳动二重性的逻辑形式,但劳动二重性本身就"是"(Being)生存状态与历史运动的辩证法;甚至在劳动二重性看来,禅宗式"搬水运柴",也因其未区别劳动的受动性与自由性的差异阶梯而将劳动匀质化浪漫化了。① 从这里也可以看出,作为世俗主义精神平衡消费品的"心灵鸡汤",为何多要引用佛道类出世与处世铭言,由于其精神超越并不基于对受动性劳动的"物性"对立统一关系,因而其主观超脱即使启迪个体调整私人态度,却无力介入与转化刚性严酷的生存真

---

① 参阅本书附论《百姓日用是否即道》。也可参考马克思晚年对空想社会主义劳动哲学—美学的批评。但马克思基本视劳动受动性的"必然王国"为消极存在体,因而其自由与必然关系不同于本书的劳动二重性,而其面向未来的现代性进步超越,却与"当下即得"的禅宗形成某种互补,其间亦见出中西差别(参阅拙著《心体与时间》第十一章关于牟宗三与康德的对判)。

实对立面(从一项繁冗工程到社会制度变革),当这类美文格言完成其正当短暂的心灵修养或抚慰功能后,便成为清灵的小品。

20年来的学术专业化进展已使此书的具体学术史引据显得简陋。但其核心学理依然具有植根现代性特别是植根当代中国的思想生命力。就学术类型及其方法而言,此书初版即定位于以现代思想史对话人性永恒母题的人文科学而非新陈代谢的专业知识史。人工智能空前凸显的"人—机"之辨,使这一定位获得了不仅居于当代而且指向未来的关键意义。真思想者是以各自母语思想着同样深度的问题。"母语"作为生存方式植根于生活世界及其真问题。这近于阳明贬斥"口耳相传之学"而自述良知说乃百死千难中得来。我之所以仍然同意修订再版,不仅是基于此书的课题依然现实重大,而且基于劳动二重性及其涵义与意义的学理一直置身于当代深度学术对话中。此书初版的阐释背景指向中国唯经济发展的新意识形态,因而以人文立场批评将动作与意识分裂的马克思主义第二国际学派与国内李泽厚—赵宋光实践哲学、将皮亚杰建构认识论行为主义操作主义化、工具本体与情本体的分裂,以及偏向认知规律的康德马堡学派到分析哲学及其当代科技主义的偏向。10年前增订版时的时代背景却是权贵资本主义对改革的利益主宰,20年前初版时的人文阐释中心遂移向社会科学的政治学法学批判,由此突出了此书后三章即人文知识分子与权力、意识形态、公共团体的关系。此次修订版注意到了阿伦特复兴古希腊"Praxis"与"poiesis"相区别的新实践哲学,指出其基于希腊城邦制的奴隶与自由民经验以"action"(行动)贬抑"labor"(劳动)的基础狭隘性,以及追随其后的当代新实践哲学以"实践"伦理吞没"劳动"自然本体的问题。同样指出了阿伦特到哈贝马斯将康德反思判断与审美共通感政治学化并想象为对话共同体的浪漫主义。而与此相反的关注方向却是:精神信仰与法制保护双重缺失条件下的生存竞争如何使劳动的谋生一维原始化,并激发出笼罩中国的悍戾之气。与此相关,新修订版批评将社会科学范畴的现代化平等移用于人文科学精神领域的民粹主义与启蒙主义的混合意识形态,指出在平庸化乃至世俗堕落与升华人格两极之间的精神品级差异存在;形成有别于权威意识形态的现代性精神品级的提升示范结构,将是现代化转型中国精神重建的重大课题,并从这一角度结合劳动二重性审视了百年中国民众革命的社会学构成及其派别分野的精神意义背景。这些思想辩论,实质使劳动二重性理论进入了正在生成中的动荡的当代中国思想史,从而使这一理论与思想史双方都增加了激活的能量。

  新修订版在回应新的思想潮流的同时,发展着劳动二重性的涵义与意义。由此指向"六点"向我邀约多年的一本劳动与现代性著作。此次修订,已向这一著作有重要推进并扩展了篇幅。

  愿在此引用拙著《人文科学导论》后记中的话回答与此书有缘的所有同道者:"感谢那些对我著作中的思想产生共鸣的中青年精神同道,特别是以四川大学为主体的'成都地区高校面向21世纪学术月会'的一批中青年学者对拙著《阐释并守护世界意义的人》的两次专题研讨会,我视此种纯粹精神境界的共鸣为人生最高的回报,并将永远记得那些使我获得升华的诚挚来信。"

导论：知识分子的当代含义

划分知识分子的一个最为悠久的传统尺度是脑力与体力分工的原则：知识分子是脑力劳动者。这一原则至今仍支配着流行的知识分子观念，它为各类辞典与教科书所承认。《辞海》（上海辞书出版社1979年版）关于"知识分子"的定义是代表性的：

> 有一定文化科学知识的脑力劳动者。如科技工作者、文艺工作者、教师、医生等。随着社会分工的发展、剩余产品的出现和社会划分为阶级而产生。知识分子不是一个独立阶级，而是分属和依附于不同的阶级。历史上，各个阶级为了巩固自己的统治，都要培养自己的知识分子。随着近代科学技术的发展，知识分子在社会生产和历史进程中所起的作用更加重要。在革命运动中他们往往起着先锋和桥梁作用。我国解放后，随着社会主义革命和社会主义建设的深入发展，知识分子队伍发生了很大的变化，他们中的绝大多数已成为工人阶级的一部分，是党的依靠力量。

对这一定义可作出如下分析：

a. 知识分子是脑力劳动者；

  b. 知识分子具有专业性知识,这些知识具有各自的效益或功能;其中多数功能同体力劳动一样,都是技能(技术)性的;

  c. 知识分子依照各自专业而形成社会职业;

  d. 知识分子是依附于阶级的不独立阶层;

  e. 知识分子具有独特的"先锋"作用;

  f. 知识分子与近代以来的科学技术有着特殊的关系;

  g. 最后,可以阐释性地揭示的一个隐含判断是:知识分子在历史上与劳动人民往往是对立的。这一状况在当代已基本改变,知识分子成为了"工人阶级的一部分"。

  上述命题,除"a"("脑力劳动")与"g"(与"劳动人民"的关系)之外,也基本上适用于其他社会阶层(尽管"f"项对于这里的知识分子定义仍具有特别的意义)。因此,这种知识分子观念所指乃是以脑力活动为形式特征的劳动者。除过劳动形式有区别之外,无论就其社会职能或劳动内容,知识分子与其他劳动者并无更本质的差别。

  但就名称而言,"知识分子"却是一个外来名词。权威性的《大英百科全书》(第15版)"intelligentsia"(知识阶层)辞源于俄文,是一个历史性的专有名词,特指19世纪末叶俄国一批对社会持独立批判立场的文化人士。与之相仿,英文中"intellectual"("知识分子")一词则最早由克雷门梭(G.Clemenceau)指代以左拉为首的"德雷福斯案件"批评者,也是一批主持社会公道的文化人。但左拉不惧自己被判刑而挺身作辩,具有极为抽象的理念性动机。他所关心的不仅是德雷福斯个人的遭遇,而更看重的是这一事件所包含的意义,即当时法兰西第三共和国的民权合法性危机对法国大革命所建立的现代人权与自由平等博爱精神的威胁。在这里,"知识分子"已不再仅仅标志一种劳动的外表形式,而开始显露出某种超出于此的职能内容特征。"意义"成为知识分子职能所系关键。

那么,什么是"意义"? 脑力活动性与知识分子独特的职能内容有什么必然的联系呢? 这种知识分子独特的职能内容又到底是些什么内容呢? 回答上述问题将是本书的主要任务。在此之前,回溯历史是必要的。

一、知识分子观念的历史演变

(一) 脑体分工的巫术文化背景

作为普遍性的社会分工,脑力与体力分工原则确立于奴隶制时代。虽然就发生学而言,还应当上溯得更早。

但在古代,脑体分工并非近代以来人们所理解的劳动的自然分工,即它还不是基于劳动发展自身的需要,主要还不是工艺技术性的,而具有超出劳动之外或之上的意义。例如,脑体分工直接就是社会分层。孟子说"劳心者治人,劳力者治于人",就有这层意思。

因此,与体力劳动相区别的"脑力劳动",其原初涵义不能囿限于技术内涵。中国西周贵族所习"六艺",即礼、乐、射、御、书、数,今人看来,大多有其实用技术意义。但实际并非如此。以其中似乎最具实用技能性的射、御而言:

……射者,进退周还必中礼。内志正,外体直,然后持弓矢审固。持弓矢审固,然后可以言中。此可以观德行矣。
……
是故天子以备官为节,诸侯以时会天子为节,卿大夫以循法为节,士以不失职为节。故明乎其节之志,以不失其事,则功成而德行立。德行立,则无暴乱之祸矣。功成则国安。故曰:射者,所以观盛德也。

>是故古者天子以射选诸侯、卿大夫、士。射者,男子之事也。因而饰之以礼乐也。故事之尽礼乐,而可数为,以立德行者,莫若射。故君王务焉。①

"射"与狩猎或战争在此全无关系,而仅仅是一种类似今人练气功一样的身心修养。借此修养,射者才在礼仪秩序中怡然得体,而且培养出立身立国、尽职尽志的道德。

>大驭掌驭王路以祀。及犯軷,王自左驭,驭下祝,登受辔,犯軷遂驱之。及祭,酌仆,仆左执辔,右祭两轵。祭轨,乃饮。②

"御"在此主要不是驭者与物(车、马)的劳动操作关系,而是遵循巫术祭祀传统规则——即礼仪的严格操演。因此,"射"与"御"的精神活动特性及意义使之同"礼乐书数"一样,都具有"脑力劳动"内涵。

周礼崩解,"六艺"礼仪操演已失去现实体制对应物,因而它们主要是虚拟的形式化活动。但以孔子为领袖的原始儒学之士,却经由这种虚拟形式的演习,与五帝三王的古代理想王国保持着精神上的联系:习六艺,也就进入了想象中的神圣领域。如果要说这种不事稼穑的脑力活动也是某种社会分工的话,那么它就绝不可在直接的功利意义下来理解。但这也绝非说这种基本没有实用价值的活动对于人类没有意义。恰恰相反,如《庄子》中所说的那棵"不材之材"的巨树,它的意义无法用实用价值来衡量,而是超

---

① 郑玄:《礼记正义注》,阮元刻本《十三经注疏》下册,北京:中华书局,1980年版,第1686-1687页。
② 《周礼·夏官司马》,阮元刻本《十三经注疏》上册,北京:中华书局,1980年版,第857页。

越了特定用途的更根本的意义。古代知识分子坚守这种超越性的意义信念,是因为他们去古未远,尚能真切地感受到巫术文化的氛围。

因此,必须强调超越直接实用来理解脑体分工的意义。"士志于道"(《论语·里仁》)与"君子不器"(《论语·为政》)必须对举把握:劳心者与劳力者不仅在活动形式上(现代人只看到这一点),而且更重要的是在活动对象与目的性质上都有着深刻的区别。

这是一个普遍的原则。在西方,早在苏格拉底那里,"沉思"这一高贵的活动就已脱离具体操作的日常生活,它是反省与评价日常生活的活动,二者处于不同的层面上。在亚里士多德术语中,参与现实的"实践"不同于抽身反思的"理论"。即使同是操作性的(如"射"或"御"),自由民政治伦理性的"Praxis"与生产、制造物品的"poiesis"在古希腊却有着明确的区分。这并非基于二者在脑力和体力因素比重上的量的差异,而是有着深刻的质的规定。

(二) 科技专家:近现代知识分子观念

诚然,生产劳动自身的发展也已孕育着脑力与体力分工的需要。劳动工具与技术所拓展的日益广大复杂的因果联系与主客体关系,逐渐超出了直观的操作形式而要求抽象化、普遍化,并以超前预见与重复可逆的运演(让·皮亚杰:Operation)内化为纯思维活动——但须要强调的是,这种基于劳动动作自发演化的思维活动,其内容主要是数学与逻辑性的,① 而并不包括道德类价值判断。这一点在理解本书所阐释的人文知识分子职能独特性时至为关键。服务于劳动操作的抽象思维运演、包括对运演再运演的更抽象的"反身抽象"(让·皮亚杰:reflective abstraction),都并不开

---

① 参考让·皮亚杰的发生认识论有关研究。

辟出超越劳动操作系统之外的新的方向,它们不可能评价操作的目的。

但对于劳动操作自身来说重要的是:

> 由于对运演进行运演的反身抽象的结果,就出现了主体的逻辑数学运演的逐步内化,这最后导致可能转换系统所特有的超时间性的出现,而主体就不再受实际转换的束缚了。……思维最后把自己从身体活动中解放了出来……
>
> ……在这里认识超越于现实本身,把现实纳入可能性和必然性的范围之内;从而就无需具体事物作为中介了。①

所谓脑力劳动,不仅是指用符号代替实物、用脑力代替体力劳动操作,而且"随之而来的是一系列不能归结为低级水平的中介结构的新特性的产生"(《发生认识论原理》,第29页),"借助于一个组合系统而使认识可以达到一个范围无限的可能性,"(同上,第53页)从而,脑力劳动为体力劳动提供、创造了改进与发展的前提条件;这些条件依靠体力劳动局限的时空环境是无法自发演化产生的。

这种为劳动演进固有需要的脑力劳动,同一切后来分化的分工一样,部分保存于巫术文化的混沌体中,另外部分,则自发地流传发展于被视为下等活动的体力劳动者手中,这批专业技术传统中的体力劳动者,就是近现代赫然崛起的工程师前身的原型:工匠。

文艺复兴作为对中世纪宗教统治的反拨,② 使一批从事传统

---

① 让·皮亚杰:《发生认识论原理》,王宪钿等译,北京:商务印书馆,1981年版,第56,52页。
② 这在东方汉文化圈则是明清(以及明治维新)的实学对理学的批判。此采梁启超《清代学术概论》成说。

神学思考的脑力活动者转向人间事务,从而超越了传统脑体分工的界限,产生了 15 世纪引人注目的"全才"(I'uomo universal)现象。雅各布·布克哈特在其《意大利文艺复兴时期的文化》一书中曾以但丁、达·芬奇与里昂·巴蒂斯塔·阿尔伯蒂(Leon Battista Alberti)为例对这类"全才"大师巨匠做过描述。他对后者这样描写:

> 在三件事情上他希望别人找不出他的缺点:在走路、骑马和说话上。他学习音乐没有老师,可是他的作曲却得到了专家的称赞。他虽处困境,却学习民法和寺院法很多年,直到疲劳过度而招致来严重的疾病。他在 24 岁的那一年,发现记忆文字的能力减退了,但理解事物的能力还依旧,就开始研究物理学和数学。与此同时,他还向各类艺术家、学者和工匠乃至补鞋匠多方了解他们的行业的秘密和特点,从而掌握了各种才艺和熟练技巧。他顺便学习了绘画和造型艺术,……像文艺复兴时期的所有伟大人物一样,他说:"人们能够完成他们想做的一切事情。"①

这种手脑并用的风气遂为以使用仪器与实验为重要特征的近代科学开辟了道路。② 正是由于这类新型脑力劳动者大批进入面向世俗的科学技术领域,使科学技术逐渐取代宗教神学而成为脑力劳动的主要代表与象征。培根代表性的口号"知识就是力量"宣告了近代意义的知识观念与知识分子观念的兴起。他对认识过程中"四种幻象"的揭露与对归纳法和感觉经验的强调,实质否定了知识的超验性,从而只承认了科技意义的知识与知识分子观念。

---

① 雅各布·布克哈特:《意大利文艺复兴时期的文化》,何新译,北京:商务印书馆,1979 年版,第 133—135 页。
② 参阅亚·沃尔夫《十六、十七世纪科学、技术和哲学史》第一章,周昌忠译,北京:商务印书馆,1984 年版。

沿此发展到20世纪,现代分析哲学甚至通过语言分析将一切超越性的观念判定为伪概念而逐出语言与思维。

在近现代科技所创造的宏大工业文明业绩上,科技不但统治了人对自然的知识观念,也扩展占领了关于人自身的知识观念;不仅涌现出分工日益细密的自然科学,也带动产生了社会科学。从此,知识演变为专业(技能),知识分子演变为专家。以西方科技文明为典范的现代化进程,向现代人类塑造的正是这种科技专家意义上的知识分子观念。在这种观念影响下,所谓脑体分工,便只是指科学(理论)与技术(操作)的有限区别,它已失去了古代巫术文化背景下脑体分工的深刻含义。

康德把"知识"仅限于人类可认识的经验判断的知识,它是以知性概念整理感觉经验的成果。"知性"(intellect),恰是"知识分子"(intellectual)的词根,它指示了现代人所理解的"知识分子"的科技知识根源。①

但是康德在确定知性知识同时却也划分出去了目的判断,即是说,以因果律为中心的知性知识不再关心目的判断与价值判断。这种只供使用不问目的的工具性知识分子如西谚所说:"工艺师总是听命于人,并非高高在上。"② 它是一切垄断了社会价值判断的社会和一切不过问社会价值判断的社会所共同接受的知识分子观念。

(三) 对知识分子观念的多重当代挑战

1. 人文价值理性对科技工具知性的批判

康德划分现象与本体,不仅是立足于知性逻辑为科技知识建

---

① 因此,西方学术界单凭语用历史而说"intelligentsia"与"知识分子"渊源于俄、法人文学者,这就忽视了在现代语境中知识分子观念的科技工业化背景。在本书看来,包括俄法传统在内的人文知识分子观念恰恰是后起的,它作为近现代科技知识分子的对立性观念进入人类思想史,只是当代的事情。此种人文知识分子观念至今尚仅为学术界少部分人所了解,还远远不到成为社会的普遍观念。
② 转引自M·邦格论文,《哲学译丛》1993年第3期,第35页。

立不受旧形而上学(宇宙本体论)侵扰的基地,同时也是为价值理性指明支撑科技知识在内的全部人生信仰本体。康德把人自身作为这新的信仰本体:至善道德的人就是最高的目的与价值。这表明,近代哲学在确立科学知识地位同时,为知识分子在科技知识之外依然保留了脑力思维的本体性位置,那就是价值理性:它已经不是天启真理,而空前明朗为人性;它不是可作手段的工具知性,而是比实然更高的应然规范,是作为知性的目的动力与根基来源的理性(康德:Vernunft)。

(1) 面对近代以来"知识"日益崇高的地位,19世纪下半叶兴起的人文价值理性,基本是作为对知识主流的科技工具知性的方法论与知识论的补充而获得知识学身份的。人文价值理性还只是要为自己在知识领域中争得一席之地。

从W·狄尔泰到新康德主义西南学派(文德尔班、李凯尔特),他们强调日益扩张的自然科学并不适用于具有感情、想象与价值理想的人自身的研究。狄尔泰强调人文研究对象的特殊性、即精神性,由此而引出了人文研究的特殊方法。他著名的结论是:自然需要说明,而人则需要阐释性的理解。因此他提出了在自然科学之外建立一类人文性的"精神科学"(Geisteswissenschaften)。文德尔班与李凯尔特则强调人文对象在构成人文类知识中的决定性作用,这种有别于科学对象的人文对象具有突出的历史个体性与偶然性:

> 分类的原则是它们的认识目标的形式性质。有一些科学研究一般的规律,另一些科学则研究特殊的历史事实;如果用形式逻辑的语言来说,有一些科学的目标是普遍的定然判断,另一些科学的目标是单称的实然命题。
>
> 自然研究与历史的分别,首先开始于利用事实来构成知识的时候。这时候我们就看到,前者追求的是规律,后者追求

的是形态。在自然研究中,思维是从确认特殊关系进而掌握一般关系,在历史中,思维则始终是对特殊事物进行亲切的摹写。

所以,个性的最后的、最内在的本质是不能用一般的范畴来分析的,而这个不可把握的东西在我们的意识面前就表现为一种感情,觉得我们的本质、即个人的自由是没有原因的。①

后来,柏格森的直觉主义则从认识与实在对象的符合性角度,强调科学概念分析法无法达到人文性的直觉体验所把握的实在本身:

……把认识对象的方式分成根本不同的两种。第一种的前提是围绕着对象转,第二种的前提则是钻进对象。……第一种认识可以说是停留在相对的东西上,第二种认识——在可能获得的场合——则可以说是达到了绝对。

绝对是只能在一种直觉里给予我们的,其余的一切则落入分析的范围。所谓直觉就是指那种理智的体验,它使我们置身于对象的内部,以便与对象中那个独一无二、不可言传的东西相契合。

至少有一种实在,是我们大家从内部通过直觉、而不是通过单纯分析把握到的。这就是在时间历程中的我们自己。②

这已不是对自然科学的补充,而是在标榜一种更高于自然科学的人文科学真理知识观。

---

① 文德尔班:《历史与自然科学》,引自《西方现代资产阶级哲学论著选辑》,洪谦主编,北京:商务印书馆,1982年版,第55、59页。
② 柏格森:《形而上学引论》,引自《西方现代资产阶级哲学论著选辑》,洪谦主编,北京:商务印书馆,1982年版,第134、137页。

这样,在自然科学知识作为知识范型支配知识观念长达3个世纪之后,一种以人、精神、主体、实在与本体为研究对象的人文科学知识在新的历史条件下开始复兴。这种复兴不是偶然的事件,它一方面是由于自然科学移用于人文对象时遇到了困难,暴露出自身的局限性;另一方面,它又以自然科学自身发展的现代危机为契机,使人文科学知识参与了自然科学的现代建构。这后一方面肇始于20世纪初的现代物理学革命,它表现了自然科学深入到更大系统综合时,伽利略以来的近代科学的孤立静止的客体观念及其研究方法已不再适宜;而从主客体相互关系中把握对象的新方法、新观念则使人文观念内在地成为科学知识的组成部分。从而,人文学科的知识学内在地动摇了那种封闭自足的自然科学知识论。量子力学创始人之一的W·海森堡在介绍他所发现的"测不准原理"时说:

> 人们从一次观测推导出来的是一个几率函数,它是把关于可能性(或倾向)的陈述和关于我们对事实的知识的陈述结合起来的一种数学表示式。所以我们不能将一次观测结果完全客观化,……这看来就像我们已把一个主观因素引入了这个理论,就像我们想说:所发生的事情依赖于我们观测它的方法,或者依赖于我们观测它这个事实。
>
> ……
>
> 人们决不应当忘记,在生活的戏剧中,我们自己既是演员,又是观众。可以理解,在我们与自然的科学关系中,当我们必须处理只有用最精巧的工具才能深入进去的那部分自然时,我们本身的活动就变得很重要了。①

---

① W·海森堡:《物理学与哲学——现代科学中的革命》,范岱年译,北京:科学出版社,1974年版,第18-19、24页。

自然科学家转而关心人文科学的另一个基本原因是,人文智慧与情感、想象、审美直观等人文素质在科学前沿的创造性思维中的微妙关键作用在现代又重新被人们注意。爱因斯坦在评价科学史上著名的"迈克尔逊—莫雷实验"的成功时认为,这在很大程度上要归功于迈克尔逊的"科学的艺术家的感触和手法,尤其是对于对称和形式的感觉"。① 迈克尔逊自己也认为他的选题"要求研究者有着学者的分析的智慧、艺术家的审美知觉和诗人的形象性语言"。②

与此相关,对自然科学的知识范型的批评已经不单是发自人文学科知识分子、而是出自自然科学家。达尔文如此自述:

> 以前图画使我得到颇大的愉快,音乐使我得到巨大的愉快。但是现在多年来,我不能持续读完一行诗。……我的头脑似乎已经成了大量事实积累中挤压出一般规律的机器,……这些爱好的丧失也就是幸福的丧失,而且可能会伤害智力。③

诺贝尔奖获得者、日本著名物理学家汤川秀树说:

> 在古希腊不仅有完全和谐的相互平衡的直觉和抽象,而且科学也不与哲学、文学和艺术相疏远。所有这些文化活动都接近于人类的精神和情感。……与此形成鲜明的对比,今天的物理学家往往被大型加速器和高速电子计算机弄得不知

---

① 爱因斯坦:《同香克兰的谈话》,引自《爱因斯坦文集》第一卷,北京:商务印书馆,1976年版,第491页。
② 转引自S·钱德拉锡克:《科学中的美与对美的追求》,载《世界科学译刊》1980年第8期。
③ 转引自舒马赫:《小的是美好的》,虞鸿钧、郑关林译,北京:商务印书馆,1984年版,第63页。

所措。……我确信在揭示潜藏于自然界的真理的努力方面人的丰富想象力至少像大型机器一样重要。①

……

这些批评实质已经指示了一种人文科学与自然科学更高统一的新的知识与知识分子观念。

(2) 近现代自然科学知识至高地位的动摇,更根本的乃是缘自它的目的价值的缺失。作为工具手段,科技知识在人的自然欲望支配下创造出了巨大的物质财富世界,但它无力反身审查这种物欲追求本身,如控制论创始人之一的维纳批评科技发达的美国人时所说,他们只知道"如何做",而不懂较此更为要紧的"做什么"。② 这种人文价值理性的缺失使近现代文明酝酿并爆发了种种危机。从两次世界大战到核对抗,从罗马俱乐部关于经济增长极限的警告到20世纪后半叶空前突出的生态环境危机与南北贫富对立,从存在主义运动到形形色色新兴宗教团体对社会规范的冲击,整部现代文明史都明白无误地在昭示:单凭科技知识与科技专家知识分子并不能保证人类文明的价值与意义、也无法实现真正的幸福、甚至无法防止文明向罪恶与毁灭的转化。尼采在科技文明辉煌的19世纪末叶,通过一个疯子之口呼喊"上帝死了",这声音至今没有消散。早在近代科技文明伊始,空想社会主义就作为其对立面开始了人文价值理性的批判。这一批判伴随着科技文明的数百年发展与调节而始终未能消歇,马克思主义之于近代资本主义、法兰克福学派之于现代工业文明、海德格尔之于现代技术,人文批判总要不依人们好恶为转移地历史性地出现。即使是在当代高科技支撑下所出现的后现代—后工业文明,其人文价值

---

① 汤川秀树:《科学思维中的直觉和抽象》,载《哲学译丛》1982年第2期。
② 参阅维纳:《人有人的用处》,陈步译,北京:商务印书馆,1978年版,第152页。

的缺失依然如故。丹尼尔·贝尔在其《资本主义文化矛盾》中对迄今的整个现代科技文明作出了如下的结论:

> 现代主义的真正问题是信仰问题。用不时兴的语言来说,它就是一种精神危机,……我们正面临着一片空白。
> ……
> 假如世俗的意义系统已被证明是虚幻,那么人依靠什么来把握现实呢?我在此提出一个冒险的答案——即西方社会将重新向某种宗教观念回归。①

从而,如何从本体高度调节、规范人自身,为文明进程提供人文价值理性目的,便凸出为一个远超出知识论自身的本体论问题。与之相关,有别于科技专家的人文知识分子在当代的职能意义也凸出了。

2. 现代科技对脑体分工的改塑

效能与自由始终是工艺改进的两个基本向度。因此,脑体分工差别日趋缩小是科技不断发展的一个趋势。现代科技革命的急剧飞跃发展,则使这一趋势出现了重大的突破。自动化与电脑的结合,一方面使体力劳动中肌肉生理运动空前减少,相关地,神经联系的脑力运动因素却大为增加;另一方面又使脑力劳动将相当一部分内容(如计算)转移给人工智能,而后者又成为传统体力劳动者可以方便操纵的工具——这两方面都使脑力劳动与体力劳动的传统界线越来越模糊了。

从另一个角度来考察,个体性曾长期是脑力劳动的基本特征之一,传统脑力劳动的基本单元一直是依靠自己头脑思维与创造

---

① 丹尼尔·贝尔:《资本主义文化矛盾》,赵一凡译,北京:生活·读书·新知三联书店,1989年版,第74—75页。

的个体知识分子。近现代工艺大大发展了社会化协作,脑力劳动的团体化在现代研究所中成为确定的事实。① 这一事实在根本上取决于现代科技的两方面特点:一方面,现代专业分工随着现代生产规模的空前扩大与深度的空前发展,而导致分工越来越细密狭窄,这使现代科技专家已经很难再成为文艺复兴时代那种通晓多种专业的个人全才;另一方面,现代信息工业与传播交流的空前增大加快,又使传统知识分子封闭的个体研究面临着重复与过时落后的巨大压力。

与上述情况相对应的是,整个现代社会的总体系统与结构开始在越来越大的程度上规定着个性。M·韦伯将基于理性法律而取代个人意志的机构性统治管理,即"科层制"("bureaucracy")视为现代社会的基本特征之一。这已为当代社会科学接受并得到进一步强调。在这种总体性系统结构中,重要的不是个性及其意识,而是严格的执行与操作;个体只有进入系统结构、承担由总体规定的角色,才能获得自己的意义。这样,脑体分工对于大多数机构成员来说已失去了明确的意义。由此产生的科层技术专家已不是传统意义的知识分子,就其划一的结构性执行角色而言,现代技术专家、国家行政官员(公务员)与控制台前的工人有着更多的一致性,都成了国家或公司的职能人员(职员)。

正是在这种现代结构背景下,知识分子传统依托的"脑力"本质之"意识"观念,受到了严重的怀疑与贬斥。被近代文化奉为旗

---

① 但这一点在当代中国却过度化为"协同创新"体制。这本是工程性概念,超出个体研究的无人称协作甚至成为创新的主体,自有其合理范围。然而,创新的原始发生处境乃是既有规律知识无力解析的新问题所激发的直觉发现,它只能是个体头脑活动。直觉发现开拓的新的规律知识经由形式化纳入此前的规律知识系统,由此才得以作为知识交流理解。协作乃是原始创新基础上的结构扩展,这一过程固然会产生次生级"创新",但已不是最关键的原创。协作工程的创新,以其形式化而大部分可交由非人的电脑或人工智能执行,其创新依赖于大数据时代的信息处理,但无论其认知过程或反思评价,都需要置于人文科学眼光下。

帜的笛卡儿的"我思故我在"的理性主义原则,自结构主义与弗洛伊德精神分析理论以后,逐渐让位于"潜意识"、"非意识"与"无意识"。现代哲学从越来越多的方面(结构、系统、语言、他人、存在、行为等)揭示在自以为自主的意识活动背后广泛而巨大的非意识的支配性存在。在这种总体系统结构居于支配地位的社会网络中,还要依据脑力意识性、或者依据理论型与操作型来判定是否知识分子,就只具有十分局限的量的相对规定意义。如现代操作主义(布里奇曼)所强调的,就科技活动与以之为中心的日常活动而言,手的动作是根源。这一学说的现代系统结构背景是显然的。但正是在这种现代系统结构条件下,企望在系统结构之中把握知识分子的独特职能,就变得十分困难了。

然而,对现代社会科层结构进行了深入研究的当代美国结构功能主义学者 T·帕森斯,在其名著《现代社会的结构与过程》中更加充分地肯定了现代社会的系统结构性之后,却又指出了一个具有深意的事实,那就是:价值独立于系统结构之外;而且,价值支配系统。他写道:

> 分析任何一个社会系统的主要基点是组织的价值模式。价值模式决定系统(在这里指组织)对其所在的情境采取的基本取向,因而指导个人的参与活动。
> 价值被审慎地规定在高于目标的一般的层次上。
> 价值系统从来都没有完全被内化和被制度化,……
> 价值被表述为规定系统成员取向的总领域,而独立于系统结构、情境或目标的特殊内容。[①]

[①] T·帕森斯:《现代社会的结构与过程》,梁向阳译,北京:光明日报出版社,1988年版,第 18、140、141、160 页。

只有价值才能决定社会总体系统结构的方向,也只有价值才能使个体在系统结构中内在地保持做一个个性化的人。在前边引用皮亚杰发生认识论时业已指出,劳动动作系统可以抽象出逻辑与数学,但并不能产生出价值系统,它需要超越劳动的直接目标限定。这种建设价值系统的工作曾在历史上长期为巫师、教士、艺术家、哲学家们所承担,它构成了与近现代以来的科技专家明显不同的知识分子的另一基本传统,可以称之为人文知识分子的传统。正是这一价值论功能使人文知识分子在现代化社会系统结构中不可或缺。

人文知识分子传统在当代合理性的突出,并非说人文知识分子成了时代骄子,恰恰相反,人文知识分子迄今并未改变自近现代以来与日俱增的冷落及受排斥地位。①

3. 无产阶级专政意识形态与知识分子

1921年,苏联大批教授被大学除名。1922年,120余名世界著名的学者、作家和艺术家遭到逮捕,随后被宣布为不受无产阶级专政欢迎的旧知识分子而驱逐出境。这就是20世纪初叶重要的俄国文化流亡事件。这批被逐者多属人文知识分子,包括别尔嘉耶夫、布尔加柯夫、舍斯托夫、洛斯基等后来为俄国文化赢得了世界性声誉的学者。

人文知识分子为何首当其冲?因为他们是独立建设价值体系与世界观的人;而在斯大林时代的无产阶级专政是以垄断所有意

---

① 海德格尔:"科学的现代的企业活动特性的决定性展开也造就了另一类人。学者消失了。他被不断从事研究活动的研究者取而代之了。是研究活动,而不是培养广播学识,给他的工作以新鲜空气。……研究者必然自发地涌向根本意义上的技术人员的本质形态的范围中。只有这样,他才能保持活动能力,从而才能在其时代意义上确实地存在,不至于落伍。除此之外,还有某些时间和某些地方,能够保持着变得越来越淡薄和空洞的学究和学院的罗曼蒂克。"(海德格尔:《世界图象的时代》,引自《海德格尔选集》下卷,孙周兴选编,上海:三联书店,1996年版,第894页。)

识形态解释权为重要特征的人间政权——但这恰恰意味着,专政型意识形态专家本身正属于持有一种价值立场的人文知识分子。但一个并非无关紧要的区别在于,他已与强制性权力同一为一体了。

1920年之后,新生苏维埃在严酷的内战环境中强化了专政意识,对持有独立价值立场的人文知识分子的打击随之也扩大向科技知识分子,由此形成了无产阶级专政意识形态与知识分子持久长期的紧张对立关系,并成为20世纪社会主义国家一种普遍的现象。

这一对立并非偶然的特定形势(如内战)所造成,它有其历史必然性与理论根源,事实上构成为现代知识分子困境的特殊组成部分。

尽管这种意识形态一般都强调知识分子不是独立的阶级、而是依附于其他阶级的阶层,但是又都总是认为知识分子实际上依附于"剥削阶级",从而往往冠之以"资产阶级的"或"小资产阶级的",即视之为无产阶级的对立面或"改造对象"。这种意识形态对知识分子的批判一般基于三个方面:

(1) 基于经济基础的阶级分析与(庸俗)社会学分析:这往往根据知识分子在剥削阶级统治的社会中拥有受教育的条件、有着高出于劳工阶级的社会经济地位,以及由此溯及他们的家庭出身等等,而将其纳入阶级分析范畴。此外,也往往隐含有历史根据,即:古代以及历史上多数时代的脑体分工往往同时即是阶级统治,脑力者即统治压迫者;而与之对立的体力劳动者因此派生出了一系列价值判断乃至政治色彩颇浓的社会用语:"劳动人民"、"劳苦大众"、"工农大众"、"穷人"等等。

(2) 在以集体主义为最高道德的社会里,"个人主义"从未获得马克思关于共产主义最高价值"自由个性"的庇荫,这甚至也不是一个中性描述的概念,而具有很强的批评性质;而基于经济及社

会分析法,知识分子本性即倾向于个人主义。列宁在批评马尔托夫草案时说:

> 谁也不敢否认:作为现代资本主义社会中特别阶层的知识界,其特点,一般和整个说来,正是个人主义而不能接受纪律和组织(例如参照考茨基论知识界的著名论文);这也就是这个社会阶层弱于无产阶级的一种特征;这就是知识分子意志萎靡动摇而使无产阶级常受其害的一种原因;知识界的这种特性是与其通常生活条件,即与其非常接近于小资产阶级生存条件的谋生条件(单独作工或在很小的集体内工作等等)密切相连的。

列宁随之以高度评价的措辞("一种灿烂的社会心理学的估计")引用了含有如下判断的考茨基论文:

> ……我就只是把知识分子一语了解为普通的知识分子,他们是以资本主义社会为立脚点并且是知识分子阶级的标本代表。这个阶级是与无产阶级有相当对抗的。
> ……
> 知识分子……在他看来,表现本人个性的完全自由乃是顺利工作的首要条件。他作为某个整体的附属部分资格服从这个整体是很勉强的,是迫于必要而不是出于本人意愿来服从的。①

类似的话,以后斯大林、毛泽东都讲过。

---

① 列宁:《进一步,退两步》,引自《列宁文选》第一卷,北京:人民出版社,1957年版,第409-410页、466-467页。着重号系原文所有。

(3) 马克思主义对脑体分工传统的批评立场:这包含着复杂的不尽一致的内容。一方面,马克思本人曾肯定、又扬弃脑体分工,进而指向一种克服了现代工业化分工的全面发展的个人生存样态;而以"每个人的全面而自由的发展为基本原则的社会形式"正是共产主义(《资本论》,《马克思恩格斯全集》第 23 卷,第 649 页)。从而,消除脑体分工成为消除"三大差别"的共产主义理想化社会的致力目标之一。后来的马克思主义经典作家列宁、毛泽东等人也在这一方向下发挥过消除脑体分工的思想。20 世纪上半叶,意大利共产党领袖安东尼奥·葛兰西则不仅结合个人全面发展理想分析了脑体劳动的内在转化性与统一性,而且将知识分子观念从依据脑体分工的劳动形式原则移向独特的社会职能这一基点。葛兰西的这一方法论转变曾受到现代知识社会学的高度评价。他一方面分析了脑体分工的相对性,强调任何劳动中都包含有脑体的最低限度统一,因此,脑体分工不能从质上规定知识分子;另一方面他又正面探讨了知识分子的独特社会职能,较为零散地指出了知识分子中介社会各阶层及其人道主义世界观诸特征。[①] 而毛泽东关于知识分子与工农相结合的一贯性倡导,则不只具有满足社会革命与社会建设需要的直接意义,而且也包含有一种理想人格的塑造原则。他在"文化大革命"中关于亦农亦工亦学亦兵亦商的"五七"指示,摒弃其政治斗争背景及恶劣后果,其中仍然包含着上述"全面发展"的理想。只是这类思想往往有着农业空想乌托邦的性质。更重要的是,在这种消除脑体分工的设想中,知识分子基本被规定为消极性的被改造对象。这后一点在马克思主义批判脑体分工的传统中是一个普遍的缺陷,即这种批判并没有提供出像葛兰西所强调的知识分子的独特社会职

[①] 参阅安东尼奥·葛兰西《狱中札记》,葆煦译,北京:人民出版社,1983 年版,第 421-423 页。

能内涵。

马克思主义从一种文化理想与社会理想转变为某一时期的强制性意识形态后,也就垄断了人文价值观念,从而势必要特别地排斥人文知识分子。十月革命后斯大林更加僵化了这一趋势。后来毛泽东反复强调区分文科知识分子与理工科知识分子,明确贬抑前者而将后者主要视为技术工具,这决不是他个人好恶的偏向。

但如前边已经指出的,排斥人文知识分子的意识形态强制者,其自身也是以某种垄断地位的人文价值为职业者。这也是后来的后现代主义将人文知识分子与教化垄断者一并否弃的历史根据。

4. 后现代主义对人文知识分子的消解

尽管就辞源而言,20 世纪 30 年代已有"后现代主义"(Postmodernism)的语用,但成熟为独立的思潮,应是 60 年代中期才兴起的。作为社会形态,依照丹尼尔·贝尔的看法,后现代实质即"后工业社会",而后现代主义则是其文化表现。从着眼于工艺线索的马克思主义社会形态观来看,后现代或后工业社会,是与生产使用价值的商品的现代工业社会相区别的信息或知识社会。

可是,正在步入现代化门槛的中国人谈西方的后现代化意义何在?这里提出的实际是人文阐释的根据,亦即人文阐释者的生活世界问题。90 年代以后中国文化界关于后现代主义的讨论,并不单纯是对西方思潮的译介,而是基于自身现状的人文阐释,即一种问题情境的遭遇、视界的融合与对话。本来,作为人文对象,后现代主义自身也拒绝一切非阐释性的纯认识论旨趣。1990 年后两大阵营冷战对垒时代的结束,同时也意味着强制性意识形态长达近一个世纪之久的对抗("麦卡锡事件"反共浪潮—"文化大革命"反帝反修运动)的历史性转变。这种为丹尼尔·贝尔 60 年代所预言的"意识形态终结",属于后现代主义基本内涵之一,而"后意识形态"则是中国文化界在"后现代主义"话题下与西方对话的沟通性基础。

1978年以后,中国宣布放弃"以阶级斗争为纲"而转向经济建设,标志着中国进入了后意识形态时代。转向经济,更普遍的深层意义则是转向科学技术,即汇入科技时代主流。科学技术自近代以来日益深广的进军至后现代,引起了西方社会一个质的飞跃,那就是,技术已不再与主体性的个人保持主客体关联,而发展为空前独立的自主系统。科技系统不仅支配经济、也支配政治与涵括日常生活的广义文化。这种统治性的科技系统却是无人称的,它消除任何主体性,甚至也消除创造科学技术的科技知识分子的主体性:如前节所叙述过的,高科技网络首先所抹去的,正是科技专家(知识分子)的自我意识,他们业已转化为现代科技系统大军中严格操作的士兵角色。同样,行政官员们则已成为科层制度中的职员(公务员)。循此大势,一批人文知识分子则转化为技术复制时代大众消费文化的制造商。

这个科技网络唯一不能吸收(输入)的只有人文学科。20世纪分析哲学关于形而上学语言非逻辑无涵义(meaning)的全部论证,都正是为这个统治型的科技网络提供软件原理。在后现代渗透生活的电脑二进位制面前,充溢着自我个性情感意志、跃动着超越性想象与非限定性意蕴的人文学科及其知识分子,都被拒绝为"非科学"性而放逐到社会边缘。T·帕森斯指出了价值存在于社会系统结构之外这一重要事实,但他未能进一步说明,这在后现代并非意味着如同中世纪一样高踞教化的地位,而相反地是为社会所不容。

后现代社会更突出的是信息软件的功能,而不再是占据近现代生产中心的"硬件"类实体结构。这成为后现代解构主义的一个基础:不是静态限定的实在性结构,而是流转不息的活动功能,成为了事物存在的真正根据。由此也就消解了永恒不变或绝对的价值、以及判断价值的主体性立场,甚至不再承认任何中心与任何存在者的持存性质。

可以理解,这种解构主义一旦纳入后意识形态的阐释情境,将对那种将某一人文价值偏执化、绝对化甚至权力化的意识形态产生何等激烈的颠覆力量。但在这种包含着合理性的消解倾向中,又同时包含着否定与消解任何结构及任何人文价值的虚无主义。从而,并非偶然的误会或扩大,后现代主义者或"后意识形态者"在消解僵化意识形态时,总是同时要攻击、嘲弄和否弃人文知识分子。[1]

虚无主义在其一味攻击中从不反观自身的基础。然而,同海德格尔对技术的中立性假相的研究与揭露一样,法兰克福学派研究晚期资本主义的一个结论也正是,科学技术不仅是生产力,而且本身就是一种意识形态。科技工艺服从于人的特定欲望这一前提深深埋藏于科技工具的高度合理性与客观性之中。但当一个高科技的后现代社会全面地同化于科技规则时,一种不露面的价值取向也就全面地支配了社会成员的生活方式与习性。如马尔库塞等对现代日常生活的现象学剖析所揭示的,广告训练了少年如何夸饰、一次性用品使人们习惯于彼此利用时更少受感情干扰。与传统意识形态那种外在强制的特性相比,这种工具合理性对人心的操纵,不仅更为广大,也更为内在。

从某些后现代主义者身上,我们辨认出来的正是一种阐释、干预人文价值的人文知识分子功能。他们的独特性在于,他们在否弃一切独断专制与一切固执偏向的过程中却体现着自身的固执偏向,那就是虚无主义。虚无主义是将一切存在物虚无化的基点,它不能否弃虚无主义自己。如果虚无主义发展到了这样一步,即它甚至也否弃了虚无化这一行动意向本身,它也就沉没于原始的混沌;因为它终究无法将虚无主义者血肉之躯的自身虚无化,但在将全部价值尺度虚无消解之后,这血肉之躯只剩下自然欲望,于是便

---

[1] 参考让-费朗索瓦·利奥塔德关于后现代知识分子境况研究。

蜕化为动物存在。在后现代与后意识形态时代之所以颓废现象必定与虚无主义伴行，内在逻辑也正在于此。

因此，为后现代主义所高度突出的消解性，一方面空前高扬与凸出了人文知识分子打破趋于硬结僵化的传统价值、以不断为人们开拓新视野的解放性功能；另一方面，消解极端化所导致的虚无主义又表明，无论处于何种演化阶段，人类文化又必须为自己树立正面肯定性的价值坐标。破执去蔽的消解与建设并守护意义、否定与肯定，只有作为二而一的相辅活动才是完整与人性的。消解，只有作为建设新价值的生长点，才不致流于虚无主义而是积极的；守护，只有在不停滞的消解与激活下才不致僵化与专制化。因此，消解本应就是守护。

后现代主义消解人文知识分子的一个重要依据是，人文价值的阐释不是少数人的专职而应归还于每一个体的自我启蒙。由此引出的一个更为复杂的问题是，消解与守护的统一，以及人文价值观的树立，是否可能基于孤立的个体？是否每一个人都可能在毋需普遍人文价值坐标的条件下自渡自救？中国先秦曾有"百姓日用而不知，故君子之道鲜矣"（《易·系辞上》）的看法，体道明道的君子即人文知识分子在此是不与百姓混同的独立环节，它激励着一部分人始终以天下为己任而承担着个体自救之外更广大的责任。中晚明以后，世俗主义迅猛抬头，"百姓日用即道"流行，这虽然刺激了反礼教的个性解放思潮，但终究铸成了中国近代以降的世俗主义大势。

早在苏格拉底那里，个体自发的生活与抽身反省生活就具有至关重大的区别。苏格拉底的名言是，"未被反省的生活是无意义的"。但苏氏并非代替雅典人反省生活，而是"作为一只刺激的马虻"刺激雅典人自己反省自己的生活。在苏氏看来，这种马虻的角色是不可或缺的，因为生活自身的惰性是巨大的，它与"道"并不具有直接的同一性。从那时至今，现代生活对个体的支配性不是减少而是日趋增大了。正是那种包围并浸透个人生活的科技合理性,使个体的受动性空前强化而且体验为适宜的自在状态。从而,那种原本是加于个体的规则与力量不再与主体相抵触,它甚至不再进入个体的意识域,更无法被批判地省查。因此,自发生活与对生活的自觉反省在后现代呈现为前所罕见的对峙。

在这种情况下再奢谈个体普遍的自我启蒙,只是一种虚假的抽象设定。

这是一个大众化的时代。在这个时代若欲自我启蒙,那意味着抽身反省一己处境的同时也必须对大多数人的生活方式进行省查,从而走上前辈人文知识分子的道路。自我启蒙因而通向自我放逐:不同于昔日殉道的英雄壮举的牺牲,而是被社会主流放弃、搁置与遗忘。

二、知识分子观念的当代阐释

(一) 作为西方"知识分子"原型的俄国"интеллигинция"

俄国近代知识分子在知识分子观念的当代阐释中享有原型的地位。在俄国,"19世纪下半叶被称作文化阶层的人们转变为新型的人,得名'知识分子'(интеллигинция)。"① 这一名词被转译为"intellectual",此即"知识分子"一词的来源;作为狭义的"知识分子",则仍特指19世纪末叶俄国的文化人。

但是,以科技知识与科技专家为范型的西方近现代知识分子观念却依据自己的阐释处境将"intellectual"科技知性化了("知性":intellect),而且在这种东西方文化观念的交流中最终以自己

---

① 〔俄〕尼·亚·别尔嘉耶夫(Н. А. Бердяев):《俄国共产主义的起源与涵义》(Исмоки смысл русского коммунизма, Москва, 1990, Стр. 18.)。以下凡引此书,仅注页码。

的科技知性观念支配了至今流行的"知识分子"观念。这迫使俄侨思想家尼·亚·别尔嘉耶夫回溯辞源以澄清、显露被掩埋的"知识分子"原初语境内涵：

> 假如西方人把俄国的知识分子(интеллигинция)与西方的所谓 intellectual 等同起来，就会陷入误区。intellectual 是指从事脑力劳动与创造的人，首先是学者、作家、艺术家、教授、教育家等人。俄国的知识分子(интеллигинция)则完全是由另一些人构成的。他们可能不是从事脑力劳动的，而且根本不是特别有知识的。许多俄国的学者、作家根本不能算作这个词意上的知识分子。他们如同僧团或者宗教流派，有自己独特而又偏执的道德标准，有乐善好施的人生观，有特殊的行为准则与生活习惯，甚至有其特殊的外貌。凭外貌便可认出他们并与其它社会团体区别开来。我们俄国的知识分子是一种思想体系上的而非职业和经济上的群体。它来自社会各阶级：最初多为贵族中较有文化者，随后又有了神父、助祭的子弟，也有出身于小官吏、市民乃至解放了的农奴。这就是完全被思想并且是社会性思想联合起来的平民知识分子。19世纪下半叶被称作文化阶层的人们转变为新型的人，得名"知识分子"。①

"我们俄国的知识分子是一种思想体系上的而非职业和经济上的群体。"这是一个对于知识分子当代观念具有基石意义的命题。别氏进一步解释说：

> 没有依托，同任何等级生活及传统相决裂是知识分子的

---

① 《俄国共产主义的起源与涵义》，第 17–18 页。着重号系原文所有。

特点。而没有依托是俄国知识分子所特有的。知识分子总是迷恋于某些思想,主要是社会思想,并无私地献身于这些思想。他们能够完全为思想而活。①

知识分子是思想观念性的精神群体,而不是外在的职业类型或特定经济利益的阶层。这与西方近现代社会科学派生出的"知识社会学"(为孔德、杜尔凯姆、曼海姆、兹南尼基等欧美学者所创立)的知识分子定义角度有重要区别,尽管知识社会学也一再涉及知识分子的精神团体性,但未曾达到别氏这样清晰专一的判断。在这一命题判断中,知识分子观念不再依托于被限定的某类社会实在因素,而以人文价值理想为核心,从而摆脱了以科技专家为范型的近现代知识分子观念的支配。正是基于这一点,本书认为,尽管从历史时限来看,俄国19世纪知识分子属于近代,但就逻辑行程而言,19世纪俄国知识分子却是对近现代科技知识分子观念的重大转变,因而它恰恰是当代的。

但从人类总体历史行程来看,别尔嘉耶夫所描述的俄国19世纪知识分子的这种思想性、无依托性、价值立场与献身精神,却并非如别氏所强调的为俄国独有。事实上,中国先秦孟子所说的"无恒产而有恒心"的志于道之"士"、苏格拉底自述的不以任何技术职业为务,只在市场(广场)漫谈、向众人开导人生意义的哲学家,都也属于这类知识分子。因此,别氏提出的不是一个民族文化的命题,而是一个普遍的人类的知识分子的定义。

俄国知识分子与基于事实判断立场的科技知识分子第二点区别是,关于事实与价值的区别、以及价值与意志自由的问题是更为重要的问题。对这类问题的执著关切,构成了从"主观社会学"俄国学派、民粹派(彼得·拉甫洛夫、尼·康·米海洛夫斯基等)到

---

① 《俄国共产主义的起源与涵义》,第18页。

学院哲学家(B·索洛维约夫、尼·洛斯基等)鲜明一贯的特色。

对价值的执著又必定要追究向终极价值,终极价值又总是超出了西欧近现代启蒙运动以来的人类中心立场,而诉诸宗教哲学。这样,与务实进取、理性乐观的科技知识分子迥然有别的是,俄国知识分子自始便禀有天国使者的气质与献身牺牲的气概。被别尔嘉耶夫称作第一个俄国知识分子的拉吉舍夫(1749-1802),他的名言是:"我心中充满人类的苦难。"从拉吉舍夫开始,西伯利亚流放苦役便成为俄国知识分子殉道的传统道路:自愿放弃富贵而伴随丈夫服刑的十二月党人的公爵夫人曾在风雪迷茫中走上这条道路,临行前最后一次拒绝悔罪改刑的平民知识分子车尔尼雪夫斯基手缚镣铐走上这条道路,共产党人列宁走上这条道路,直到20世纪末叶,物理学家萨哈罗夫依然走上这条道路。

别尔嘉耶夫所说的俄国知识分子甚至特有的外貌,正是指这种禀有神圣信念、慈善博爱与刚毅不屈气质的精神群体形象。曾对民粹派与共产党人、从普列汉诺夫到列宁发生了重大感召作用的拉赫美脱夫,这个车尔尼雪夫斯基《怎么办?》中陋衣粗食、睡钉板床的职业革命家,被赞誉为"精华的精华"、"盐中之盐",这一评价,也是适用于整个俄国知识分子传统的。也正是从俄国知识分子的人格范型中,传播开来了"精神贵族"这一对抗现代世俗主义潮流的概念。① 并非偶然,在19世纪俄国知识分子中间(尼·康·米海洛夫斯基等)曾专门讨论探究过"英雄"概念。②

但在这里就应当指出,这种来自天国的拯救与牺牲本身已具有混淆天国与俗世的倾向。作为天国使者与价值裁决人,人文知识分子的这种精神贵族气质一旦与政治权力结合,便有可能发生伏尔泰所说的"教士与帝国一致的制度是最可怕的制度"的情况。

---

① 西方文化这一概念与中国先秦时代即出现的"素王"大致对应。
② 参阅G·D·H·柯尔《社会主义思想史》第三卷上册,何瑞丰译,北京:商务印书馆,1981年版,第413-414页。

十月革命前后,卢森堡与列宁关于群众、阶级与政党的辩论,便与此有关。①

不管怎样,作为知识分子两大传统之一的人文知识分子传统,正是在 19 世纪俄国知识分子(интеллигинция)身上获得了继承,并由此激发了与近现代科技知识分子相区别的当代知识分子观念。

(二) 当代中国知识分子自我定位的困境

20 世纪 80 年代之后,中国知识分子被法定为工人阶级的一部分,并随着"科学技术就是生产力"的命题的认可而在新的经济时代寻找到了自己的位置。但这基本只是指科技专家意义下的知识分子。科技专家在实用功效时代受到空前尊重的待遇,这在一个方面反倒更加凸出了人文知识分子无法定位的困境。

人文知识分子在新的转型社会中的困境是双重的:一方面,过去几十年间,人文知识分子被强制性意识形态规定为意识形态论证者,属于特定政治文化结构中一个手段性环节。在否弃以阶级斗争为纲与意识形态专政之后,这种以意识形态论证为基础的人文知识分子便失去了依托。另一方面,20 世纪末叶中国社会商品经济转型又表现为与传统精神价值急剧的中断决裂,这使社会仅仅接纳科技专家而拒绝人文知识分子。

因此,直接影响制约当代中国的现代意识形态传统与当代转型期社会本身都无法提供一种独立的人文知识分子观念。

20 世纪 80 年代绵延五六年的文化讨论热潮,是在阶级斗争与意识形态专政废弛条件下,人文知识分子独立自发开展的第一场文化运动。这场文化讨论起初只是作为经济主流的技术性辅助、即作为现代化组成部分的观念文化现代化而提出的。但它很

---

① 详见本书第五章关于政教关系的讨论。

快便触及到远超出经济手段的人文文化及其知识分子的独立本质。1985年春,在中国文化书院首届中国文化讲习班开幕式上,梁漱溟先生以中西印文化价值取向比较为题,说中国传统文化并非不能富国强兵,而是"不为也",从而从区别于"实然"的"应然"角度把文化推向指导社会的价值本体地位。之后的哈佛大学教授杜维明,在其讲演中以充满历史感的尊严语调阐释了孟子关于"士"之"无恒产而有恒心"的命题。后来他在回答关于新儒家的采访时,人文知识分子观念已是突出的专题。他说:

> 儒学今后将寄居何处?我说它寄居在知识分子群体批判的自我意识之中。……作为一个儒家知识分子,第一要有强烈的历史意识,第二要有相当深厚的社会实践、文化感受。他们对政治可以参与,也可以作批判的了解,但不依靠现实政治。他们的根基是学术的、历史的、文化的。①

杜氏强调性地区分了政治化的儒家(王圣)与道德理想的儒家(圣王、素王)。海外新儒学这种与中国传统学术文化紧密结合的现代阐释,为国内知识界实质提供了一种独立的人文知识分子范型参照观念。

1987年,作为"中国文化史丛书"一种的余英时的《士与中国文化》由上海人民出版社出版。该书以更为严谨而系统的学术学理论证了"士"与现代知识分子观念的会通意义。作者以其深厚的学术根柢、开阔的中西文化视野与敏锐的现实感受为基础,在纯正严谨的学理逻辑文字背后饱蕴着激情。这一切都对中国人文知识界产生了少见的吸引力与说服力。无论就其对中国传统知识分子观念现代意义的发掘阐释,或是对西方现代知识分子观念的介

---

① 杜维明:《文化价值与社会变迁》,载《读书》1985年第10期。

绍（特别是该书第3页注释①关于俄国"知识分子"五项特性的概括转述），都具有特殊的意义。《士与中国文化》很快销售一空不断再版，在大学与文化界被广泛传阅。该书关于知识分子之"士"应是超越特定社会政治经济利益的普遍"社会良心"的人文知识分子观念随即流行开来。从数十年依附性的"皮毛"观念与奴役性的"臭老九"观念中刚刚解脱出来的中国知识分子，在这种现代人文知识分子观念中第一次获得了尊严的自我意识。

这种独立自尊的人文知识分子观念在1987年底兴起第二次全民经商热的形势下立即成为中国知识分子精神支撑的基点。1988年成为中国大陆知识分子问题讨论空前热烈的一年。当年8月份由与中国文化书院有关的新知学园与《光明日报》理论部联合在北戴河召开了首届知识分子问题讨论会，① 当年直接以知识分子理论为论题的论著激增，而自70年代末以来日渐成为中国大陆人文知识分子重要论坛的三联书店出版的《读书》杂志，于1988年第9期刊出了一组引人注目的知识分子专论。② 该刊"编后絮语"说明道：

> 婴儿呱呱落地，脱离娘胎，从今以后要靠自己来过日子，由生而老，而病而死，历经人生的种种艰辛苦难。在母亲的子宫里，也许是舒服一点，但人长不大。要发展，就得脱离子宫。但是脱离的过程是痛苦的，令人畏惧的。心理分析学家称婴儿出生时产生的这种不适应情况为"新生创伤"……
>
> 在当前商品经济发展时条件下，中国的知识分子是不是也正在经受某种"新生创伤"？……

---

① 参见薛涌：《知识分子的政治参与与独立人格——首届知识分子问题讨论侧记》，载《光明日报》1988年9月8日。
② 许纪霖：《商品经济与知识分子的生存危机》，盛斌：《一个知识分子跨越世纪的选择》，徐钧尧：《知识分子和现代社会》，顾昕：《知识分子的理想国》。

商品经济一发展,大有要把知识分子赶出这个不无舒适或者冷漠无情的"子宫"的趋势。于是,人间一片"呱呱",这号啼,这叫喊,究竟是对新生喜悦的欢呼,还是对逐出"子宫"的悲戚?……只希望我们大家能尽早超越和克服这种"新生创伤",不致使自己长久地处在进退失据的空间里。

在这里,置身于商品经济冲击下的中国知识分子尚被置于一个正常的、合理的、进步的光明前景中。商品经济与人文知识分子的深刻对立一面并未引起注意。这仍然是作为思想界主流的启蒙主义进步观,即把社会经济文明的自发进程视为一个从低到高,经过黑格尔式否定之否定辩证运动必达自由的乐观进步发展观。人文知识分子对中国急剧转向的市场经济的价值判断责任还未突出为问题。

然而,从1988年底开始的伴随经济发展失序而生的腐败,使中国人文知识分子从为经济进程歌颂与论证的单一态度明显转向批判的立场。这种超出各个行业的普遍的社会思考与批评,使中国人文知识分子在80年代末鲜明地显示为一个独立的精神群体。

从90年代开始,一方面,与80年代末相比,中国人文知识分子已失去那种几无限制的社会政治文化批评环境;另一方面,中国市场经济化大潮继续拥挤占领文化空间,特别是1992年邓小平南方巡视讲话之后,市场经济大潮猛涨,"全民经商"第三次浪潮以前所未有的规模与力度席卷全社会。在此形势下,中国人文知识分子几十年来第一次感受到了真正的生存危机。所谓生存危机,表面是指早从80年代中期已经开始的中国知识分子经济收入的急剧下降,而较生计困窘更为根本的是,当一种实用主义的思维开始越来越有根柢地支配全社会时,80年代曾吸引国民各界关注的轰动性的文化讨论便风流云散、成为一个遥远而陌生的梦。1992年秋天,北京大学与复旦大学这两所中国人文传统最为深厚的著名学府几十年来第一次招生欠员,中国人文知识分子终于意识到了:他们正在失去自己的社会角色位置,这个社会不再器重他们了。

与此相对照,作为商业化社会伴发物的大众消费文化势不可挡地在90年代初终于确定地占据了中国当代文化的主流地位。大众文化通过印刷品、电视剧、电子媒介等现代大众传播媒体,向已窘迫不堪的中国人文知识分子发起嘲讽攻击。在这种攻击中,人文知识分子替昔日的权威型意识形态受过,理想主义与崇高在后意识形态的庸俗化、痞子化时潮消解下面临被彻底否弃的命运。当这一状况被评论者进一步推移为中国现代史的百年趋势走向时,① 中国当代人文知识分子情绪已近于世纪末般消沉。一种无可奈何、以无出路为出路的氛围空前浓厚起来:

> 在目前为官治学两亦难的情况下,可把"下海"视为生命体验。"下海"之举,不是一代文运终结的原因,而是一代文运气数已尽的结果。
>
> ……
>
> 生活比个性强大。不管大家在内心是如何激烈地抗拒这场"思想政造",最终都还要接受这一现实:在这一特殊历史时期,对大多数人文知识分子来说,学术暂时难以成为一种职业。时势所至,大家不妨放松心情,将学术研究作为寄情所在,把"下海"视为一种生命体验,在社会变动中寻找适合自己的生存方式。
>
> ……
>
> 我不喜欢"精英",也不喜欢"知识分子",也不喜欢

---

① 参阅陈平原《近百年中国精英文化的失落》(香港中文大学《二十一世纪》总第17期)及相关评论。

"士",他们不能活就让他们死去吧,活下来的我暂且称作"智士"。智士怎么活?……具体地说,就是要下海,坚决地下,彻底地下,全方位下。……下海的另一个途径是漂洋过海。

……

出版社一位颇有成绩的中年编辑早几天打电话给我,告我他执意南下,正在清理陈年书柜,知我爱书,嘱我去找一些需要的,余下的作废品处理了。我急忙过去,却未见他有舒展的形色,相对无言。我只是默默地找书,看得出来,告别文化、下海淘金,的确是一次很艰难、痛苦的抉择,我佩服他还是在默默中迈开了脚步。我没有去追问他,只是背上书落荒般走了。回头望他,有如拍卖了家产般的沮丧。①

这种颓势,本质上是社会角色位置的失落所造成的。寻找自己的位置从而成为 20 世纪末叶中国人文知识分子最具本质意义的动向。90 年代之后,作为与趋附商品经济主流的"下海"相区别的另一个词是"边缘",它逐渐在思想文化界流行开来。一种原是被排挤出中心的边缘退居,在一种与俗世自觉保持距离的形上框架支撑下变成了自居边缘。这正是一种定位。

但是,自居边缘仍然有着不同的类型。

第一种是远离经济、政治社会主流,甚至远离一切群体性规范,在审美性的自我感悟中把握人生价值意义。这是一小群避世的艺术家与思想家。②

第二类同样是远离经济、政治社会主流,但却以纯学术为依

---

① 香港中文大学《二十一世纪》,总第 19 期,第 159-160 页。
② 参阅"边缘"丛书(张志扬主编,江西人民出版社,1987-1990 年),张志扬:《拯救专名的荣誉:重申"个人真实性及缺席的权利"》("现代中国人心目中的国家、社会与个人"国际学术研讨会文献,斯德哥尔摩,1993 年)。

托。所谓纯学术,不仅区别于意识形态理论,也区别于关注并介入现实的思想史阐释,甚至区别于依赖个体人文体验的人文阐释。但严格的上述意义的纯学术在清洗掉学术的人文阐释性之后,往往只是指学术史的形式规则或史料考证,它在西学中有与自然科学亲近的分析哲学,在中学中则有从汉代经学到乾嘉朴学传统。于是,这一类学者也就以"学人"和国学接续人自居。①

纯学术的符号形式运演为何能独立于俗世社会内容？这种活动于人类究竟有何本质意义？这些在此尚无法细究。但是,这种原本出自为人文知识分子提供独立基础的学术尊崇,在1993年之后,却迅速被政治经济社会主流认可并倡导,从而各类复兴国学的刊物纷纷问世、各地学院亦在党政领导推动下纷纷成立"国学研究所"。从而,90年代以后的国学热与80年代的传统文化讨论热无论在旨趣或社会效果意义上都有着十分重要的区别。于是,这种20世纪末叶的国学热成为弘扬传统文化、增强爱国主义(以及民族主义)的重要部分,它实际上成为80年代以后中国意识形态空场的替代填充。这样,学者的纯学术边缘却反倒又成了意识形态中心。

因此,必须有一种既独立、超脱于具体特定世俗事务,又从更高层面作用于俗世的边缘立场。对这种边缘立场的探寻,成为90年代之后中国人文知识分子最值得注意的方向：

> 必须强调,知识分子之边缘化,并不是经济收入意义上、也并不完全在社会影响或权力意义上,而是知识分子的文化职责使然。……
>
> 反过来说,要完成好这个文化职责,知识分子必须坚持边

---

① 参阅陈平原等编辑《学人》丛刊(江苏人民出版社,1992年-)、刘梦溪主编《中国文化》丛刊(三联书店,1991年-),以及北京大学中国传统文化研究中心及《国学集刊》、《原学》等。

缘化的批判,即"纯批判"……①

　　何谓"纯批判"?"批判"使知识分子与现实世界扭结联系在一起,然而,"纯"却又拒绝在俗世事务内容层面的对话。这个"纯"是什么性质?它如何保持"批判"的边缘立场?

　　但不管怎样,我们又发现了《士与中国文化》所传播的"士"的观念身影。《读书》1994年第1、2期开始,连续刊出的数篇文章又不约而同地重新发问:"什么人是知识分子?"这是1988年中国知识界第一次知识分子讨论的基本问题之一。时隔数年,它又以必然性的力度重现了。②

　　当挣扎于生存困境的中国知识分子不顾逼迫日甚的经济、就业危机而执著于"什么人是知识分子"的形而上发问时,这一原理性的问题就显示出它在20世纪末叶分外沉重痛苦的内涵:它直接就是安身立命的现实问题;知识分子原理学对于当代中国知识分子成为攸关自我意识的头等重要问题。对这一原理的解答凝聚着巨大的社会心理期待。③

　　这一发问表明,虽然已有历史上的与域外的诸多知识分子理论成说,但它们仍然必须进入当代中国人文知识分子特定的生存处境才能成为阐释对象。它表现出问题的人文特性,即它不是客体知识,也不能归于主体的发问方式,而毋宁是发问者的生活世界

---

① 赵毅衡:《走向边缘》,《读书》1994年第1期。
② 有关知识分子基本原理的讨论在20世纪90年代后始终是中国思想文化界的深层热点,有关论著不胜枚举。可以《东方》杂志(东方文化研究会,北京)1994年第2期对上期王力雄《渴望堕落:论知识分子痞子化》一文的三篇讨论文章为例:许纪霖:《俗世中的时尚》,郑宁:《谁是知识分子?》,尤西林:《守护理想与消解权威——知识分子的双重职志》。
③ 对知识分子话题的敏感热情是20世纪末叶中国知识界最引人注目的现象之一。1992年河南人民出版社组织(许明主编)的"中国知识分子丛书"编撰意图方才披露,立即激起强烈反响(参阅上海《社会科学报》1992年7月2日一版报道及在此后的有关反响综述)。

及其生存阅历自身的逼迫。据此才使这一问题并非口耳相传的纸面问题而是真问题。就此而言，处于转型期矛盾煎熬中的中国知识分子只能自问自答：这乃是真正的思想自救，它无法由困境之外的人代为回答。

这一发问同时再次表明，与近现代以来西方知识分子观念演变走向相同，尽管科技专家型知识分子已获得了确定而显赫的社会位置，但"什么人是知识分子"却反倒因此而越发成为一个尖锐重大的悬疑；因此，当代中国知识分子自我定位的困境成为现代人类普遍性困境的组成部分，它把人文知识分子更加明确而醒目地推向问题的中心。

三、人文科学与人文知识分子

作为知识分子当代涵义的集中体现者，人文知识分子自身应如何界定与把握呢？

人文知识分子极易被纳入社会（科）学的职业分工框架中、视作从事人文学科专业的知识分子。然而，又如何界定人文学科呢？对于现代文化甚至学术界而言，这至今是一个模糊的论域。①

---

① 迄今汉语学术界忌讳英文 science 及其自然科学在资本主义近代运用中所派生的唯科学主义，从而回避"人文科学"一词，而在与"科学"对立中坚执"人文学科"或"人文学"类语用。他们不了解海德格尔关于费希特之后德文"Wissenschaft"（科学）及其"Geisteswissenschaften"（精神科学）所继承的希腊科学与哲学统一观念的现代性意义。也不清楚作为涵摄特定（the）"人文学科"的"人文科学"对近代以来文理科分化的重新整合。在这一整合下人文学科已经复兴了人的完整教育意义而不再是迄今流行误解的"人文学科即大文科"观念。详细论证参阅尤西林《人文科学导论》第一章第四节（北京：高等教育出版社，2002 年版）与《人文科学与现代性》上编（北京：新星出版社，2013 年版），以及笔者在北京大学高等人文研究院会议发言"人文科学公理的确立与 80 年代文化讨论的主要意义"（内容刊于《开放时代》2011 年 11 期）。关于人文学科概念思想更早引入汉语的时代背景可参阅尤西林《人文学科及其现代意义》，载（《中国社会科学》杂志社）《未定稿》1987 年第 1 期。

(一) 古典人文学科的历史演化

渊源于古罗马西赛罗理想化教育思想 humanitas 的古典人文学科,是指古罗马自由民(公民)成熟为"人"所必修的科目,即"七种自由的艺术"("七艺"):文法、修辞、辩证法、算术、几何、音乐、天文。这与中国先秦"六艺"礼、乐、射、御、书、数目标基本相同:"顺先王诗、书、礼、乐以造士。"(《礼记·王制》)① 即为臻于人性理想态的修身,而非近代分工以后占据统治地位的职业或专业训练。

古典人文教育通过当时几种基本知识技能的锻炼,使个体成为那一时代身心发育尽可能完善的人,这提供了一种界定人文学科的准则:人文学科是以主体性的人自身为内在目的的教化活动。

对这一界定须作进一步的解释。

所谓主体性的人亦即合乎人的本质的人,其现实形态无疑具有各不相同的社会历史特点,但从宏观总体的人类历史来看,各个特定时代的人仍可在一种不断超越——既超越(改变)外界又超越(改变)人自身——的劳动基点上与自然物区别开来。但这种作为人的类本质的劳动又并不等同于人类学对人类行为特征的客观概括,它作为尽善尽美的价值本体,本身就是人类向善向美的价值取向产物:19 世纪洋溢着进步乐观信念的马克思将劳动阐释为人类超越时空限制的万能活动,② 20 世纪面对人类危机的海德格尔相反地将技术溯源为谦卑有度地显现存在之光的艺术,都是从不同角度对劳动的人性意义的价值阐释。③ 因此,作为人文本体

---

① 此据《周礼》。"六艺"若从经典角度讲则作:《诗》、《书》、《礼》、《乐》、《易》、《春秋》。
② 参阅马克思《1844 年哲学—经济学手稿》关于"美的规律"的劳动规定,以及拙作《审美的无限境界及其人类学本体论涵义》,载《当代文艺思潮》1987 年第 3 期。
③ 因此,人文主义(以及人道主义与主体性)并不等于人类中心论。后者恰未脱离囿于自我生存的狭隘动物性。而人文主义固有的自我超越性则不仅是高 (转下页)

的劳动不能完全纳入实证科学的事实陈述和经验归纳之中,而是一种追求理想的运动。①

　　人文科学不仅依靠历史形成的人文学科群而且作为精神态度直接体验人的本质。但这种作为**主体性体验**的人文自我意识并不等同于把主体当作客体的外在静观的**自我认识**,② 而是马丁·布伯所说的"我—你"和胡塞尔的"主体间性"(intersubjectivity)关系态度。它势必要求知意情一体化地体验认同,从而使人文科学及其人文学科并非逻辑思辨,而呈现为从特殊升华为普遍的精神运动。这就是被 H-G·伽达默尔作为人文主义首要特性概念的"教化"(Bildung),③ 它不只是指人的思想观念,而且包括了个体身心感触的全部存在。人文教化性的人格修养在孟子那里之所以系于生理性的"养气",被 E·卡西尔规定为感性知觉的培养(《人文科学的逻辑》),被梅洛·庞蒂凸出为"肉身性"(《知觉现象学》),都正是缘于此。因此,无论东西方,古典人文学科都被视作"艺术"或"技艺",而英文 The humanities(人文学科)也兼有学理与技艺实践涵义。

(上接注③)扬弃的理性的启蒙论者的真实基点,实质同样是当代反人类中心论者的真实基点,甚至也是一切宣称反人文主义者的真实基点。这也就是海德格尔在《关于人道主义的书信》中说"这种思想反对人道主义,是因为人道主义把人之人道放得不够高"(海德格尔:《路标》,孙周兴译,北京:商务印书馆,2000 年版,第 388 页)的辩证含义。因此,与时下依据字面含义讲海德格尔是反人文主义者相反,海氏实属 20 世纪最重要的人文知识分子之一。同样,当代西方反人类主义的自然保护主义也是一种人文主义的最新发展阶段。

① 因此,将人的本质局限于"在其现实性上"(gn seine Wirk lichkeit)的"社会关系的总和",是对马克思完整命题的阉割。详参阅尤西林《对〈费尔巴哈论纲〉第 6 条的再思考:关于人的本质》,载《人文杂志》1989 年第 3 期。
② 这一区别为现象学与苏俄"文化历史学派"所强调,参阅阿·尼·列昂捷夫《活动·意识·个性》第 171 页(上海译文出版社 1980 年版),以及萨特《存在与虚无》导言"反思前的我思和感知的存在"一节。
③ 参阅伽达默尔《真理与方法》第一部第一章第二节。

在人文学科的界定中,"主体性的人"是一个关键概念。① 主体性决非自我中心论。人的主体性是指一种类似海德格尔所说的守护、看牧万物的责任地位,只是在这一意义上才强调主体性的人不同于客体性的人。那种笼统讲人文学科是关于人的科学的流行观念混淆了一个区别:整体性研究人的人类学(无论体质人类学或文化人类学),在以人为客体这一点上与研究病理性的人的医学并无区别,而这种以人为客体的"人的科学"与以物为客体的自然科学,以及以社会关系为客体的社会科学同属于近代以物理学为典范的科学。② 在这种混沌于万物的客体化状态中,人也就失去了责任。

对主体性的人的把握要求不同于科学的方法态度。除上面所谈过的知意情一体化地体验认同与教化修养特性外,人文学科最重要的特性便是其评价性。与客观陈述"是什么"的事实判断的科学侧重不同,人文学科内涵有"应当是什么"的价值指向,任何时代的人文教化都已设定了作为人格典范的理想人性,不管各个时代的人文理想特定内涵有多少社会历史差异,但在以人自身趋向于完美化的人文内在目的上,都为人们提供了安身立命的终极目的意义与价值观。

(二) 人文科学统摄人文学科的现代性意义

那么,哪些科目属于上述意义的人文学科呢?

---

① 与不同意将人类中心论混同于人文主义一样,也不能同意将主体性打入人类中心论;那种全盘否定主客对立性的观点忘记了劳动自始即出自这种对立,并且只有基于这种对立才能不断超越(扬弃)这种对立。本书称此种本体性的对立统一结构为劳动二重性,这一观点最早见于拙文《康德理性及其现代失落》(《德国哲学》第8集,北京:北京大学出版社,1990年)。这一点也是海德格尔为代表的浪漫主义历史观与马克思劳动历史观重要区别。
② 对人类学(Anthropology)的希腊文辞源分析(Anthropos+Logos)表明,所谓"人的科学"(人类学后来的通称),其实就是由知性逻辑编织的人的现象的规律性知识,它完全处于康德关于现象界的划分范围之内。1501年德国学者洪德(Magnus Hundlt)开始使用这一名称时,指的正是人体解剖与生理研究。

我们遇到的直接的也是基本的困难便是人文学科的变迁流动性与不确定性。古罗马"七艺"中的算术、几何、天文今日一般已不再被视作人文学科,① 甚至被视为人文学科传统科目的文法或语言学,在当代日渐定量化为电子计算机的分析对象后,也与物理学的界线越来越模糊了。

在理想条件下,人的全部谋生活动及与之相关的所有学科都可能同时是人性教化的自我实现方式,从而属于人文学科。锄头在作为生产谷物的手段过程中逐渐凝聚成更为持存的文明尺度,从而锄头超越了曾经支配它的消费欲望而获得了更高更尊贵的目的地位。黑格尔这一著名观点已透露了劳动二重性运动中人文与科学相互转化的辩证法。锄头及与之相关的物理学、化学与冶金机械工艺学等科学技术,在满足人自然生存需要同时势必将人带入质别于自然生存的社会存在中,人在此过程中所获得的日益广阔丰富的交换关系与因果规律,使人可能返转来以更加自由的态度看待自然与人自身。主体在运用科技工具改造、协调万物的新型生存方式中实现了自己的人性本质,锄头及其科学技术在此承载人性自我实现的过程中便具有了人文学科意义。所以,在海德格尔眼中,锄头主要不是人满足一己私利的工具,而是汇聚天地人神的存在场域之"物":res,是昭显并保护存在意义的路径。

然而,人类史实的大势却是,劳动作为控制客体、征服自然的手段这一面越来越居于主导地位。近代以来分工日益细密庞大的科学技术逐渐扩张为一种客体主义亦即科学主义的世界观,它使人不仅将物视为供人摆弄利用的客体,而且将人自身也客体化或物化。这便从根本上否定了人文学科。这激起了现代反科学主义的人文思潮。19世纪末叶,从狄尔泰到新康德主义西南学派文德

---

① 欧美今日为少数贵族或特权子弟尚还保留的"liberal arts"人文教育除外。当代通识教育则正在努力将这一教育模式扩展为普适教育。人文科学与自然科学及社会科学的关系在此体现为通识教育与专业教育关系。

尔班、李凯尔特,主要是从方法论与研究对象角度为人文学科不同于自然科学的独立地位作辩,对人文学科特性的综合则势必推出作为人文学科原理的人文科学新型知识观。而海德堡学派在19世纪最后十年发动的针对科学实证主义扩张的"保卫主体性"的跨世纪之战,① 以及胡塞尔晚年对伽利略以来物理学侵占人文科学的客体主义的反省批判,特别是海德格尔从存在论高度对亚里士多德以来西方以客体对象的存在物取代、遮蔽生存根据的存在论的根本性批判,则为人文学科及其人文科学提供了远超出知识类型学的本体论背景。而早在狄尔泰之前,马克思在巴黎手稿中已经提出了以劳动为本体的人文科学观念。当青年马克思预言"自然科学往后将包括关于人的科学,正像关于人的科学包括自然科学一样:这将是一门科学"时,② 虽然浪漫化地勾销了自然本体与人类性本体之间的质别规定性,从而忽略了劳动谋生受动性与自由能动性之间永将存在的差异,但却有力地反拨了近代唯科学主义的客体化潮流。

现代人文主义运动不仅是对近现代工业化的反拨,同时也是对现代物理学革命、生态环境保护等全球性问题的响应。因此,人文学科与自然科学、社会科学的消长分化演变,受制于社会、自然与主体性人的实际关系结构变化。马克思关于资本主义生产不利

---

① "不管人的各种专长在其客观内容方面培训得多么高深,我们仍然不称它是文化。只有当他在那方面的单一完善列入到灵魂总体时,只有当灵魂将所有内容提到高深阶段而使它们相互间的矛盾达到协调平衡时,简言之,只有当它们协助整体完成统一时,才能形成文化。那么把我们的各种成绩或感受性置于各具体专业系列范畴,并用它们的尺度进行等级衡量就不允许与将同样内容置入文化范畴(即我们内在总体的发展)进行衡量的尺度相混淆。"(G·齐美尔:《桥与门》,涯鸿、宇声等译,上海:三联书店,1991年版,第90-91页。)这表明,人文主体性并非否定专业知识,而是将之协调与提升到人自身为目的的"内在总体的发展"中去。但这一逻辑的合题却须以漫长的历史实践为基础。
② 马克思:《1844年经济学哲学手稿》,引自《马克思恩格斯全集》第三卷,北京:人民出版社,2002年10月第2版,第308页。

于艺术的论断,表明了人文学科与物质生产不平衡的复杂关系。劳动异化也就是消除劳动的人文意义,它反映在学科关系上,便是将科学唯科学主义化与人文学科边缘化。但在特定条件下,即使是工艺制造或建筑也可能人文学科化,例如19世纪末英国莫里斯、罗斯金倡导的手工艺运动、20世纪德国的"包豪斯",以及后来的人类工效学和"迪扎因"(design)等。

在人文学科漫长的演化史上,哲学、宗教、艺术、教育等学科因以主体性的人为对象,故其学科结构本质上就是人文性的。这些学科虽屡经侵蚀而仍无法科学主义化,从而构成为人文学科的骨干与内核。作为人文科学精神方式统摄下的学科群,人文学科并不囿限于近代以来分化格局中的传统文科。高等数学、量子力学、热力学第二定律对当代宇宙观的深刻变革,以及人工智能与虚拟实在对人类存在方式的空前渗透,清晰地显示了自然科学与人文学科的当代融合。

(三) 人文知识分子的内涵

我们已经大致弄清了人文学科的基本内涵与历史现状,人文知识分子是否可由此得到一个明确的界定呢?但如果人文学科并非学科的外在类聚,而是某种相同的方法和态度,这种流动无形的形而上学性不也同样把人文知识分子的范围推向一个抽象而普遍的领域吗?

人文学科所致力的人的生存意义不同于科学分工的专业性知识,它属于人类各行各业个体的人所赖以安身立命的精神根基,每个人都强弱不等地具备有人文自我意识。正如古希腊智者学派早已讲过的,哲学乃是一种普遍性的教养而非专业。但是人文意识只是在人文学科中才被集中地专题化了,即是说,成为了主题。因此,从事人文学科(哲学、宗教、艺术、教育)的人可能(但并不必然)是人文知识分子,而那些怀有强烈的人生自我意识并远超出一己命运思考、将之推广为人类普遍问题者,即使是非人文学科专业的(例如物理学家爱因斯坦),甚而是不识字的民间智者,就其人文性的社会影响而言,也同样可视作人文知识分子。相反,M·韦伯所说的"无灵魂的专家",① 虽然其中有以传统人文学科(例如语言学或历史学)为业者,但当他把主体性对象完全转化为物理学所研究的客体,并以清洗精神意义而追求客观化专业形态时,就不在人文知识分子之列。同样的专业,例如语言文字训诂,在黄宗羲、顾炎武与王夫之那里,是基于复兴民族文化的社会责任,而其后避席畏闻文字狱的乾嘉学者,其中许多人却只是以之作为逃避社会责任的藏身之所,他们并不关注人文意义。他们的工作至多在技术意义上属于人文学科,但他们不仅不同于黄、顾、王,也不同于怀有人文意向并表达了人文思想的戴震。同样,把自己专业作为混饭谋生手段的教书匠、画匠、"哲学工作者"之不同于科学教育家、艺术家、哲学家,也是古今同一的常见现象。即使是同一个人,如马基雅维里,尽管以精通传统人文学科知识著称,但当他仅仅视历史为必然,并以幕僚心态遵从性地研究权力时,就只属于政治学者;而当他政治失意后参加"奥蒂·奥列萨那列"沙龙聚会,并超脱而独立不倚地鸟瞰历史与写作《论李维的"历史"的前十书》时,就获得了人文知识分子的尊严……因此,与其说人文知识分子是基于某类专业的外在固定类聚,倒不如说是基于人文主义立场、态度和倾向的精神群体,它同样具有人文学科那样的形而上学非实体性。

从社会身份地位或政治经济状况来看,人文知识分子并不构成特定的阶级或阶层。他们之间在具体的政治态度、经济状况与社会地位上的差异与不统一性远较各类社会阶层突出得多。他们

---

① M·韦伯:《新教伦理与资本主义精神》,于晓、陈维刚等译,北京:生活·读书·新知三联书店,1987年版,第143页。

甚至没有统一的职业。更为重要而有深意的是,即使是从事传统人文学科、有着大体一致职业的人文知识分子,他们虽然同其他社会阶层一样有着自身现实的政治经济利益,但作为人文知识分子,他们所致力的人文终极关怀却并不基于自身阶层特殊利益而属于人类;与其他社会分工基于劳动谋生功利性不同,立足于劳动超越性的人文学科的终极性意义价值在世俗社会的功利价值交换系统中没有直接的交换价值,或者说,由于人文价值的本体地位,它是不可交换的。这种自身活动价值与社会交换价值的不同一性,使人文知识分子在某种意义上飘逸于现实社会系统之外,如曼海姆所说,人文知识分子属于真正的自由职业,而不是付酬职业。[1]

因此,人文知识分子并非依据政治经济地位状况编类统计的"知识阶级"或"知识阶层"(intelligentsia),即是说,它主要不是社会(科)学的研究对象。这些"无恒产而有恒心者"(孟子)、"社会性的非实体"(non-entity)[2]、思想性的"无依托者"(别尔嘉耶夫),在分析哲学看来,甚至根本就是无指称的"空类"(弗雷格),或非具体专名的"摹状词"(罗素),它倒是更符合海德格尔对"人"的形而上学规定——揭示存在意义的"无意指的指号",即不囿限于特定所指对象(存在者)的自由能指存在方式(追问存在意义者:Dasein)。从而,实证科学的社会学立足于形而下经验对人文知识分子的外在统计调查和概括结论仅有技术性枝节意义。曼海姆晚年已经意识到了这一局限,他看到了对知识分子独特功能的追溯势必"冲破社会学分析的界限,走向一种文化哲学"。[3] 但他最终拒绝走出这一界限。

结论:劳动与人既是被限定的又是超越性的,作为从形而上

---

[1] 卡尔·曼海姆:《知识阶层:它过去和现在的角色》,《文化社会学论集》,艾彦、郑也夫、冯克利译,沈阳:辽宁教育出版社,2003年版,第128页。
[2] 同上,第120页。
[3] 同上,第130页。

学的人文学科角度阐释这一超越性意义的人,人文知识分子自身也成为形而上学的对象,因而它也分享了形而上学的理念性;这不仅是指这一群体的精神性,而且是指它的价值理想性;这后一点意味着一种崇高的人类信念。

第一章 世界与意义

一、劳动与世界

劳动创造世界,这个自近代以来逐渐成为流行常识的命题,在奴隶制时代尚掩埋于统治阶级的偏见下。但这是一个日常经验中的感性事实,于是它便稳步地映入了人类意识。以欧洲为例,如法国学者布瓦松纳(P. Boissonnade)在其《中世纪欧洲生活和劳动(五至十五世纪)》一书所总结的:"劳动,以前是被人轻视和低估的,现在变成了世界上一种具有无比力量的权利,而它的社会价值亦日益为人所公认。这个重大的进化正是从中世纪开始的……"①

近代资本主义工业化的巨大成就将劳动这一社会发展的中枢提炼为一个经济学命题:"劳动是衡量一切商品交换价值的真实尺度。"② 正是基于劳动在社会生活中这种业已不争的中枢地位,

---

① 布瓦松纳:《中世纪欧洲生活和劳动(五至十五世纪)》,潘源来译,商务印书馆1985年版,第343页。
② 亚当·斯密:《国民财富的性质和原因的研究》上卷,郭大力、王亚南译,北京:商务印书馆,1972年版,第26页。

黑格尔才从哲学高度将劳动概括为从自在的状态转化为自为状态的关键环节,劳动成为精神理念演化世界行程中自我意识的母胎。以费尔巴哈的自然感性基点为中介,后来马克思终于以劳动扬弃了黑格尔的精神理念,得出了一个人文本体论的结论:"整个所谓世界历史不外是人通过人的劳动而诞生的过程。"① 这就是在《费尔巴哈论纲》之后被现当代哲学称作实践论的原初命题。

在这里,劳动代表了人区分于自然物的独特的族类本质。达尔文的进化论与赫胥黎的解剖形体学研究,以及现代人类学(Anthropology)从体质与文化对人类种族史的整体研究,也都已从科学角度支持了这一结论。

人在形成操作、制造工具的劳动形态中也改变了自己的生理、心理素质,并形成了广泛的人所特有的行为方式,这些属于人自身的世界。但是劳动作为物质地作用于自然的中介,在人自身自然素质"人化"的同时,中介另一端的环境自然也从外在形式到内在结构发生了重要的改变。这一改变是依照人的需要所设定的目的而改变的。因而从茅屋、田地到厂矿、宇航飞船,都具有了劳动这一人的本质赋予的统一的新质规定,也就是说,它们是"人化"了的。

这种经由劳动中介所历史地、社会地改造、形成的人自身内在的"人化自然",与外在环境的"人化自然"作为同一进程的对应产物,统称为"人化自然"。它区别于处于劳动关系之外(或之前)的原始自然。

"世界"的观念是人化自然与原始自然的总合整体性观念。

人不仅直接凭借劳动建构、把握与认识人化自然的世界,也由这一人化自然基点出发间接地想象、远眺与意向着处于劳动关系

---

① 马克思:《1844年经济学哲学手稿》,引自《马克思恩格斯全集》第三卷,北京:人民出版社,2002年10月第2版,第310页。

之外的原始自然世界。不管怎样,劳动都是一个基点,即人赖以进入、参与世界的基点,世界是凭借劳动才实在或想象地向人显现为世界。因此,对于人来说,劳动是功能性的本体。所谓功能性,是指劳动在显现与建构世界时的作用地位,它只是在功能作用意义下才是本体。功能性本体不同于传统实在宇宙本体论的本体。后者总是被理解作某种实体性的本源,犹如水之于江河。康德将对象性提问的"什么"(Was)偏移向"如何"(Wie),被看作从实体性旧本体论向功能性本体论的历史性转变。旧本体论那种关于绝对本质的抽象设定在康德那里并未被彻底否定,但就重要性与问题地位而言,它已被关于提问者(人)的问题条件的关注研究所取代。这个条件,在马克思那里已不再是认识论(如康德的知性分析)的,而成为生存论的,这就是劳动。生存是特指人的,故劳动作为生存论本体,也就是人类本体。

从而,一个更为紧要的辨析是,"世界"不可沿循旧本体论视作劳动的派生物。严格讲,世界并非全属劳动的创造物。这不仅是指处于劳动关系之外的原始自然是自在于劳动之外的,而且人化自然所包含的因果关系也先于劳动存在于自然母体中。因此,人类及其劳动无权僭越古老的自然本体而以创造主自居。劳动实践论的奠基人马克思《哥达纲领批判》的第一段话需要从当代哲学角度重新阐释:

"劳动是一切财富和一切文化的源泉。"

劳动不是一切财富的源泉。自然界和劳动一样也是使用价值(而物质财富本来就是由使用价值构成的!)的源泉,劳动本身不过是一种自然力的表现,即人的劳动力的表现。上面那句话在一切儿童识字课本里都可以找到,但是这句话只是在它包含着劳动具备了相应的对象和资料这层意思的时候才是正确的。然而,一个社会主义的纲领不应当容许这种资产阶级的说法,对那些唯一使这种说法具有意义的条件避而不谈。只有一个人事先就以所有者的身份来对待自然界这个一切劳动资料和劳动对象的第一源泉,把自然界当作隶属于他的东西来处置,他的劳动才成为使用价值的源泉,因而也成为财富的源泉。资产者很有充分的理由给劳动加上一种超自然的创造力,因为正是从劳动所受的自然制约性中才产生出如下的情况:一个除自己的劳动力外没有任何其他财产的人,在任何社会的和文化的状态中,都不得不为占有劳动的物质条件的他人做奴隶。他只有得到他人的允许才能劳动,因而只有得到他人的允许才能生存。①

在这段批评中,马克思首先从经济学角度强调了劳动对自然条件(资料、对象)的依赖,这也就是从哲学角度对劳动及其"人化自然"独立性的限定。马克思进而分析了这种唯劳动源泉论(劳动本体论)根源于资产者私人占有的立场心态("以所有者的身份来对待自然界""把自然界当做隶属于他的东西来处置"),因而,劳动"超自然的创造力"亦即超人类性本体的本体论僭妄,被马克思归因于资本主义的私人所有制的生产关系。

海德格尔同样反对将劳动人类中心化、反对将人类性本体论(Dasein"基础本体论")的劳动绝对化为自然宇宙本体论的本体:

> 因为劳动(参见恩斯特·荣格尔:《劳动者》,1932年)现在进入到那种形而上学的地位中,即那种在对一切在求意志的意志中成其本质的在场者的无条件对象化过程的形而上学

---

① 马克思:《哥达纲领批判》,引自《马克思恩格斯选集》第三卷,北京:人民出版社,2012年9月第3版,第298页。

地位。①

这也就是说，

> 事物的生产被完全归结为主体的能力和制造，归结为纯粹人的劳动，而在新时代以前人与事物打交道时，总有其他的力量起重要的作用，例如神灵们的参与、被加工的事物的灵气，或神或圣物的帮助。②

海德格尔并非轻视劳动。为了克服亚里士多德以来的主客二元论与笛卡儿式将"世界"视为外在于人的广延物体倾向，海氏借助现象学将人与世界相互包孕。但作为人(Dasein)基本机制的"在世界之中"与作为《存在与时间》(第一部第1-5章)基本概念之一的"世界"，并不基于胡塞尔静观认知的精神意向性，而被追溯还原为操作工具的劳动动作。工具及手的操作在整体上指引与联结起"世界"。这种对劳动本体功能的趋势，是20世纪世界性哲学本质动向之一。本书认为，维特根斯坦从逻辑语言论转向日常语用论、重视因果效应的美国实用主义、基于物理实验的布里奇曼的操作主义，以动作为起点与基础的皮亚杰的建构认识论，以及空前彻底地反思技术，却又强调"拯救与危险同在"而不离技术基点的海德格尔，他们与南斯拉夫"实践派"，以及20世纪马克思主义哲学最重要的代表卢卡奇重建以劳动为基石的社会存在本体论的努力，不管它们之间有多少差别，均与19世纪马克思劳动实践论逻辑地内在相关，客观上共同地构成了对笛卡儿、康德理性意识

---

① 海德格尔:《形而上学之克服》，引自《演讲与论文集》，孙周兴译，北京:生活·读书·新知三联书店,2005年版,第69页。
② 冈特·绍伊博尔德:《海德格尔分析新时代的科技》，宋祖良译，北京:中国社会科学出版社,1993年版,第68-69页。

本体论的反拨。

如果说,近代本体论批评古代宇宙本体论无视本体论的意识前提而是无根的,那么,现代劳动本体论则批评近代理性意识本体论由于无视意识的生存论基础而是唯心的。但是,作为生存论基础的劳动并非孤立自足,即它不能又还原回人类理性意识操纵的唯心论,它必须联系与追溯到更本源的背景。在这一背景下,人既不是绝对的主体,又不倒退隐没于无人在场的古代宇宙本体论。对这一新的本体论背景的寻求,是20世纪下半叶最深刻的哲学努力之一。晚年的卢卡奇与海德格尔就是其中重要的代表。

卢卡奇早年《历史与阶级意识》中的"历史"已指向人类性本体,但在黑格尔主客体同一性框架下,历史被同一于"阶级意识",这种人类意识自我决定论封闭了开阔的本体论视野。卢卡奇晚年《关于社会存在的本体论》以"劳动"置换了"阶级意识",但劳动不再是纯粹的主体性意识的化身,而被限定为自由与必然的永恒对立统一矛盾体,包括劳动在内的全部社会存在都有其自然本体(存在)的限定。

海德格尔在其前期《存在与时间》中以对此在(Dasein)之人的基础本体论分析展示"世界"与存在的意义,但海氏自始便怀有超出人类性本体论的意向。从而,工件(Werk)与工具(Zeug)在指引"何所用"与承用者同时,还指引着自身的"何所来":

> 锤子、钳子、针,它们在自己身上就指向它们由之构成的东西:钢、铁、矿石、石头、木头。在被使用的用具中,"自然"通过使用被共用揭示着……
>
> ……然而在这种自然揭示面前,那个"澎湃争涌"的自然,那个向我们袭来、又作为场景摄获我们的自然,却始终深藏不露。植物学家的植物不是田畔花丛,地理学确定下来的

河流"发源处"不是"幽谷源头"。①

海氏明确区分了基础本体与本体,后者不再是旧本体论实体性的"始基"(水火土),而是作为前者(人)的"意义",它经由劳动开启澄明,却并非劳动的产品,而需要人"在世界中"生存领悟。存在本体在海氏后期更突出为主导方面,对劳动技术的人类中心论统治的批判成为主题:

> 树立意味着:(Er-richten)把在指引尺度意义上的公正性开启出来;而作为指引尺度,是本质性因素给出了指引。②

人,作为必死的短暂者,其劳动只有非强制占有地协调组织,即和平友爱地以劳动塑造之"物"聚集天、地、神与人自身,使四者各依自性而自由自在、同时又彼此交流转换或反射(你中有我,我中有你),才会敞开真正的"世界":

> 天、地、神、人之纯一性的居有着的映射游戏,我们称之为世界(Welt)。
> ……
> 如果我们让物化中的物从世界化的世界而来成其本质,那么,我们便思及物之为物了。……我们已经把一切无限制者的狂妄抛弃了。
> ……
> 惟有作为终有一死者的人,才在栖居之际通达作为世界

---

① 海德格尔:《存在与时间》,陈嘉映、王庆节译,北京:生活·读书·新知三联书店,1987年版,第87页。
② 海德格尔:《艺术作品的本源》,引自《海德格尔选集》上卷,孙周兴选编,上海:三联书店,1996年版,第264页。

的世界。惟从世界中结合自身者,终成一物。①

可以看出,在《存在与时间》中尚只是现象学描述对象的劳动与世界的关系,由于在海氏后期存在(本体)意义问题的突出,被强化了价值判断。前期分析之所以评价性不易辨识,是因为作为前期主题的 Dasein(人)的基础本体论自身并不拥有本体性的价值尺度,这一尺度必须从存在(本体)意义方面授予,包括本真性生存与非本真性生存、"常人"(das Man)这类被海氏一再回避价值判断的问题,在海氏后期的本体(存在)论背景中便一一获得了超出人类中心论的评价取舍。②

海德格尔后期铺张地以艺术为范型规范劳动(技术)、以游戏为例说明世界的构成,这形成了与近现代商品社会迥然别异的劳动与世界观念。

海德格尔所做的工作只是一种语言观念的阐释。但由此阐释所呈现的新型劳动与世界,在日常的劳动中是否也有其根据渊源?两种对立的劳动与世界观念是否均有其本体论根据,在这对立的二者之间有没有矛盾统一体的联系?

只有思考了上述问题,我们才会明确海德格尔这类人文知识

---

① 海德格尔:《物》,引自《演讲与论文集》,孙周兴译,北京:生活·读书·新知三联书店,2005年版,第188、190、191-192页。
② 故海氏厌恶的是新康德主义不脱出人类中心论的所谓价值论(当代中国哲学的价值论讨论往往亦不出此范围),海氏存在意义的追问甚至接近奥古斯丁式的恩典观,价值与意义的呈现是最高存在的自身运行:Ereignis。借用海氏批评人道主义的话:人类中心论的价值论把人与价值都贬低了。因此,卢卡奇继胡塞尔批评《存在与时间》的"哲学人类学倾向"之后,断言海氏与维特根斯坦"以相同的语言来拒绝一直隐藏在本体论主旨之后的东西是什么(Was),并坚持把如何(Wie)认识仅仅作为是可能的",将海氏归为实用操作主义类,是很不客观公正的。参阅卢卡奇:《关于社会存在的本体论·上卷——社会存在本体论引论》,白锡堃、张西平、李秋零译,重庆:重庆出版社,1993年版,第437页。这也同时反映出卢氏自身重建本体论时被迫求助于旧的宇宙本体论的困境与局限。

分子及其工作的本体论根据。

二、劳动二重性

作为人类本体的劳动并非单一性的,而是对立统一的矛盾体。

劳动首先是人与自然进行物质变换(保持能量以维持新陈代谢)的生命活动方式,即谋生(生存)的手段。这一层涵义既是劳动发生学的根据,也是劳动基础性的职能:作为劳动者的人的问世,是哺乳动物之一在特定自然条件下维持生命的飞跃性演进;这种与自然变换物质以维持生命的活动,又是其后人类全部其他活动的起码条件。这一涵义下的劳动是受动或被动性的:它是对生存压迫的回应。由于这一生存压迫在最简单的形式下乃是自然生命特定演进阶段的生理(摄食、繁衍)性规定,因而回应这一压迫的劳动恰恰表现出人的自然性限定,它属于必然性王国。

劳动的上述自然限定性,往往被近代以来的启蒙进步观与科学技术主义视为"生产力低下落后"阶段的特征,它被预言在一个"更加进步"的亦即"生产力高度发达"的社会中将趋于消失。

但是,人作为哺乳动物的自然生理需要,尽管可以在需要与满足的程度、形式上发生变化,却可能被勾销(例如不再吃饭)吗?如果无法勾销,劳动就永远具有此种自然限定性。

更加复杂而重大的问题是:以技术为主干的生产力发展是否可以在与自然限定性对立的方向上为人类带来自由?[①]

首先应该指出的是,自由尽管可以有程度水平的区分,但其质的规定性并不系于生产力发展的数量。较低生产力阶段上的人可能享有比较高生产力阶段上的人更多的自由,这已是历史上屡见不鲜的情况。犬儒学派与老庄哲学乃至当代梭罗主义的俭朴生活

---

① 当代生态危机就是对此分量沉重的提问。

运动,其合理性依据之一即在于此。

其次,劳动的自然限定性作为人的生存论的客观结构,并非价值判定的对象,它只是一种客观条件。自然限定性并非必定与自由对立:对于贪求长寿的皇帝来说,必有一死乃是最大的痛苦,而对于进取创造者而言,人生有限却恰成为激活自我意识、珍惜生活意义、以强化创造力的自由动力。填腹这一基本自然性限定也可以同时完全是人性的,如海德格尔描述过的古希腊农人饮酒进食时向天、地、神感恩知足时的幸福境界,"因为按人的含义来理解的受动,是人的一种自我享受。"①

近代启蒙主义依据逻辑知性与科技发展向人类提出了一幅从低向高不断进步的社会历史图景。现代人至今仍生活在这一图景中。

在启蒙主义进步观中,自然与自由的对立是一条主线。然而,自然在何种涵义下是与自由对立的呢?同样,自由在何种涵义下是对自然的"进步"或"超越"呢?"超越"与"进步"一样,是一个在现代文化中泛滥成灾的时髦词语,它们都有待批判性厘定。

自然物各以其单一的无意识的存在方式与周围环境物质变换,它们各有自己特定的环境:石与阳光空气、雨雪河流接触,风化为砂,树与土地、阳光、雨水、空气相互交换与影响,羊群摄水草而以排泄物肥沃土地……在自然物各自的环境中,存在着重复单一的自然因果关系,在有机生命的活动中甚至存在着为满足生命需求的复杂的有目的的本能反射动作,但其欲求的形式与内容依然是单一的。类人猿也如此。

以使用与制造工具为核心的劳动对自然的改变生成了一种新质。劳动工具突破了自然生物单一的反应模式而趋向于多样全面

---

① 马克思:《1844年经济学哲学手稿》,引自《马克思恩格斯全集》第三卷,北京:人民出版社,2002年10月第2版,第303页。

与自觉有意识的活动方式：一根棍棒即有挑、劈、刺、担、抬、撬等多种使用。从而，劳动工具不仅聚集了多样的自然因果关系，成为打通、联合各个自然物及其环境的中介，并且进一步开发、解放出各个自然物原先被单一存在方式限定了的潜能，创造出新的非自然自在可能的因果联系，使自然物也获得了舒展与释放。孔雀石的纯净光彩凭借石匠的凿刀而显现于世，沉睡在山脉中的矿石经过冶炼加工成为浇灌的水管，从而为植物生长提供友爱与帮助，被加速器释放出来的原子能则支持着灌溉系统的运转……

这就是自由。自由不是对自然进行人类利己主义的利用与统治，而是对自然与人的解放和提升。应当敞开一种超出传统人类中心立场的自由视野。自由不仅是对于人类而言，也是对于整个世界（含自然）而言。我们看到，原始自在的自然，不仅限定人，也限定物：矿石作为灌溉水管的属性能力，在劳动解放之前并非不存在，但其转化可能性的自由被限定了。人及其劳动的使命便是唤醒自然潜能，使包括人在内的各个自然物的小环境汇合并不断发展为"世界"。在"世界"中，万物以协调配合与相互促进扶助的方式各尽其材性。在使万物各尽其材的同时，人也就尽其（实现）人性。

这是一种人类性的目的论。因为在这一目的方向上，只有人是自觉意识并为之劳动的，或者用海德格尔的话来说，人是守护万物的牧者。但这一本体目的意义的劳动又是如此博大宏伟地超越出人类自身生存的手段性质，从而，决非偶然，近代劳动观念的上升，又首先是以神性为背景的。① 它揭示了人性超越人类自我中

---

① 奥古斯丁注释《创世记》时已强调了劳动的原初性与普遍性。圣徒本尼狄克特于6世纪创建的以"祈祷与劳动"为内容的西欧修道院及教皇格里高里一世之推广，成为近代资本主义劳动的精神渊源之一。但对劳动的神圣性的尊崇与践履不独基督教然，世界各大宗教均如此。这种以劳动神性为动力而支持近代经济发展的现象，除 M·韦伯在其《新教伦理与资本主义精神》以及汤因比在其《历史（转下页）

心的一维。

继神学家神化劳动之后,近现代启蒙思想家又从逻辑与理性角度阐释劳动的这一自由特性。黑格尔著名的论述是:

> 劳动是受到限制或节制的欲望,亦即延迟了的满足的消逝,换句话说,劳动陶冶事物。对于对象的否定关系成为对象的形式并且成为一种有持久性的东西。①

> 手段是一个比外在合目的性的有限目的更高的东西;——犁是比由犁所造成的,作为目的、直接的享受更尊贵些。工具保存下来,而直接的享受则会消逝并忘却。人以他的工具而具有支配外在自然界的威力,尽管就他的目的说来,他倒是要服从自然界的。②

马克思把劳动的理性本质还原于人的族类本质,并把这一本质视作质别于自然存在的自由的、最完美的体现:

> 通过实践创造对象世界,改造无机界,人证明自己是有意识的类存在物……诚然,动物也生产。它为自己营造巢穴或住所,如蜜蜂、海狸、蚂蚁等。但是,动物只生产它自己或它的幼仔所直接需要的东西;动物的生产是片面的,而人的生产是全面的;动物只是在直接的肉体需要的支配下生产,而人甚至不受肉体需要的影响也进行生产,并且只有不受这种需要的影响才进行真正的生产;动物只生产自身,而人再生产整个自

(上接注①)研究》第七部所述之外,亦可参考从百丈禅师创建丛林制度与劳作原则之后,中国明清商业经济与宗教之间的关系(参阅余英时《中国近世宗教伦理与商人精神》,收入《士与中国文化》,上海:上海人民出版社,1987年版)。

① 黑格尔:《精神现象学》上卷,贺麟、王玖兴译,北京:商务印书馆,1979年版,第130页。
② 黑格尔:《逻辑学》下卷,杨一之译,北京:商务印书馆,1976年版,第438页。

然界;动物的产品直接属于它的肉体,而人则自由地面对自己的产品。动物只是按照它所属的那个种的尺度和需要来构造,而人懂得按照任何一个种的尺度来进行生产,并且懂得处处都把内在的尺度运用于对象;因此,人也按照美的规律来构造。①

这是马克思实践论亦即人类性本体论中一段重要的文字,它把劳动作为区别于自然物的人性本质以最为纯粹也最为浪漫的形式表述出来了。因此,它代表着劳动最纯粹的自由一极。②

在马克思的早期思想中,劳动只有在彻底摆脱了自然生存限定的纯粹自由状态中才是真正的劳动("只有不受这种需要的支配时才进行真正的生产")。这一思想处于与古典经济学的劳动观对立的另一极。后者囿于雇佣劳动的经验而强调劳动的被迫受动性,"在劳动时,就必然牺牲等量的安乐、自由和幸福。"③ "贪欲以及贪欲者之间的战争即竞争,是国民经济学家所推动的仅有的车轮。"④ 但在马克思后期批评傅立叶将劳动游戏化时,他已意识到了劳动不可净化的受动性。⑤ 劳动的必然性与自由性之间的两极对峙在《资本论》中终于凝聚为一种相互依存的劳动二重性矛盾体:

---

① 马克思:《1844年经济学哲学手稿》,引自《马克思恩格斯全集》第三卷,北京:人民出版社,2002年10月第2版,第273-274页。
② 参阅尤西林:《审美的无限境界及其人类学本体论涵义》对此所作的专题研究(《当代文艺思潮》1987年第3期)。
③ 亚当·斯密:《国民财富的性质和原因的研究》上卷,郭大力、王亚南译,北京:商务印书馆,1972年版,第29页。
④ 马克思:《1844年经济学哲学手稿》,引自《马克思恩格斯全集》第三卷,北京:人民出版社,2002年10月第2版,第266-267页。
⑤ 参阅《马克思恩格斯全集》第三十卷,北京:人民出版社,1995年6月第2版,第614-615页。

自由王国只是在必要性和外在目的规定要做的劳动终止的地方才开始；因而按照事物的本性来说，它存在于真正物质生产领域的彼岸。像野蛮人为了满足自己的需要，为了维持和再生产自己的生命，必须与自然搏斗一样，文明人也必须这样做；而且在一切社会形式中，在一切可能的生产方式中，他都必须这样做。这个自然必然性的王国会随着人的发展而扩大，因为需要会扩大；但是，满足这种需要的生产力同时也会扩大。这个领域内的自由只能是：社会化的人，联合起来的生产者，将合理地调节他们和自然之间的物质变换，把它置于他们的共同控制之下，而不让它作为一种盲目的力量来统治自己；靠消耗最小的力量，在最无愧于和最适合于他们的人类本性的条件下来进行这种物质变换。但是这个领域始终是一个必然王国。在这个必然王国的彼岸，作为目的本身的人类能力的发挥，真正的自由王国，就开始了。但是，这个自由王国只有建立在必然王国的基础上，才能繁荣起来。工作日的缩短是根本条件。①

在这段文字的开始，马克思几乎是重复地坚持了他20多年前在巴黎手稿中关于真正的自由性的劳动与自然受动性的对立，但在接续的论述中他又肯定了劳动作为必然的自然受动性的限定性是一切人类社会时代无可逃避的永恒特性；继而他又强调了自由的理想（彼岸）性，但接着又承认劳动"始终是一个必然王国"；他第三次强调那个彼岸的自由王国，又第三次返回此岸的必然王国的基础。

这段论述中有两处是可以商榷的：一是文中以人类团结地结束阶级斗争、将自然置于人类"共同控制之下"作为自由王国的现

---

① 马克思：《资本论》第三卷，北京：人民出版社，2004年版，第928—929页。

实基点。这里只关注到了人际压迫的不自由,却忽略了人对自然单向度控制掠夺的不自由。环境生态问题那时尚不可能成为马克思思想中的重大课题,它只是在一个世纪后才被海德格尔充分思考。其二是,"工作日的缩短"是否劳动自由的根本条件?一方面,社会必要劳动时间固然会随着技术进步而缩短,但它所承担的自然限定性却不可能消失;另一方面,将劳动自由寄身于"工作日"之外的"自由时间",① 这种净化了的自由观念应当说是对马克思早年已确立的劳动本体论的倒退。

总之,一种集自由与必然于一体的辩证矛盾的劳动二重性本体论在马克思那里虽已有了基本轮廓,但仍包含着不确定的复杂内容。

但一个至关重要的基本框架可以明确地肯定下来:劳动既是人类生存欲望需求支配下的自然限定性的谋生活动,同时也是超越出这一谋生性而解放自然万物与人自身的自由活动。这就是本书所称的劳动二重性。

劳动二重性表明,劳动作为人类性本体乃是对立统一的矛盾体。劳动的自由尺度是在必然限定下的谋生基础上生长与超越发展起来的。工具技术的万能无限性趋向,是以谋生欲求为发动契机的,这也就是从德国古典哲学到马克思主义所肯定的"恶"欲的历史杠杆作用。正是凭借这种工具技术所包容蕴含丰富的因果联系,人才卓尔特立于自然界、才得以实践地改变万物。但人作为哺乳动物的自然需求,始终是技术工具操作无法净化的基因成分。

然而,迄今我们仍未充分地回答启蒙进步论与技术主义者以技术发展为基点的人性论。就劳动二重性自身而言,我们固然可

---

① 马克思的完整的"自由时间"概念意义远不仅限于批判雇佣劳动,也远超出现代文化社会学的"闲暇"观,而是根本转变现代性(modernity)的基石概念。详请参阅尤西林《心体与时间》第一章(北京:人民出版社,2009年版)。

以如海德格尔那样描述一种超出人类自私欲望的神圣劳动,可是,这种神圣的劳动是如何生成的呢?如果承认劳动的自然欲望支配性的源初地位,那么,真正棘手而重大的问题是:这种劳动的谋生性是如何转化为劳动的自由性呢?此外,一个显而易见的史实是,这种自由、神圣的劳动至今还是一株笼罩着理想色彩的幼芽,与之相比,谋生劳动即使在最为现代的文明社会中也是有根柢的基本力量。

劳动二重性及其辩证关系从而成为劳动本体观的基石。

在劳动二重性的思想史上,黑格尔的奴隶劳动与技术工具转化为自由本体的卓越辩证观终究湮没于无人称总体理念历史。历史总体的自由精神并不属于个体意识。所以,当马克思说"黑格尔唯一知道并承认的劳动是抽象的精神的劳动"时,① 这种总体性精神劳动却恰恰排除了个体劳动者的精神意识。矛盾体的劳动单一化为无差异对立的同一性本体,第二国际学派基于这种黑格尔总体主义而将历史唯物主义改造为排除了个体意志自由的历史宿命论。但在排除掉劳动的自由超越意识的唯生产力本体中,劳动的自然性(即人类自我中心状态的效用观)成为唯一的价值尺度。这一以"贪婪"为特征的劳动意识是唯一的个体意识,它被纳入黑格尔总体主义辩证法而自辩为"恶欲动力"。这其实自始即是启蒙现代性的难题。康德同意卢梭的历史神-哲学命题:"大自然的历史是由善而开始的,因为它是上帝的创作;自由的历史则是由恶而开始的,因为它是人的创作。"② 这一历史神学被斯密转化为"看不见的手"的劳动国民经济学。马克思则同时保持了黑格尔劳动原型的物质规范与劳动的自由意识,因而成为劳动二重性最重要的思想资源。

---

① 《马克思恩格斯全集》42卷,人民出版社 1979年版,第163页。
② 康德:《历史理性批判文集》,何兆武中译本,商务印书馆 1991年版,第68页。

对资本主义劳动生产—生活亦即马克思所批判的雇佣"异化劳动"与极权主义关系的思考,却刺激阿伦特(Hannah Arendt)走向分割劳动二重性的另一极端。个体意志自由成为走出谋生劳动的行动。她基于希腊城邦奴隶劳动与自由民交往的古典对立原型经验,而贬低"劳动"(Labor)并与自由性"行动"(action)对立。① 同时复兴古希腊与"生产"(Poiesis)区别的"实践"(Praxis)伦理性质,从而在当代形成了以伦理实践贬抑谋生劳动的思潮。这种对劳动二重性的割裂也是对黑格尔到马克思的劳动辩证关系的阉割。

三、技术:希望与危险

(一) 技术理性及其批判

技术是劳动的逻辑骨架,是合目的与合规律相统一的行为系统。

因此,一方面技术表现为实现、满足人的欲望的工具手段性,另一方面又使欲望在与特定规律相结合的结构中受到陶冶规范。技术对欲望的陶冶而非满足,是现当代人心已陌生的方面。而正是着眼于陶冶欲望,黑格尔把作为中介工具的劳动技术提升到人从动物演进为精神本体的中枢地位。由此出发,马克思也将技术置于社会存在的基础位置:"工艺学揭示出人对自然的能动关系,人的生活的直接生产过程,从而人的社会生活关系和由此产生的精神观念的直接生产过程。"② 第二国际的考茨基、阿德勒、普列汉诺夫则从这一基点发挥传播了一种技术论的马克思主义,它长

---

① Hannah Arendt, *The Human Condition*, The University of Chicago, 1958, III.Labor.
② 马克思:《资本论》第一卷,北京:人民出版社,2004年版,第429页。

期是正统马克思主义的流行观念。① M·韦伯从社会学经验研究抽象出来的关于资本主义精神的著名概括——"理性化"(rationalization)——恰恰也就是技术的本质特性。

资本主义工业技术近现代以来对自然的空前宏伟的开发利用成就,其外在的物质产品世界与内在的精神世界支撑起令人类悦服的文明观念。文明是技术力量的显证。实质上,一切为技术提供本体论证明的理论都是从技术创建文明的能力这一实然性前提出发的。近现代以来的大多数学者引导大多数人们势利地以"历史事实"为最高判决,实际上把应然性价值判断权拱手交给了技术文明。但是,作为资本主义文明批判者的马克思,以及作为技术文明批判者的海德格尔不属于这些势利的理论家。这里有着人文知识分子的地位。

技术与劳动一样,也是二重化了的。

一方面,技术非自然自发所能地突破了自然物种单一片面的关联域,创造出了集合无限多样联系的人化自然世界:人只能凭靠技术才走出自身而进入"世界",人也只有凭靠技术才有意识地、现实地改造自然万物;而自然万物也只有凭借技术才从沉睡中苏醒过来释放其潜能,并只有依靠技术才可能更加协调一致地组合在新的世界关系之中。

另一方面,技术却毕竟是满足人的特定欲求的工具,欲望对技术始终具有深层的制约性。因此,黑格尔关于劳动陶冶欲望的论题在现代技术条件下应补充以相反的意义,即技术同时又满足并刺激、发展欲望:

1. 在正常健康的欲望满足之外,技术刺激、唤醒、制造了自然状态下不曾发育起来的欲望。如吸毒、酗酒(并非偶然,酗酒恰是

---

① 就中国思想界而言,强调这一观念并为之做了现代论证的是李泽厚、赵宋光(方耀)为代表的实践学派。

近代西方文明殖民侵略时蓄意向土著民族灌输的伴随礼品),甚至人工性客体等。

2. 以技术为基础发展起来的非自然性欲望。如金钱、权力等。对物的欲求占有在文明社会扩展为对人的占有(技术从而发展出权术心计)。

为法兰克福学派所批判的现代消费社会的欲望需求翻新加速的现象,正源自现代技术(大众传播媒体等)对欲望的频繁更新刺激诱导(服饰、器具、化妆品是最流行突出的例子:化妆品广告"每天给你一个新太太!")。这表明,技术已从欲望的手段反转为塑造、操纵欲望的主导方面。技术的这种反客为主的异化,已不仅失去陶冶教化欲望的积极意义,而且破坏健康、正常的自然欲望,使之降低、畸变到自然水平以下。这样,本属高于自然欲望水平的技术理性,反倒变成为排斥感性生命的无人称的冷酷怪物。它使"有机械者必有机事,有机事者必有机心"(庄子),使人变成传送带前的机械手(卓别林《摩登时代》经典角色)。而且,技术与牟利型社会生产关系的结合,使技术再生产与发展演进具有了既植根于占有欲望又凌驾于每一个体欲望之上的独立性,技术从而具有如海德格尔所说的那种对人类有着强制力的"座架"(Gestell)本质。

无论是作为人类自私欲望的工具手段,或是作为无人称统治的列维坦式"座架",技术卓越特异于自然物的巨大力量都是一种危险,技术在深入开发自然的某些方面同时也斩断了对象与环境的更为广大的联系,但人道之技术无论在时间或空间方面与天道之自然相比都是有限的。康德早已指出,人类科学理性无法把握自然本体。当技术无所顾忌地改造、破坏自然界亿万年演化结成的系统时,某些后果将是不可逆转的毁灭。现代生态危机表明,以技术为手段的人类中心主义不仅危及自然,也在根本上危及人类自身的生存。

由此引出的重要结论是：技术所包含的目的性设定并不直接就具有卢卡奇所高度评价的人类学的新质意义。无论是基于特定欲望的目的，或是无目的无主宰的技术列维坦，如果未能在超越自然因果的自由涵义下建设一个新"世界"，就都是无目的无意义的。可以说，技术自身无目的，作为技术历史文明的本身也不包含目的根据，为建设文明而充当技术条件的科学技术知识分子也不提供目的意识观念。

我们从而可以发现一个深刻的矛盾：技术所包含的特定合规律内容尽管可以通过量的积累趋向无限，由此产生显赫的理性逻各斯的普遍威力，但由于缺少真正自由的目的环节，理性逻辑恰恰是技术"座架"式的非理性。韦伯在分析过理性化之后早就得出了这一著名的悖论：形式合理性，却实质非理性。两次世界大战与现代生态危机均发生于高度理性水平的科学技术昌明时代，正是对这一结论的历史注释。

这就再度突出了康德区别知性（即科技理性）与理性的二律背反。技术理性不会包含价值根据，但是，如果人类要真正成为人类，却必须为其生存基础的技术设立自由目的，以赋予价值意义。这一工作，如康德所说，乃是人文知识分子的哲学家、伦理学家、美学与艺术家的事业。

（二）技术的艺术境界

不管技术含有多么巨大的危险，人毕竟只是经由技术才有希望为自己与自然界带来自由。在前几节中我们以海德格尔的思想为例，说明技术是如何成为承担天、地、神、人四元友好协调一体的杠杆。因此，技术是希望与危险共在的。

一旦以超自然的中介力量打开自然潜能，技术就面临着两个世界的方向：一个方向是上节所描述的恣意横行的侵略统治，技术创造出以享受消费为旨归的文明世界。另一个方向则同样由技术所启示：正是技术沟通、介入万物的力量使人窥见到了一个比一己欲求占有更为广阔自由的境界。从而，技术满足人的消费需求的手段功用退居到了次要的位置，而且这种欲望的消费满足方式与性质也发生了深刻的变化，它被融汇入一种更为谦和有度的共同生存秩序之中。在这一秩序中，人成为园丁，技术成为园艺艺术，它照料着万物各依其性地生长发育，不是对玫瑰的占有，而是玫瑰自身的生长盛开成了园艺艺术的根本目的。

这后一世界并未否定人为自身自然欲求而设定目的与操作技术的正当性。但是，人为了充饥种谷的农业技术一旦发动，原本作为技术目的收获与享有便不再占据重心位置，相反，原来只是过程的技术操作，它所带入的与天空、阳光、雨水、风霜、土地、牛畜、耕具、邻人的交往世界却成为从播种到收获全部活动最为充实的内容。正是在这一过程性的世界中，技术如同一条道路使人走出了狭隘的一己世界而与天地神人万物联系结合为一个相互依存的新世界。人必须意识到这样一个转变：使他提升为"人"的不是技术发动时刻期待收获占有他人它物的欲念目的（那不过是自觉到了的动物式的"目的"，它并未超出自然因果链条），而是这一活动过程本身所带来的新的意义内涵。一旦人意识到了这样的转变，原本的欲望目的反倒成为构成技术运转的条件手段，而活动过程本身便成为了目的。从而，技术成为了艺术；人建设世界的生存劳动成为康德所说的无目的之目的性活动，即成为审美创造。

上述转变将使人以新的目的态度对待技术。艺术化了的技术将不仅在量而且在质上都有别于占有侵略性的技术劳动，这返转来也将真正陶冶教化人的欲望，使之更加远离兽性。因此，技术位高权重，它不止关系人类，而且关系世界。

历史表明，技术创建什么样的世界是一个迄今很少选择、甚至很少进入意识的自发性活动。但是，20世纪后半叶以来，人类开始前所未有地对经济增长、资源开发、环境保护等活动以超出直接利害的更为远大的眼光进行评估选择:当人类不再主要依据自身利益而禁止猎杀动物时,一种超出人类中心论的立场转变就发生了。在这一选择中,人类承担起了比自身生存或享受更为重大的目的使命。也正是在这种超出了人类自我中心立场的"放弃性"选择中,人类才真正成为不同于只知自身生存的动物的人类。①

新的目的态度的发生既是精神观念的转变,又不纯是意识观念事件。这一转变作为技术基本环节之一的目的观的转变,同时也是技术活动亦即社会存在本身的转变。因此,目的观念的转变并非对自然欲望孤立的道德说教,它参与构成为技术活动向艺术转变的现实部分。

现在的问题是,占有欲望向审美目的、技术向艺术转变的条件是什么?一方面,如前已述,技术本身已含有两个世界方向的选择;另一方面,消费占有型技术文明向艺术境界的转换,除过生存现实的压迫力量(战争、污染)强制地迫使人类反省转变之外,它必须有一个正面肯定性的价值理想为这种转变树立前景坐标。

因此,无论从哪一方面看,技术的转变都需要一种价值目的观念的建设性工作,它必须透过劳动二重性矛盾运动,超前性地为受制于生存压力的人类大多数开拓新的视野和境界。

理想和新的目的观并非技术的副产品,它们不是技术的直接成果,而必须基于技术又超出技术、批判性地阐释技术,才被创造生成。这是一项独立的精神创造,它必须在精神层面上把握。前文已述及区别于自然物之"环境"的人所特有的"世界"。康德之后的德国哲学则强调了"世界"(Welt)之所以别于"环境"(Umvelt),基本原因是:"世界"是人意识到的"世界"。马克思在

---

① 强势进步主义将生态危机时代的"sustainable development"汉译为"可持续发展",不顾"sustainable"的弱化与消极意义。笔者因而在中华炎黄基金会与联合国可持续发展圆桌论坛(2015)发言中建议将这一流行用语改译为"可承受发展"。它包含着对人类中心立场的根本转变。这一建议获得与会吴建民等人的赞同。

《巴黎手稿》中则从人与动物区别的高度称之为"自觉意识"性。无论贪欲驱使下的技术操作或是为人与自然开拓自由境界的技术—艺术,都植根于人所特有的精神及其符号化活动中。选择的可能性原已植根于符号化所造就的含义世界的广大时空内。因此,我们必须直接考察这个含义世界及其相关的精神活动特性。

四、意义与涵义

(一) 含义世界

基于人化自然的世界,对于人来说,同时也是具有含义的世界。云,意味着雨水与气温。锄头,意味着农作工具,也可以流传到子孙手中令人怀念父辈。推而广之,世界作为物化形态的存在,其形、色、质、音,都可以成为某种含义的符号。

含义符号化,也就是感性形态化:含义必须经由特定的物化形态(哪怕是抽象的文字)获得指示。

含义总是指称着对象,不管这对象是石、狗、人、事或神、灵、乌托邦。

但是含义又总是对于人而言。"对于……而言"这一中介规范很重要,它表明,含义不是绝对客观的对象指称,而总是人从特定角度出发与对象的关联。因此,含义不仅指称,而且表达与评价,即有意思。云,是水汽在天空的凝聚。当我们说"云"时,不仅是指称这一对象,也同时已经置身于主体对待云的某种态度之中:对庇荫或雨水的期盼、对雷雨的紧张、对云的审美欣赏……即使是似乎无谓的随便指称,说出"云"者已把云置于审视、判断的主体性眼光之下。

因此,含义世界是人与对象世界之间的关联域。含义不是物质,只是物质与人发生关系那部分的符号信息;含义也不是唯心论的意识自身,孤立自在的意识只有意向着外界对象时才有含义,意识也只有意向着才成为人类特有的意识。弗洛伊德精神分析学及解构主义揭示了谵言妄想的含义,它们恰恰不是意识所能主观产生,而有其意向对象与外在的客观规定性。一件古代艺术品丰富的含义,并未随古代艺术家意识的死亡而消失,它寄身于物态化的客观实在中,成为激发一代又一代人意识的对象。所以,含义世界是具有客观性的精神价值,它接近于卡尔·波普尔所说的"世界Ⅲ",即物态化的符号世界。

单一的含义构不成含义世界。含义只有系统化才构成含义世界。数学、物理学各有其系统的含义世界,基督教、佛教亦各有自己系统的含义世界。广义的知识分子是进入含义世界并熟习各自含义符号的含义工作者。但是,含义世界有不同的层次,大多数知识分子只是懂得各自含义世界的含义并能熟练操作的人,只有少数知识分子才从事含义世界的系统化建构。建构系统也就是创立范式(托马斯·库恩:paridigm)。这里应当注意的是,由于系统和范式是不断变化发展的,因此,创立、建构新系统与范式同时必然又是对原有既定系统范式的破除或革命。也就是说,建构与解构是一而二的同一活动的不同方面。

承担这种含义世界系统范式建构与解构的知识分子即是本书所要讨论的人文知识分子。

(二) 意义与涵义

20世纪西方哲学语言哲学转向之后,meaning 成为西方哲学用频最高、也最为重要的概念之一。以 meaning 为核心的现代西方哲学主流及其影响下的汉语现代哲学对 meaning 的这种特殊地位至今未作根本性的反思与省查。达米特(Michaer Dummett)曾代表性地讲:"意义理论是哲学的基础部分,它是所有其他部分的基础。因为哲学把对意义的分析(如果不是当作唯一的任务)作为自己的首要任务,因为这样的分析越深入,就越依赖对意义的正确而基本的描述。"① 这段话中的"意义"均译自"meaning"。本书后边将对现代西方哲学这种以 meaning 为基点的状况作出审查。但这里首先要提出的是,汉语哲学界将西人的 meaning 译为"意义",这种追随西方哲学当代主流的致思趋向本身先须接受提问:汉语"意义"的含义弄明白了吗?

汉语思维者首先必须对汉语自身作出"正确而基本的描述"。如现代阐释学正确揭示的,这乃是与他人对话(包括聆听)的前提性条件。

在汉语中,"含义"是一个笼统而宽泛的词,它需要分疏。一个与"含义"谐音并且常常通用的词是"涵义"。"涵义"因与形式逻辑的"内涵"或数理逻辑的"函项"(function)关联,故是一个带有科学色彩的词。

"意义"有时被日常语言混同于"涵义"来用,如:"这个词的涵义是什么?"可等同于"这个词的意义是什么?"但在"意义"语用的某些领域却明确禁止用"涵义"取代。如:"完成这一工作对于整个工程具有关键性意义",句中"意义"不能以"涵义"替换。此类语用,通过介词结构"对于……",将某一特定的涵义("完成这一工作")置于超出涵义自身的更大关系系统("整个工程")中判定其价值。从而使"意义"的价值论色彩大为鲜明。当这种关系系统趋向于最大系统时,"意义"便表现出典型的形而上学语用特征,如"人生意义"、"追问历史的意义"等。在这样的汉语语境中,"意义"绝不能用"涵义"替换,它带有某种隐约的神圣感情。这后一类语用语境所显示的,正是汉语"意义"独特的语义。

然而,西方当代语言哲学主流反形而上学的背景排斥的恰恰正是上述语用语境的"意义"。这样,英美语言哲学中心概念之一

---

① 达米特:《弗雷格:语言哲学》,中译文引自《哲学译丛》,1988 年第 2 期,第 50 页。

的"meaning"又怎么能翻译为"意义"呢？但这又并非单纯的翻译技术问题,而有其深广的时代文化背景(详后)。

康德划分现象与本体两界,其中现象界是人可以认识的领域,但它以限定性为前提。限定性即确定性,从而,知识可能积累为系统的科学。科学放弃了古代哲学无所不包的妄想,从此走上了安分守己而立足实在的发展道路。后康德哲学是以信守并且精致营造康德关于现象界的知识论为主流的,语言分析哲学是这一主流的晚近形态。语言成为康德知性分析论的聚集点,而语义——meaning 则在后维特根斯坦语用研究之前长期是语言分析的基点。如果联系到现代语言分析哲学这种基本取向与气质性格,其 meaning 显然与汉语中的"涵义"更为接近。

"涵义"(meaning)的特征是：

(1)"涵义"所指称的对象是确定(特定、具体)的,从而是可以经验证实的。

(2)"涵义"所表达的同样总是确定(特定、具体)的欲求。这种欲求终究受制于人的自然生存需要。

(3)"涵义"的主体欲求与指称对象构成功用技术性关系,从而,"涵义"性的价值是可交换的功利(手段)性价值,此种可交换性使"涵义"可归约计量化,从而经由数学方法(含电脑类)构成算计;"涵义"性的关系具有突出的手段性质。

(4) 内涵与外延已确定的"涵义"可"说",即可纳入"是"的判断之下,成为具有真值的谓词(宾词)。如戴维森(Donald Davidson)所说,"一种恰当的意义(引者案:应译为'涵义')理论必须表征符合某些条件的谓词。这样一种谓词恰恰适用于真语句"("Truth and Meaning",中译文引自涂纪亮主编《语言哲学名著选辑》,三联书店 1988 年版,第 305 页)。

(5) 涵义谓词之间必须是逻辑性关系。但这种逻辑性的谓词真理放弃(如分析哲学一再强调的)对本原终极性的"物自身"——本体的把握,而体现的只是现象界的规律。这种规律在3、4两项背景下表现出貌离神合的二而一的特征:其一,它由于放弃了传统的绝对真理(本体论)而突出了实用主义:所谓真理,总是特定条件下人的操作运用;因此它既是人类中心论的又是相对主义与技术主义的;其二,由于倚重实证性与对象性(指称性在分析哲学中传统的重要地位),"涵义"规律又具有标榜客观性与科学性的特征:它隐去了自身的技术功利价值倾向而又坚持把情感愿望从真理论中清洗出去,只有"涵义"才是"知识"。

(6) 当涵义中的意欲被完全(指称)对象化为客观技术时,涵义就转化为无人称的技术操作系统。人工智能由此起源。这种操作系统一方面可以完全无意识地运转而依然具有涵义,另一方面它又对操作者具有超出个人理喻的强制规定性。从而,涵义操作系统操纵着个体的人,乃至操纵着整个人类。这种极端情况在现代工业文明社会中被称作异化。①

涵义完全操作化后之所以依然保持涵义,是由于涵义操作技术结构系统的确定性运作体现着涵义特定的规律与目的的统一。但是这种个体操作无意识化(抄写八股文牍、按电钮或移动传送带上的产品)却表明这一行动已不再反馈于主体自我意识,从而主体不再调节与评价自己的行为,主体在执行涵义系统操作时已如机器人一样无动机。② 这一现象鲜明地暴露出涵义作为手段并不拥有内在目的这一要害性实质。特定涵义目的从个体无意识操作扩展为全社会非理性地追逐利润与战争,从而本是确定科学而

---

① 异化的这种提法已经表明了反异化论者的一种局限:如果以恢复操纵技术手段的操纵者主体意识与地位为目的,反异化并未超出涵义思维层面;而自我中心感十足的"主体"势必再度摆向无人称的"客体",因为技术作为主体贪欲的手段必然独立"坐大"而反客为主。而现代反异化论者必须超越主体(人类)中心论的立场才可能真正摆脱异化困境。

② 参阅[苏俄]列昂捷夫《活动·意识·个性》"附录",李沂等译,上海:上海译文出版社,1980年版。

理性的涵义在整体上反倒表现为非理性目的的荒诞异化:有涵义(操作可谋生致富)却荒诞(财富本身无目的)。何为荒诞？荒诞即无意义。这里显示出了意义(Signifcance)的源初语义与语境,意义是对涵义终极目的的究问。在这一判断中,荒诞并不缺少直接的涵义(meaning)内容,但惟其有涵义而终归无目的价值,故才荒诞。

荒诞意识是意义意识的觉醒抬头,它为"人"所独有。禽兽并不反省自身活动有无根本价值,它们只凭生物本能操作行为而达到自然生存目标,就此而言,禽兽也拥有涵义内容。无荒诞感的人如果麻木或沉浸地操作于涵义系统,其人生与蚁群并无本质区别。操作工具在此沉沦为表面特征而失去了人区别于自然物的实质特性。同样,以技术操作为骨骼的文明,其理性精神的内涵只是涵义,它不同于意义结晶的文化。作为技术操作自发产物的历史积累,"文明"不能在本质上区分开人类与禽兽:灯红酒绿或官邸威仪并不能保证独特的人性。

诚然,人类走出、并日益超越动物界的基础是技术操作。分析哲学界定、厘清技术操作的涵义,以维护并促进技术与科学,这本身有着重要意义。但是,分析哲学主流拒斥涵义观念之外的其他精神意识观念为"无意义",其中的价值取向却正有害于科学技术及其涵义观念自身。

分析哲学把涵义收缩为一次性的实在经验("The":这一个),本意是去虚妄、求精确,但这种反普遍性的趋向,从人类总体进程来看,却是向人类原始状态的退返。这是比列维·布留尔(Levy-Brühl)所研究的原始思维更为原始的动物式直接感知与本能反应阶段。在这种阶段,人的原始劳动作只是对现成物质手段的偶然使用,这些物质手段及其操作远未重复与固定为普遍适用与必然有效的观念,因而也并不存在独立于一次性("The")动作之外的技术程序与涵义观念。最简单的涵义观念——乃至语词也已是分析哲学戒备的超越性抽象结果,只有以这些观念为中介,劳动操作才逐渐凝聚为可以推广的技术程序构架。因此,人走出动物界的第一步已包含着超越性观念的引导作用。一种普遍性的观念脱离特定("The")时空经验后,固然可以演化为柏拉图式的理念王国而与切实的技术操作对立,但是,这种普遍性的观念又是统摄、凝聚个别散乱经验的知识系统的前提性框架。中国古代哲学由于弱化了这种普遍性的观念,从而纵有历史悠久的四大发明技术经验,却迟迟无法推广出行之有效的科学系统。① 从人类文明进程来看,技术之所以可能不断突破特定运用领域而不断扩大推广,新的技术之所以可能超前于既有生产方式而几乎无穷尽("无限":分析哲学取缔的语词之一)地涌现,都与这种永远超前的普遍性观念的引导有关。

从知识论来看,这种超前性的普遍观念又表现为相反相成的两个方面的功能:一方面,这种普遍观念包容、涵摄散乱的个别经验,成为类似熊十力"翕"的聚合焦点或框架,从而使培根所强调的归纳有一肯定性或指示性的归宿;另一方面,这种普遍观念的普遍性又超越了任何已经归纳形成的涵义内容,从而它又不断(无限)地打破、消解既成的知识涵义,以形成新的知识涵义,这后一方面则表现为熊十力的"辟"、现代科学哲学中托马斯·库恩(T. kuhn)所谓"科学革命"和费耶阿本德(P.Feyerabend)所谓"认识论无政府状态"(epistemological anarchy),即它又是否定性的。

但无论是聚合或消解,这种超越涵义的普遍性观念都呈现为一个焦点(消解,总得以更大的框架或更远的视点来打破现有的

---

① 详参阅尤西林:《重建本体论对于中国文化现代化的意义》,载香港中文大学《二十一世纪》1993年8月号、尤西林:《实学与本体论》,收入《人文学科及其现代意义》,西安:陕西人民教育出版社,1996年版。更普遍的东西文化对比,可参阅陈康:《希腊时代科学的曙光》,收入《陈康:论希腊哲学》,北京:商务印书馆,1990年版。

框架视界,从而并非标榜"空无"的禅宗或一味消解的后现代主义所自以为的"只破不立")。这种认识论意义上的焦点同时体现出来的正是价值论意义上的目的。如现代系统论所揭示的,系统聚合以抗拒无序之熵,以价值论的目的即负反馈为关键前提。与对应于特定需求目的的功利价值涵义不同,超越于涵义的普遍性观念呈现出的是普遍性或根本终极性的目的和价值。① 后者正是认识(知识)论及其所代表的技术活动引导人类不断超越现状的根本动力。

这种既作为认识(知识)创生更新的焦点框架与深层动力,又作为价值根本基点的终极目的的普遍性超越性观念,就是有别于"涵义"的"意义"。人文科学的现代倡导人狄尔泰使用了 Bedeutsamkeit 一词,并以此和 Bedeutung 相区别,在狄氏看来,某事物有价值的、有趣的、重要的、有关的或意味深长的,"可以用'爱好'(interest)或'重要性'(importance)来表示 meaning 的第二层含义"。② 克乃夫·贝尔(Clive·Bell)著名的美学命题"美是有意义的形式","意义"一词也是 Significant("Significant form")。这个英语词是强调"重大的""可以深层追究的"涵义(参见《韦氏大学词典》)。因此,本书主张以 meaning-Significance 与汉语中的涵义—意义对举。

分析哲学自身也已认识到了单一的意义理论的局限,在其论述中实质已在勾划第二种"意义":

"意义"(Sinn)这个词在"生命的意义"这个短语中的使

---

① 现代系统论认为,最佳系统以人道主义(个体的自由创造)为目的。参阅〔美〕E·拉兹洛:《用系统论的观点看世界》第三章,闵家胤译,北京:中国社会科学出版社,1985年版。
② 〔英〕H.P.里克曼:《威廉·狄尔泰》,殷晓蓉、吴晓明译,北京:中国社会科学出版社,1989年版,第205页。原译文中"meaning"均作"意义"。

用，决不能与这个词在语言分析的背景下的使用相等同、或相混淆。寻求生命的意义同语义问题无关；它不需要回顾弗雷格哲学传统中的各种区分(例如含义和指称之间)，也不需要用它来分析语言中的"意义"(meaning)。另一方面，如果人们问维特根斯坦(或者问任何"理解"他意指的东西的人)"那么，当你说寻找生命的意义时，你是在什么意义上来使用'意义'这个词的？"他可能不得不回答说，他不能回答你的问题！他不能说这个意义是什么；他不能用任何命题来描述它或描述没有它。因此，它被公认是"无意义的"、"先验的"、"超自然的"。但是，尽管如此，维特根斯坦会说它是极其重要的："它有绝对的伦理价值。"①

维特根斯坦本人则说：

我所能想到的任何描述都不能用来描述我所谓的绝对价值……这就是说：我现在看到，这些没有意义的说法并不是因为我没有发现正确的说法而没有意义，而是因为无意义就是它们的本质。因为我用它们所做的一切恰恰是超出了这个世界，就是说超出了有意义的语言。我的全部想法，我相信也是所有想要写作或谈论伦理学或宗教的人的想法，就是要反对语言的界限。这种对我们围墙的反对肯定绝对是无望的。伦理学是出自想要谈论生命的终极意义、绝对的善、绝对的价值，这种伦理学不可能是科学。它所说的东西对我们任何意义上的知识都没有增加任何新的内容。但这是记载人类心灵

---

① 〔美〕M.K.穆尼茨:《当代分析哲学》，张汝伦等译，上海：复旦大学出版社，1986年版，第253页。

的一种倾向,我个人对此无比崇敬,我的一生绝不会嘲弄它。①

上述表述用词的多数"意义"若改为"涵义"(meaning),"无意义的表达式不是无意义的"改为"无涵义(meaning)的表达式不是无意义(Significance)的",分析哲学的语言悖论庶几可以理顺。

"意义"(Significance)的特征是:

(1)"意义"所指称的并非实在对象,而是某种精神境界,即意境,它具有无限性指趋。

(2)"意义"所表达的不是人的自然生存需求,也不是基于自然欲求之上的任何具体特定的目的,而是人超越动物界、实现人性的升华需要,它同样具有无限性特征。由于这一目的不再是受制于欲望驱使的外在目的,因而它呈现为黑格尔所说的不断从对象化回返与充实主体自身的内在目的。它不再是由此离去、直线外求,不再回返自我的"恶的无限",而是外化与内化统一,圆形的"真正的无限"。② "真正的无限"或"内在目的"也就是终极目的。目的与价值的终极性,并非指涵义层面功利目的和实用价值的量的无穷扩大(后者尽管以花色翻新的质的不断生产为特征,但就其满足占有欲望归一而言,那只是旧质——动物界生存法则的量的无穷重演),而是指人性的质的规定。

本书已一再指出,人性事实上是一种劳动状态。这一状态因技术而使人进入了远较其它自然物更为广阔的关系之中,但因此而统治万物却并非人性,那只是动物性量的放大。人性的特质不在于人所能掌握的因果关系的力量,而在于人利用这一力量协调、组织、照护万物,使自己成为自然界唯一不自私(超越自我)的生

---

① 维特根斯坦:《关于伦理学的演讲》,引自《维特根斯坦全集》第十二卷,江怡译,石家庄:河北教育出版社,2003年版,第9-10页。
② 参阅黑格尔:《小逻辑》,贺麟译,北京:商务印书馆,1980年版,第207、209页。

存者。这一人性特质又不是一项可以测达的指标,它毋宁是一种意向,一种前赴的方向。在这种意向下,终极目的价值的意义如同一个球形的领域,它的中心是力求无限地进入更广阔的关系之中,以承担起更多的工作责任,是为自由创造的极致。在边缘,则是关系的减少与生活视界的缩小,但即使在较为狭小的范围内承担责任,其活动依然具有人性意义。弗兰克(Viktok E.Frankl)在其《活出意义来》一书(三联书店1991年版,第67页)中正确地批评了把意义单纯系于自由创造的乐观主义。人有不可避免的受动与限定一面,但甚至被囚禁或被病魔剥夺至无所作为的绝境,只要当事人自觉反思处境,即使仅仅将之纳入某一意义系统、摆脱了受动性的忧惧不安心态而泰然处之,那也获得了最低限度的意义。在这种无所作为的表面背后,个体已在一个更大的意义系统中自觉到了自己的位置而超越了绝境。这也就是"存,吾顺事;殁,吾宁也"可与"民胞物与"居于同一意义层面的原因。

意义不仅是扩展技术知识系统功能性的环节,而且更是引导、规范技术及其文明世界的终极目的尺度。这后一方面的强调表明,意义并非技术文明的手段,而是技术文明人性化的评判尺度。技术所扩展产生的文明世界有待意义的选择与裁剪。

(3) 意义对终极价值目的的追问,使意义与自我意识密切相关。但由于意义层面的"自我"是向人性本质升华的自我,而人性又是对物种自我中心态的超越,因而,意义所激起的自我意识,一方面拒斥无意识操作的浑噩状态而具有明朗的主体性意向——意义总须对"我"而言;但另一方面,意义层面的自我意识恰恰又是与自我中心及人类中心相反的自我超越意识:有了意义,意味着自我在一个更高更广阔的思维与价值体系中安顿了自我的位置,寻到了安身立命的根基。

(4) 意义是涵义的人性化,或者说,意义是对动物自我中心生存状态的超越。捧送茶水,其涵义是生理性的解渴,其意义却是友谊伦理。科技知识分子以前者为说明对象,而人文知识分子关注并揭示的则是后者。由于逻辑经验主义以个体生存世界为参照系,而将任何超越了个体直接(实用)生存经验的语言概念视为"空类"或"伪专名",所以,意义概念总要超越或"溢出"宾词,无法成为逻辑判断的对象。"解渴"是机体对水分的满足,"友谊"却无相应的物理或生理科学经验承担宾格,而必须诉诸更加超越性的情意状态方能理解。即使是涵义,弗雷格与维特根斯坦也强调了其理解不系于孤立语词而依赖于命题的整体语境。由于意义对既定实在对象的超越性,意义理解更加呈现为语境的整体性。当我们说"意义是涵义的人性化"时,"人性"与"意义"一样不是普通的专名,它仍然有待于进一步阐释。因此,意义居于哲学本体论层面。① 海德格尔追究的"Sein"或印欧语系的系词"to be"的语言哲学特性,都正是指其意义。

意义对既定现状的超越性张力与意义的意向希望或憧憬未来情调内在相关。意义往往是有待于实现的前景。因此,可能性是意义本质性特征。蒯因(Quine)说:"……'可能'(Could)这个词,我们不可用'将'替换之。长度不限的有意义(meaning)序列是无限多样的;……我认为必须把'可能'作为不可归约的词项。……给K(有意义序列的类)追加无穷元素的背后有什么根据呢?……'可能'的这种巨大的补充力量也许是印欧语系中的神话遗迹,它在虚拟语气中沿袭下来了。"② 将"印欧语系中的神话遗迹"如扩展为"人类哲学(形上学)天性",这段分析便正是语言分析哲学对本体论的一种深化。

---

① "是"之逻辑含义不能涵摄价值论"意义"之"应当",这一区别是卢卡奇社会存在本体论的核心基点。哲学本体论并非单指哲学史术语(如"Ontologie"),更不可将之仅仅归于西方语言的系词理论。作为形上思维体系,它是人类性而非民族性的。

② 蒯因:《语言学中的意义问题》,引自《语言哲学名著选辑》,涂纪亮主编,北京:生活·读书·新知三联书店,1988年版,第327-328页。

"可能性"既为涵义知识的发展提供了空间,也突出了人改变现状的必要性与责任。意义的可能性巨大空场激发与召唤着人承担自己的责任。从而,期待或憧憬意义不仅意味着超越人类自我中心态,而且意味着摆脱不道德(不负责任)的宿命论。

当代人工智能研究的基本依据之一即是人的行为具有可确定的涵义(meaning)性一面。然而,机器之所以永不可取代人,一个基本原因正在于人的行为涵义背后拥有无限可能性的意义(Significance)之源。德雷福斯引用奥廷格尔的话,指出:一种"全局性意义"是计算机修正误解的唯一依据;"对于意义的感知,好像就是第一性的,其他所有的东西,都是对意义的理解的结果。"① 由此可推论的是,计算机不承担道德责任。

(5) 意义整体境界所具有的无限可能性超出了逻辑概念,但却呈现为审美直观的对象。从康德由特殊上升到普遍的反省判断力,到胡塞尔现象学描述的本质直观、罗素的用来谈论形上"存在"的摹状词(description)、海德格尔揭示的通达存在意义的诗语,意义的审美把握方式被一再突出强调(详后)。

意义的上述诸特性与关于客体对象的限定性(确定性)的科学知识形成了鲜明的对照。这种关于意义的智慧领悟,曾被视作本体论(形上学)的一部分,在克服了自然本体论之后,它在本体论中愈占据主要地位并且越来越表现出"人学"的性质。康德在谈到一种与旧本体论地位相仿的"理性直观"时就曾直接断言:"为了把对理性存在的概念置于直观之下,除了将它人化之外别无它法。"② 但"人只有作为道德的存在者才可能是创造的一个终极目的"。③ 而当胡塞尔为反抗现代科学实证主义潮流而重建形

---

① 休伯特·德雷福斯:《计算机不能做什么:人工智能的极限》,宁春岩译,北京:生活·读书·新知三联书店,1986年版,第279页。
② 康德:《实用人类学》,邓晓芒译,上海:上海人民出版社,2005年版,第133页。
③ 康德:《判断力批判》,邓晓芒译,北京:人民出版社,2002年版,第300页。

而上学本体论时,他则把这种针对客体主义的"超验哲学"称作"人文科学",它的目标正是"意义":

> 它是一种在反对前科学的和科学的客观主义的斗争中回到作为一切客观意义的授予和对存有的认定的最终所在地的认识的主体中去的哲学。……在这一基础上的哲学的说明将第一次揭示实证科学的成就的真正的意义,以及相应地揭示客观世界的真正的存有意义,这也就是说,揭示作为超验的—主观的意义的客体世界之存有意义。①

人文科学抽象为符号学的意义(Significance)论而获得普遍语用。意义(Significance)论就是人文学;只是这里所说人文学并非物种之一的人类学(Anthropology),因此有必要重复海德格尔的强调:意义是存在(Sein)的意义,尽管她由人(Dasein)揭示并使人(Dasein)成其为"人"(DASEIN),但意义不专属(囿限)于人(Dasein)。

---

① 胡塞尔:《欧洲科学危机和超验现象学》,张庆熊译,上海:上海译文出版社,2005年版,第138-139页。

第二章 意义与阐释

一、符号命名与劳动建构

以考茨基、普列汉诺夫为代表的第二国际学派奠定了这样一种劳动观念：劳动是操作工具的技术性活动，因而劳动动作比意识更为本源，意识是被劳动动作决定的产物。① 这样，一个非意识（非意志）化的劳动本体便染上了自然本体与宿命论的色彩。

这种非意识（非意志）化的劳动观不仅忽略了目的性始终是构成劳动的基本方面这一重要事实，也忽略了作为技术程序化的劳动操作自始便依赖于语言与思维——语言与思维自始就是参与构成劳动本身的要素。②

对维特根斯坦语用哲学产生过重要影响的匈牙利哲学家 L·雷维,在其遗著《作为行为的词语：意义的劳动研究》（G·奥尔森

---

① 在当代中国，以李泽厚—赵宋光为代表的实践学派借助于皮亚杰的建构认识论更加强调了动作在社会存在中的本体地位。
② 所谓"以言行事"，维柯《新科学》已将语言作为实践行为存在性因素。因而，"泰初有为"的浮士德式启蒙主义遭到"泰初有言"的当代西方哲学的矫正。但在本书看来，语言并不优先于动作，这二者恰是人文本体不可或缺的对立统一体的两个方面。

与J·卡恩编,英文版)中指出,如果人是使用工具的动物,那他是以人类所有工具中最富特性的工具的使用,即语言的使用作为标志的。"在动物仅仅是劳累的东西,即应付事件的能量消耗,在人变成了劳动。""只要言语是构成劳动行为的一个要素(并且是语言自身言语的投影),劳动本身就是所有言语行为中最本原的。没有'命名能力'(ergoneme)这个对行为的反思性自我认同,我们便不会有劳动,而只是劳累。"因而,"意义的最本原'命名能力'(ergoneme),是劳动行为自身必要的构成要素。"①

命名使原本是动物式生存的劳累操作同时从指称与愿望两方面获得了一种含义,这既是一种价值性解释(阐释),又是一种客观对象化,从而,主体从浑噩的劳累操作中获得了提升。雷维以原始水平的集中营劳动为例:"递砖"的词语呼唤打破了无声的劳累操作,使主体获得了对行为最起码的反思性自我意识,从而上升到了将规律与目的相统一的人类性劳动水平。

因此,劳动自始就具有人性的自我意识要素,而这与符号命名有着密切关系。新康德主义者E·卡西尔把作为人性的劳动与符号化相统一。人的符号(Symbols)之所以不同于条件反射性的动物记号(Signs),正在于符号超越了有限的现状而充满了无限可能的意义,人凭借这种意义符号才开拓了超出直接生存的人性前景。

因此,符号命名对劳动操作的提升,本源地具有意义(Significance)的而不是涵义(meaning)的倾向。然而,人作为血肉之躯,劳动永久地具有受动性谋生一面。劳动的这一方面规定了即使高度符号化水平的劳动也依然具有谋生工具的涵义性质。这样,符号命名的人性提升意义,在命名之后大多随着命名创造的语境消失而硬结为非超越性的实用涵义。现象学与形式上与之相对立的

---

① 参见〔英〕J.Gray 述评介绍。中译文载《哲学译丛》1991 年第 3 期。"ergoneme"原译作"体能",此处据雷维思想与 erg(能量)及 nom-(命名)词根改译。

分析哲学在符号命名高度发达的时代却一致坚持返回直接感知(The)的前命名(前谓词)语用阶段,这表明了符号命名蜕变为涵义的巨大惯性一面,也表明了符号自身并不足以(如卡西尔所以为的)保证人性。当劳动者把高度发达的符号环境作为被动适应的外在既定秩序时,源初的符号命名便从意义转化为涵义,在这种情势下,即使是高符号化操作,也面临着从"劳动"蜕化为"劳累"的危险。

李泽厚—赵宋光的实践论人类学强调"超生物中介"的人类本体意义(这直接来源于黑格尔关于劳动工具的中介意义观点)。但劳动谋生性无法从劳动二重性结构中勾销,因而超生物中介始终具有受制于人的生物性欲望一面,并始终存在着从意义蜕化为涵义乃至无涵义的趋势。超生物中介的意识形态(从十字军到法西斯主义)与技术(从窃听器到核武器)并不必然保证人类行为的超生物(亦即人性)意义。将人性标志的"自由自觉意识"理解为归纳法产生的"概括性意识",[①] 便无法将上述现象与真正的人性区分开来。这种对文明(符号)缺乏分析与反省批判的思维方法,从康德对知性范畴非批判的注释态度,到新康德马堡派进一步放弃本体论(卡西尔未对符号作涵义与意义的区分并非偶然),直到黑格尔包容对立差异的总体理念,成为西方近现代启蒙主义进步观的巨大传统。第二国际的理论家只有凭借这一传统,才可能将马克思主义改造为以技术文明为本体的经济实证论。

这意味着,"命名能力"命名创造过程本身才是意义的根基。命名创造不是一次性的,它必须不断进行:这并非说只需名目翻新即可,它指的是,即使最平常的词语,也须在劳动者本己体验(而非阳明所说"口耳相传")的语境中一次次重新命名,以使主体从"劳累"涵义上升到"劳动"意义。

---

① 方耀(赵宋光):《论从猿到人的过渡期》,《古脊椎动物与古人类》第十四卷第2期。

劳动二重性的人类生存本体结构决定了意义与涵义各自必然而合理的存在地位。劳动谋生与自由二重性经由意义与涵义的符号化则获得普遍的语用与解释功能。① 涵义如同巨大的收容器，把一次次命名之后的意义符号沉积为习焉不察的涵义符号，而意义却不断命名创新，才能坚持劳动的人性一维。这里有着对立的一面：沉陷于涵义符号的人类如何为自己创造出意义符号？

二、分离(Kekhorismene)与沉思：脑体分工的人文意义

原始劳动艰难的生存环境固然压抑着人性超越的原始性"命名能力"，以占有与算计(海德格尔：reddendum)为特性的技术同样囿限于客体指称与功效价值，而难以反思主体自身："技术乃是合理性意识的最高形式；无沉思状态乃是对它自身锁闭的被设置起来的无能，即无能于进入一种与值得追问的东西的关联之中——这两者是共属一体的：它们是同一者。"②

劳动的谋生性始终是劳动者与自身状态浑噩同一的基础。在此基础上虽有电脑水平的算计(权谋性筹划)思维，但始终不是跳出来反省自身的沉思："如果我们达到了沉思的道路，那么我们必定首先正置身于区分之中，这区分使我们看到在单纯估计的思想

---

① 因此，哈贝马斯基于当代生产与生活方式的巨大演变(如信息社会以及符号教育与学习的空前地位)，支持阿伦特以实践取代劳动本体地位，便忽略了劳动不仅自身与时俱进地符号化，劳动的意义—涵义在符号学层面延伸着二重性解释力，而且，劳动的肢体身心一体性也是当代信息行为必须保持的生存感基础，当代兴起的身体哲学乃至现象学，实质与劳动二重性关系密切。
② 海德格尔：《形而上学之克服》，引自《演讲与论文集》，孙周兴译，北京：生活·读书·新知三联书店，2005年版，第89页。同样，卡西尔也强调了动物性的"记号"与人特有的"符号"区别之一，正在于"记号"只能标示对象，却无力指示反身性的关系(参阅卡西尔：《人论》，甘阳译，上海：上海译文出版社，1985年版，第40-41页)。

和沉思的思想之间的区别。"① 亚里士多德从伦理价值角度强调了这种"沉思"(theoria)的终极价值目的性:

> ……沉思活动,它在自身之外别无目的追求,它有着本身固有的快乐……
>
> 这是一种高于人的生活,我们不是作为人而过这种生活,而是作为在我们之中的神。……这一部分的体积虽小,但能量巨大,其尊荣远超过其余一切。这也许就是每个人的真正自我,因为它是主要的、较好的部分。②

近代笛卡儿将沉思提高到本体地位:"我思,故我在。"黑格尔则在阐述"反思"(Nachdenken)超越直接感觉经验与知性技术思维时特别强调了反省自身的特性:"只有在哲学的反思里,才将'我'当作一个考察的对象。在'我'里面我们才有完全纯粹的思想出现。"③ 海德格尔虽然力图超越人类中心论而进入存在意义,沉思仍然是最为重要的基点:"核时代的人或许会软弱而无奈地任凭无休止的技术强权。假如今日人类放弃了面对单纯计算性思维而把沉思之思带入决定性的游戏之中,那么情形就会如此。"④ "思从事于存在的家之建立,存在的家起存在的组合的作用,存在的组合总是按照天命把人的本质处理到在存在的真理中的居住中去。……思把有历史性的生存,亦即人道的人的人道带到美妙事

---

① 海德格尔:《充足理由律》,转引自冈特·绍伊博尔德:《海德格尔分析新时代的科技》,宋祖良译,北京:中国社会科学出版社,1993年版,第232页。
② 亚里士多德:《尼各马可伦理学》,苗力田译,北京:中国社会科学出版社,1990年版,第225-226页。"沉思"原译作"思辨"。
③ 黑格尔:《小逻辑》,贺麟译,北京:商务印书馆,1980年版,第82页。
④ 海德格尔:《泰然任之》,引自《海德格尔选集》下卷,孙周兴选编,上海:三联书店,1996年版,第1238页。

物上升的范围中去。"① "存在的思超过一切思考,因为存在的思所关心的是光明,……所以思是一种行为。但却是一种同时超过一切实践的行为。思突出于行动与制造之上……"②

我们应当沉思:"沉思"至高无上的意义持存至今,上述见解当然不能归结为奴隶制分工统治的阶级偏见。

然而,在谋生劳动涵义迄今一直占据人类生存支配地位的条件下,超越涵义思维的沉思态度,却需要脱离谋生劳动才可能培育与发展起来。这就是亚里士多德已经提出的作为沉思前提条件的"分离"(Kekhorismene)。③

亚氏的"分离"原则渊源于作为思维主体的心灵为保持自主性与绝对性而与感觉相脱离的规定。"分离"原则若作社会学意义的推广,则是对闲暇的高度评价以及由此而来的脑体分工。亚里士多德在《形而上学》开卷论述有别于实用性技巧的大智慧之可能不倚利害而单凭"爱情"发展成"哲学"("爱智学")时,一再指出,这种"既不为生活所必需,也不以人世快乐为目的的'知识'最先出现于人们开始有闲暇的地方。数学所以先兴于埃及,就因为那里的僧侣阶级特许有闲暇","这类学术研究的开始,都在人生的必需品以及使人快乐安适的种种事物几乎全都获得了以后。这样,显然,我们不为任何其他利益而寻找智慧;只因人本自由,……所以我们认取哲学为唯一的自由学术而深加探索,这正是为学术自身而成立的唯一学术。"④

闲暇,亦即近代以来经济学所说的自由时间,成为确立沉思态

---

① 海德格尔:《关于人道主义的书信》,引自《海德格尔选集》上卷,孙周兴选编,上海:三联书店,1996年版,第400页。
② 同上,第403页。
③ 参阅亚里士多德:《论灵魂》第三卷、《尼各马可伦理学》第十卷、《形而上学》卷(A)一等。
④ 亚里士多德:《形而上学》,吴寿彭译,北京:商务印书馆,1991年版,第3、5页。

度的哲学的社会保障前提。由此分化出了专一沉思生活方式的思想家。脑体分工这一社会发展史的基本常识,在将马克思主义经济实证化的第二国际学派解释下,迄今尚流行着这样偏见:脑体分工主要被视作谋生型物质生产内部的功能性分工,脑力活动,主要被看作与物质生产有直接应用关系的科学技术,所以通称为"脑力劳动"。

如果说亚里士多德的"分离"说尚不免奴隶制等级背景的话,那么,身处法国大革命平等历史变革与现代性进步主义潮流中的启蒙哲学家康德,则将古典沉思转变为启蒙理性的观察与思考评判,亚里士多德的"分离"人格化为理性所必须的超脱利益视野的"旁观者"(Weltbetrachter)角色。① 这类抽身鸟瞰历史潮流的"旁观者"已近似上帝俯瞰世界的眼光。甚至在当代激烈批判西方分离主义传统而立足现实交往共同体的阿伦特(Hannah Arendt)思想中,这一与现实世界保持距离的"旁观"角度,仍然是不可勾消的关键一环:

> 第一个是观者的立场。他的所观所见才是最为关键的;他能够在事件展开的过程之中发现一种意义,一种被行动者所忽略的意义;他的兴趣无利益、他的不参与、他的不卷入正是他的洞见之存在的基础。
>
> ……
>
> 惟有旁观者——而绝非行动者——才知道一切,是个相当古老的观念;实际上,它是哲学中最古老、最具决定性的观念之一。"沉思性的生活方式至高无上",有关于此的全部理念正来源于这一极早的洞见:意义(或者"真"[truth])只对

---

① 参阅康德:《历史理性批判文集》"重提这个问题"等文,何兆武译,北京:商务印书馆,1997年版。

那些克制自己不去行动的人才显现出来。①

在全球一体化趋势的 20 世纪后半叶,作为当代人类环境保护哲学基础之一的海德格尔的技术批判,恰是与亚里士多德"分离"及康德"旁观"相近的"泰然任之"(淡定)(die Gelassenheit)。

"泰然任之"态度是同时针对热衷崇拜技术与愤怒而空想地否弃技术这两种态度的:

> 我们让技术对象进入我们的日常世界,同时又让它出去,就是说,让它们作为物而栖息于自身之中;这种物不是什么绝对的东西,相反,它本身依赖于更高的东西。我想用一个古老的词语来命名这种对技术世界既说"是"也说"不"的态度:对于物的泰然任之(die Gelassenheit zu den Dingen)。②
>
> 对于物的泰然任之和对于神秘的虚怀敞开给予我们达到一种新的根基持存性的前景。这种新的根基持存性或许甚至有一天能够唤回旧的、正在迅速消退的根基持存性,唤回到一种变换了的形态中。③
>
> 不过——对于物的泰然任之与对于神秘的虚怀敞开从来不会自动地落入我们手中。它们不是什么偶然的东西。两者唯从一种不懈的热烈的思中成长起来。④

用本书的劳动二重性观点来解释,海氏的"泰然任之"态度,

---

① 阿伦特:《康德政治哲学讲稿》,Ronald Beiner 编,曹明 苏婉儿译,上海:上海人民出版社 2013 年版,第 82—83 页。
② 海德格尔:《泰然任之》,引自《海德格尔选集》下卷,孙周兴选编,上海:三联书店,1996 年版,第 1239 页。
③ 同上,第 1240 页。
④ 同上,第 1241 页。

即是对劳动谋生性(技术是其近现代以后的突出代表)的正当性与必要性的顺应。然而,作为谋生手段的技术不能僭越劳动的终极目的地位而绝对化为技术主义(技术人生观)。这种限制性的使用关系,就是以"沉思"为后盾的"泰然任之"态度。它同于亚里士多德的"分离"的距离性关系。

诚然,庄子已经警告过"机械"—"机事"—"机心"的必然联系。海氏的"泰然任之"是否能保证人使用技术而不为之改塑,这是另外更为复杂的具有实践操作性的课题。但是,海氏的"泰然任之"已含有不仅在个体生活方式的意义上,而且在社会分工的层面上,脑力沉思与技术功利操作保持距离——亦即分工的意味。①

"分离"与"泰然任之"都是作为人文反身沉思的前提条件而提出的。这一逻辑关联直接揭示了脑体分工这一社会历史现象的形上人文意义。因此,如果说脑体分工意义下的脑力活动是知识分子最突出的特征,那么,这一特征恰恰需要首先从超越功用涵义的人文意义高度去把握。本书后边将述及的人类最古老的知识分子原型——巫师,会对这一结论提供史实证明。

三、意义与阐释

康德否定了用知性逻辑把握意义本体的可能,而将这种工作指向反思性判断及审美判断。现代语言分析哲学在更为精密地规定了逻辑语言的涵义范围之后,使意义本体的特殊把握方式成为一个更加突出的问题。维特根斯坦《逻辑哲学论》最末(§7)的命

---

① 我参加"近现代德国哲学中的主体性"讨论会(1988)期间,曾听到海德格尔的学生G.Schmidt教授讲述海德格尔不卷入技术操作、身体力行"泰然任之"态度的一个例子:海氏从不驾驶汽车,他夫人驾车和修车时,他只袖手旁观。这一日常行为意味深长。

题即是:"一个人对于不能谈的事情就应当沉默。"后来他在《哲学研究》中却试图"说"出这种不可"谈论"的(东西):

> §609 描述一种气氛是语言的一种特殊应用,为的是某些特殊的目的。(把"理解"解释为一种气氛;解释为一种心灵行为。在什么东西上面都可以加构一种气氛。"一种无法描述的特点。"
>
> §610 ……我会说:"这些音符述说着某种壮丽的东西,但我不知道是些什么。"……詹姆士:"我们的语词不够。"那我们为什么不引进语词呢?……①

在《哲学研究》中他不断提出,"什么叫理解一幅图画、一张绘图呢?"(§526)"音乐中的声音是什么意义?"(§529)"一个人是怎样引导另一个人理解一首诗或一个音乐主题的?"(§533)对这后一问题,他说,"对此的答案告诉了我们意义在这里是如何解释的。"(§533)"那么,'理解'在这里是否有两种意义呢?"(§532)"当一种渴望使我喊出'呵,要是他来多好'时,这里的感情已经给了字词'意义'"。(§544)——"如果感情给了字词意义,那么这里的'意义'就意味着重要之点(Point)。但为什么感情是重要之点?"(§545)……在这些思索中,不同于知性逻辑"涵义"的"意义"开始在肯定性方向下获得位置(两种意义),而这类意义又并非偶然地汇聚于艺术与感情,从而,也就有了知性逻辑之外的第二种理解。

"子曰:书不尽言、言不尽意。然则圣人之意,其不可见乎?子曰:圣人立象以尽意。"② "不学《诗》,无以言。"③艺术语言在这

---

① 维特根斯坦:《哲学研究》,陈嘉映译,上海:上海人民出版社,2005年版,第189页。
② 《易传·系辞上》,阮元刻本《十三经注疏》上册,北京:中华书局,1980年版,第82页。
③ 《论语·季氏》,阮元刻本《十三经注疏》下册,北京:中华书局,1980年版,第2522页。

里承担起了把握知性逻辑语言无力抵达的意义本体的工作,甚至成为知性逻辑语言的母体。因而分析哲学虽然从康德不可知论立场排斥形而上学语言,却同时肯定艺术的相应地位:"艺术是表达基本态度的恰当手段,形而上学是不恰当的手段。"① 在罗素那里被视为消极现象的形象描述性的摹状词(descrption),在胡塞尔现象学中却成为悬搁专名概念,以呈现意义体(noema)的积极手段。沿此方向后期海德格尔终于以诗化之"思"实现了他前期苦苦摸索的对存在(Sein)意义的领会。罗蒂(Richard Rorry)认为分析哲学重要代表奎因(Quine)从新的角度对本体论的承诺"是纯美学性的";② 并对20世纪西方各派哲学作出了这样的概括:"决定着我们大部分哲学信念的是图画而非命题,是隐喻而非陈述。"③

狄尔泰已经讲过,与自然科学的"说明"有别,人文现象需要"理解"(Verstehen)。维特根斯坦将对有别于涵义(meaning,德文Sinn)的意义(Signifcance,德文Bedeutung)系于审美类型的理解。作为德文Bedeutung(意义)词根的deutung即阐释,"这是一个在德国神学的和语义学的阐释学传统中有影响的概念。"④ 因此,美学之父鲍姆加登并非偶然地将从前囿限于艺术学与修辞学的研究推广为对"意义"的普遍阐释,此即美学的哲学含义。⑤ 伽达默尔在其阐释学巨著《真理与方法》中对"理解"—"阐释"—"美学"—"存在"之"意义"—"人文科学"("精神科学")作了如下相互包孕的概括:

---

① 卡尔纳普:《通过语言的逻辑分析清除形而上学》,引自《逻辑经验主义》上卷,洪谦主编,北京:商务印书馆,1982年版,第34页。
② 罗蒂:《哲学和自然之镜》,李幼蒸译,北京:商务印书馆,2003年版,第186页。
③ 同上,第9页。
④ 〔英〕N.Davery:《鲍姆加登的美学:一个后伽达默尔式的反思》,中译文载《哲学译丛》1990年第4期。
⑤ 参阅前引N.Davery论文。

> 美学必须被并入诠释学中。这不仅仅是一句涉及到问题范围的话,而且从内容上说也是相当精确的。……理解必须被视为意义事件的一部分,正是在理解中,一切陈述的意义——包括艺术陈述的意义和所有其他流传物陈述的意义——才得以形成和完成。
>
> ……这一发展使得诠释学成为整个精神科学活动的基础。①

对意义本体的理解(不是知性逻辑的科学说明)是审美式的阐释,这一阐释构成为人文科学的基础,美学从而成为阐释学。

审美之阐释,以阐释者一种合宜(合适)感觉为基础。这不是自然生物性的感觉,而是在合规律与合目的相统一的劳动与文化审美中陶冶教化生成的艺术感觉。伽达默尔在《真理与方法》中将之列为人文主义的首要传统标志:

> 在教化(Bildung)概念里最明显地使人感觉到的,乃是一种极其深刻的精神转变……
>
> 教化作为向普遍性的提升,乃是人类的一项使命。……他于此之中就获得了一种特有的自我感。……作为这样的意识,他在自身中发现了他自己的意义……
>
> 因此教化就不仅可以理解为那种使精神历史地向普遍性提升的实现过程,而且同时也是被教化的人得以活动的要素。……
>
> ……称之为艺术家的情感和机敏的东西,实际上就是以教化这种要素为前提条件,在这种要素中,精神获得了一种特

---

① 伽达默尔:《真理与方法》上卷,洪汉鼎译,上海:上海译文出版社,2004年版,第217页。

别自由的运动性。

所谓机敏,我们理解为对于情境及其中行为的一种特定的敏感性和感受能力,至于这种敏感性和感受能力如何起作用,我们是不能按照一般原则来认识的。因此,不表达性(Unausdrücklichkeit)和不可表达性(Unausdrückbarkeit)属于机敏的本质。①

教化不仅是意义阐释的前提条件,也是意义阐释的目标与成果。只有在人们普遍合宜的有文化教养的感受中,意义才活生生地存在着。这已指示了意义向涵义现实转化作用的途径。人在教化过程中不仅使自己从任性狭隘的自然受动状态上升到了普遍的自由人性水平,而且更重要的是,在教化过程中意义才被生成。也就是说,作为阐释内在过程的教化,同时也就是意义的创造。

阐释的对象仍然是现实生存的涵义事物,但阐释以突出的想象力超越涵义对象而生成意义之境——意境。意义阐释不是涵义认知的逻辑推导或量的归纳,即不是涵义认知自身自发的派生物,也不是对一个现成意义的表述,恰恰相反,阐释把操作涵义纳入意向以作目的性定位,从而赋予涵义以意义,因而,意义有待阐释才能生成。因此,阐释是创造性的一环。这是阐释超越性最重要的含义。阐释之超越大约有以下几种情况:

(1) 将局限的功效性涵义系统化为意义。杜威说:

有各种各类知觉意义的途径,有各种各类的观念。意义也许是根据一些被我们匆匆地突然获得而跟它们的各种联系脱了节的后果来决定的,于是便阻碍了一些比较广泛而持久

---

① 伽达默尔:《真理与方法》上卷,洪汉鼎译,上海:上海译文出版社,2004 年版,第 10、14-15、17、18、19-20 页。

的观念的形成。或者我们也会觉察到一些意义,获得一些观念,它们既有广泛而持久的范围而又有丰富细致的区别。后一类的意识就不仅是一个转瞬即逝的和肤浅的圆满的结果或终结:他吸收了许多的意义在内,而这些意义包含着各方面的存在物,是融会贯通的。它标志着长期努力的结果,标志着坚持不倦的寻索和检验的结论。简言之,观念就是艺术和艺术作品。①

涵义是思维的初级成果,关于涵义之涵义的反思(沉思),成为阐释生成意义的艺术。

(2) 消解涵义的僵硬绝对假象。苏格拉底著名的诘问式对话成为分娩意义的手术引产过程。这种对话以对涵义固步自封状态的层层击破为前导,最终呈现意义真理。现代派艺术的一项工作则是设法以更鲜明直观的境况,对比凸出现代化统治性的逻辑涵义在总体背景下的荒诞无意义。

西方现代文艺学提出,文学语言是使司空见惯而熟视无睹的日常语言"陌生化"的新鲜语言。陌生化,也就是消解使操作性主体麻木化的涵义概念,它成为激活新鲜语言意义的准备。20 世纪俄国形式主义特别发挥了诗的语言是"'Zaum' 即无义语言、纯能指、语音与字母的诗"的看法。② 美国哲学家 L·W·贝克也强调"有意义的艺术是一种没有所指的涵义的感情表现。如果让我们来解释康德的话,艺术就是'没有所指的意义'"。他认为,对概念涵义的"语义游离"或"语义抑制"是艺术阐释生成新意义的前提。艺术在疏离、中止涵义性的能指与所指的确定联系后,无(涵义)所指的艺术能指反倒获得了无限潜在所指的可能性意义。贝克因

---

① 杜威:《经验与自然》,傅统先译,南京:江苏教育出版社,2005 年版,第 237 页。
② 参阅茨维坦·托多洛夫:《批评的批评》,王东亮、王晨阳译,北京:生活·读书·新知三联书店,1988 年版,第 2—8 页。

此进一步认为,原始语言的能指符号混淆为对象所指,正是艺术发生关键所在。①

(3) 回溯涵义源初语境的朴素化还原。前文所述 L·雷维的"命名能力"理论已指出,语言命名本身即是人性化超越,但在漫长文明中所积淀的涵义却大都丧失了原创性的命名语境意义。禅宗以激烈的毁弃经籍、"不立文字"的革命方式,力图超越佛教义学涵义沉重的历史积累,正是回溯"释迦拈花、迦叶微笑"的佛教原初开悟境界。胡塞尔现象学悬搁(Epoche)遗忘本已体验的流行概念涵义,以"回到事实本身"(Zu den Sachen selbst!)为口号,以呈现意义对象(noema)。海德格尔宣称:"……这个思正下降到它的前行的本质的赤贫状态中去。这个思正凝聚语言以成简单的说。语言是存在的语言,正如云是天上的云一样。这个思正以它的说把不显眼的沟犁到语言中去。"② 这种对"前行"、"赤贫"、"简单"、"不显眼"的强调,正是针对逻辑概念涵义而言。

(4) 消解单一执著的涵义思维意向,以深化与拓展意义视域。禅宗以破"执"为靶的,造成了十分自由流动的意义理解与想象空间。所谓"山是山"、"山不是山"、"山复是山"的著名三重境界辩证,便是自由变动意识视点而达到的整体意义领悟。英国当代哲学家波兰尼(Michael Polanyi)认为,执著的"焦点意识"(focal awareness)以固定的对象事物充塞视野反倒导致无意识状态,而起转意识(from awareness)才使主体摆脱物体对感官的俘获而赋予物体以意义。他以一块红布为例:当主体沉浸于对象时,顶多产生红色感觉,却不辨对象为何物。在反思意识抬头之后,意识摆脱红色焦点控制而获得一定自由,从而判定对象"是一块红布"。当

---

① 参阅 L·W·贝克(Beck)《艺术中的意义判断》,载 M.Lipman 编《当代美学》,邓鹏译,北京:光明日报出版社,1986 年版,第 183-186 页。
② 海德格尔:《关于人道主义的书信》,引自《海德格尔选集》上卷,孙周兴选编,上海:三联书店,1996 年版,第 405-406 页。

主体进一步超越眼前的直接感觉与涵义认知判断,使自己进入民族文化大背景时,联想与想象使国旗的色彩形状溶入对象,此时,这块红布便隐约唤起了神圣的感情,这就进入了意义境界。①

(5) 意义寓于涵义,此即现代阐释学极为重视的隐喻性。阐释从而成为解喻。隐喻包含着表层涵义与深层意义的张力关系。阐释推动涵义展示丰富的意义。帕斯卡尔在其《思想录》第十编中对新旧两约的预言与符号所象征的精神意义作了详细的阐释。这一阐释的前提是把《圣经》看作具有"两种意义"的象征喻义体系。② 帕斯卡尔的阐释方向,是从《圣经》所载的特定的、历史的、实在的涵义升华推广为普遍的形而上意义。应当说,对于《圣经》以及一切精神信仰性、人文性的文本来说,帕斯卡尔这一阐释方向都具有正确的示范意义。

人文隐喻中意义是本质性的。因此,当考古学证明特洛伊战争中的海伦属于误传幻象、真实历史中的海伦当时在埃及时,布洛赫(Ernst Bloch)作出了如下激动人心的人文意义辩白:

> 这件事情的真正深刻之处在于:特洛伊的或者说幻影的海伦比埃及的海伦更为优越,因为前者在梦中活了十年,并使梦想真正获得了实现。这是不能完全由后来的真正现实所取消的;……只有特洛伊的海伦而不是埃及的海伦和军队一道行军,只有她使她的丈夫度过十年苦苦的徒然思念的岁月,使他备尝痛苦与又恨又爱的感情,使他背井离乡地度过许多夜晚,尝尽艰苦的军营生活,急切地盼望胜利。砝码已经被轻易地互换了一下:在这个迷惑混乱之中,同一个罪恶的、受苦的但主要是有希望的世界连接在一起的、幻想出来的特洛伊的

---

① 参阅迈克尔·波兰尼:《意义》,彭淮栋译,台北:联经出版公司,1984年版,第36-43页。
② 参阅帕斯卡尔:《思想录》,何兆武译,北京:商务印书馆,1985年版,第298页。

诱人的女妖几乎是唯一的现实,而现实倒几乎变成一个幻影。①

意义的实存性不可能用涵义的事实性抹煞,在隐喻中尤其如此。因此,无论科学技术发达到怎样程度,西方人却忌讳利用高科技将希腊史诗神话与圣经还原为涵义性史实,而保护着作为自己精神源头的神秘与神圣氛围。② 对于实证科学的研究旨趣而言,这一方向恰恰须要颠倒过来。这一颠倒导致科学涵义对人文意义的剥离,从而破坏了在帕斯卡尔那里意义与涵义合理并存的状况。例如,今日中国一批学者利用现代实证科学正雄心勃勃地把从上古神话到古代典籍的人文性浓厚的中国古代文化逐一还原为特定的史实。这种始自现代古史辨派的破除迷信,本有合理的科学意义,但将大禹考证为一条虫后,构成中华传统文化积极精神的大禹治水传说便成为无稽之谈。这种"祛魅"完全否弃了研究对象所包含的精神意义,在今日已发展成对中国传统精神信仰资源的破坏与消灭。这种实证主义思潮是19世纪以来导致中国精神信仰历史性没落的重要因素,它在当代中国文化建设中的功过是非,尚是有待考察的问题。③

(6) 对意义的阐释是一种审美移情,它体现出阐释者对超出

---

① 布洛赫:《希望的原理》,中译文采自〔英〕利·拉贝兹(Leopold Labetz)编选《修正主义》,商务印书馆1963年版,第204页。另可参阅梦海译本,上海:上海译文出版社,2012年版,第215—216页。
② 美国作家丹·布朗的小说《达·芬奇密码》(2003)所引起的巨大争论并非主要来自宗教界,而代表着后现代解构主义与传统价值意义的冲突。
③ 从五四文化运动后迄今的"疑古派"到当代为强化民族凝聚力而将中国历史提前的"走出疑古派",双方所争执的是考古实证的国家年代断代,但同样排斥与"文明"区分的"文化":前者将神话传说从"信史"排除,后者将神话传说"考证"为"信史",都未意识到不同于"信史"的"伪史"文化独立的精神信仰意义。这与他们所效仿的西方考古学及其文化背景迥异:严格的实证考古科学不会入侵信仰领域去证伪耶稣。

一己事物的普遍同情力。①

(7) 对意义的阐释是源初的命名。前述 L·雷维"命名能力"说已指出这点。维特根斯坦指出了意义(Significance)处于涵义语言之外,后者是沉默无言之域。卢卡奇在其后期一系列论著中一再提及自然存在的人类的"无声性",他指出:

> 劳动和分工也将只能在客观上扬弃人类的无声性;只有当不再是无声的人类不仅自在地存在着,而且还实现了自己的自为的存在的时候,才能真正扬弃人类的无声性。
>
> 然而要达到这个地步,在社会存在中就必须有一种关于在社会再生产中产生的自在的悟性,这种悟性肯定在一定条件下产生的人类体现也属于自己的——即也属于个人的——存在,就是说,通过一种价值设定而承认这样产生的价值。②

技术涵义的语言与言谈,在卢卡奇看来仍未摆脱生物类的"无声性"(维特根斯坦已承认了对超涵义领域无可言谈),只有当以劳动为核心的社会存在历史地进入自为(自由)水平时才能扬弃"无声性"。而在这一历史进程中,一种对这一自为前景超前性的领悟,却是扬弃"无声性"的必要条件与实践开端:

> 难道劳动的目的论设定是有意识的了吗?无疑不是的(然而——就社会而言——产品和过程却不总是无声的)。

---

① 卡尔·曼海姆已指出,"移情是知识分子的另一项能力"。但他将此专属于现代知识分子,这不符合史实(巫恰以移情为特性)。参阅卡尔·曼海姆:《知识阶层:它过去和现在的角色》,《文化社会学论集》,艾彦、郑也夫、冯克利译,沈阳:辽宁教育出版社,2003年版,第133页。
② 卢卡奇:《关于社会存在的本体论·下卷——若干最重要的综合问题》,白锡堃、张西平、李秋零译,重庆:重庆出版社,1993年版,第185-186页。

没有悟性,固然就不能有劳动;但是这种悟性最初只能指明个别的劳动行为。劳动虽然在本体论上以一种前所未有的形式体现着人的合类性,但在个别的劳动行为中,这还不能造成人对现实关联的任何悟性。……

我们必须自相矛盾地描绘一种自相矛盾的状况:处在一种尚是无声的表现形式之中的已经不再是无声的人类。……①

在人类总体尚处于自在必然阶段上的意义阐释,作为扬弃人类"无声性"的功能环节,是最早打破"无声性"的命名活动。这种阐释,是对人类自我意识的表达。这种能动阐释,卢卡奇强调需要有承担者:"因为它只有在这样的人的身上才能成为现实的,他们被普遍过程的现实的和客观的规定本身塑造成适合于发挥这种能动性。"②

四、文化与意义世界

文化是意义的结晶体,如同文明是涵义的结晶体。

从符号载体的特性来看,文化可分作两类:一是物质文化。它是从意义角度阐释物质世界的产物。操作实用的物质品,不应如某种广义的文化观念那样直接视为文化品(这就失去了文化与非文化的差别)。石器时代的尖石与手工业时代的纺车,在各自时代都不应作为文化品看待,而只是在它们作为文物被置于一种意义反思的眼光下时,才成为文化品。这种阐释,当然也可以毋须时间长河的自然流逝为条件,一种自觉的意义阐释意识,即使对正在手头操作

---

① 卢卡奇:《关于社会存在的本体论·下卷——若干最重要的综合问题》,白锡堃、张西平、李秋零译,重庆:重庆出版社,1993年版,第193-194页。

② 同上,第187页。

使用的涵义性器物,也可以转变意向态度而使之聚合意义成为文化品。前述波兰尼转换关注视点等例即是如此。海德格尔后期将这种意义阐释几乎推及文明各个领域,从而建立了一种现象学的文化意义聚集体建构方法。在此阐释下,一把普通的陶壶,其特性被展示为"倾泻的赠礼"。所倾泻的水源自井泉、酒源自为天空大地滋润哺育的葡萄。倾泻之赠,不仅予人,而且祭于神。因此,在陶壶特性中聚集了天地神人这四者相互依存的关系。① 这便是不同于商品或器具的文化陶壶,而是意义聚集体的陶壶。

二是精神文化。它是人类演进到意义自觉阶段后所阐释创造的种种符号象征世界。这些符号世界是意义对世界不同角度的阐释,同时它们也都是系统化的意义网络。

对意义的阐释趋向于尽可能广大的系统,这种意义系统形成一种观念中的意义世界。特定个别的涵义只有从规律和目的两方面同时扩展成更为普遍的意义系统,才能保持人性(卢卡奇:"类")的性质。"对……具有意义",即是将涵义上升到意义系统中确定其根据。

个体寻求系统定位以求得意义,这在表面上是一种总体主义:个人必须进入社会系统,或集体操作系统(政府、公司)、或学术传统(学术专业)、或意识形态(入党派),或宗教信仰(入教),才为个体确定某种客观意义尺度。但即使如后现代派激进消解体系为个体争回基点,个体仍然必须将个体本位作为足以包容总体主义的新意义系统,才能站立而不致堕入虚无主义(实即颓废主义);即使这意义系统是一消解过程的"无"。②

---

① 参阅海德格尔:《物》,引自《演讲与论文集》,孙周兴译,北京:生活·读书·新知三联书店,2005年版。
② 从禅宗到海德格尔,从当代"间性"(inter-ness)哲学到虚拟实在(VR),"空—无"已成为哲学与认知科学及其人工智能应用前沿领域。量子纠缠之不确定域更使之进入宇宙观与哲学基本关系范畴。

因此,意义世界承载着生存操作世界的逻辑判断与价值目的的最终根据与前提。它是意义阐释的最高成果。涵义世界无数特定的逻辑与价值判断在其终极追溯究问之后,在意义世界中形成系统整体。但作为直观对象,意义系统阐释最终却凝聚为一种境界(意境),它空灵无常地随人意绪寄托呈现于各种生活情景中,只是在艺术品中,意义世界才获得了稳定持存的呈现。因此,在阐释并生成意义世界的活动中,艺术与审美享有特殊的地位。

意义世界从艺术意境返回涵义世界(语言世界)最为重要的两种形态是哲学本体论与社会理想。其中,哲学本体论在极端抽象的"数"、"气"、"道"、"理"、"idea"(理念)、"太一"、"物质"等历史形态之后,已渐返审美与艺术,而社会理想则从古到今不断浮现于人类前方。值得注意的是,社会理想几乎普遍地成为各种哲学本体论必然伴随的图景:柏拉图理念(idea)世界转化而来的理想(idea)国、先秦诸子为中华民族阐释的五帝三王大同公天下(详见第四章)、基督教的千年至福王国、空想社会主义的"乌托邦"与作为文化观念(有别于意识形态)的马克思的"共产主义"……社会理想将意义世界具体化为与操作生存涵义世界的人类直接关联的目标信念,从而现实地转化为巨大的力量。

意义世界在与涵义世界现实的相互作用之中,又派生出两类形态。一种是宗教王国。宗教阐释所产生的意义世界,就其稳定性与持存性而言,超过了艺术品世界。宗教意义世界拥有最为精致有力的结构系统,也对涵义世界(世俗界)拥有更为有效的作用影响。但是,宗教意义世界与宗教组织、势力有至关重大的联系,而后者却不同程度地构成为"世俗"涵义界,这一联系不能不遏制宗教意义世界的超越性。与此相关,作为宗教王国组成部分的宗教意义世界(信仰),在历史上也并非偶然地表现出世俗涵义界特有的偏执、排斥异己、甚至残杀征服的缺陷。

与世俗涵义界发生融合的另一类意义世界是意识形态。如

《德意志意识形态》所揭示的,意识形态是以社会统治权力为后盾的意义观念。尽管意识形态以其普遍性观念超越了特定的操作性涵义,但它作为统治势力的社会手段,恰恰在根本上伤害与削弱了意义世界颁布应然目的的尊严地位。

作为意义符号系统,并非个别阐释者所为,它乃是群体阐释的成果。特别是那些在人类历史上经历千年以上依然保持巨大阐释空间的意义系统亦即传统文化,往往投入了一个民族许多代智慧哲士的阐释创造,它们是人类的文化凝聚。历史同时表明,意义系统世界建立之后不仅须要培育保养,而且置身涵义世界的压迫,甚至需要对意义世界的守护。传统文化的涵义可以不断被超越,但其意义却会永久再生。

近代出现的大学不仅成为意义世界最重要的聚集地,也成为人文知识分子最主要的培养基地。[①]

五、作为社会分工的意义阐释

如前所述,亚里士多德的"分离"说已指出了意义阐释须以阐释者与生存涵义世界保持距离为前提,由此而形成了一个专事沉思意义世界的脑力活动阶层。这一阶层是作为满足人类社会对意义世界的需要的功能而存在的。

诚如丹尼尔·贝尔所说,"宗教源出于人类分享共同悟性的深切需要,它不是'灵魂工程师'所能制造的。"[②] 但这只是强调了人类对于意义世界的客观必然性需要、以及意义世界形成过程的客观必然性。意义世界当然不是某些人主观任意的产品。但是,意义世界是否须以某一阶层人的自觉阐释为必要条件?

---

① 详参本书附论《大学人文精神的信仰渊源》。
② 丹尼尔·贝尔:《资本主义文化矛盾》,赵一凡等译,北京:生活·读书·新知三联书店,1989年版,第40页。

对意义的需要以及阐释的能力为人类每一个体所潜在具有。但历史与现实表明,相当多数的人终生沉沦于生存涵义世界而不知意义境界为何物,对意义境界的感受与自发阐释意义的努力往往是人生的瞬时片断。这里存在着主观与客观两方面的基本限定。

从客观方面讲,意义的阐释既需要挣脱直接的生存处境而以"命名"打破"无声性"(沉默),同时又需要在功效涵义世界僵化的概念语言包围中消解涵义以重新创造命名。更重要的是,无论打破"沉默"或消解僵化涵义体系,都需要系统化的意义世界为超越参照系,而系统化的意义世界却非个体自发、零碎的阐释所能造就,它需要社会性与历史性的持续阐释才可铸成。这种建设意义世界的社会历史性阐释不仅形成了意义阐释特定的活动内涵,也形成了足以承传交流与发展改进的符号手段。因此,意义阐释是一种社会化的具有客观规范性的活动,它有着虽与科技工艺不同却也同样需要学习与掌握的传统,此即人文学术传统。这就构成了意义阐释能力的客观文化条件。

上述客观文化条件与个体生理—心理诸条件相结合后又呈现为意义阐释的主观方面特性。如前所述,意义及其阐释所要求的"命名能力",包含着对丰富的想象力、普遍的移情(同情)力与求异性思维、以及执著追究的沉思气质的要求。这类能力恰恰表现为与公众习俗深刻的对立,因而它不可能是大多数人普遍共有的特性。

维柯(G. Vico)指出,即使是古希腊史诗这种几乎是全民集体创作的作品,其玄奥智慧也只为少数人所领悟。[①] 康德的"天才"说则是对这种特殊意义阐释能力的哲学概括。康德认为:1)天才是原创性才能,这种才能不限于艺术,但却在艺术中才获得纯粹的发挥,因此"美的艺术必然地要作为天才的艺术来考察"。2)独创

---

① 维柯:《新科学》,朱光潜译,北京:人民文学出版社,1985年版,第432-433页。

性的天才是天赋的能力。"天赋"在此指不同于后天可习得的知性逻辑及其科技知识能力,而是一种处于先天本体地位的能力。3) 天才创造出可供人学习的典范,但自身却不由摹仿产生。4) 天才创造是想象力对于知性规律的自由协合,它没有功利目的,却表现为审美的情调。①

天才只是少数人。少数人阐释并守护世界意义的工作,却超越了阐释者自身安身立命的意义,而为人类社会提供了一个普遍意义的功能环节。这也是一种社会分工,但作为社会分工的意义阐释与技术分工有重要区别。本书导论已强调了人文知识分子非专业性一面。这种非专业性,一方面是指人文专业超越一般功利涵义的科技专业的形上意义性,另一方面,则是指这种人文意义阐释对于人类每一个体切己而普遍的安身立命意义。从而意义阐释与天才创造又普遍地为人类全体所潜在地共有。然而,劳动二重性中谋生涵义的基础性与人类社会历史演进的实际矛盾却又严重地限制着大多数个体的自由创造与意义意识,这使一个专事意义阐释的阶层,以及某些专事意义阐释的活动形态历史地从生存涵义的世界中独立了出来。这是一种历史演化的现象:专门的意义阐释者与个体自发而普遍存在的意义阐释之间并无绝对界限,阐释意义的人文学科自身也处于历史演变中,意义阐释与人文学科的专业关联也不断变化,不同社会时代中意义阐释的方式与社会影响也很不相同。因此,阐释意义的人文知识分子很难从社会学职业分类角度确切把握;然而,无论何种情况,一个基于共同意义关怀立场态度的人文精神群体及其所阐释并守护的意义世界,却确定地与生存涵义的世界区分开来。

这种区分在其发生与初期阶段是如此决绝,以致意义阐释者

---

① 参阅康德:《判断力批判》,邓晓芒译,北京:人民出版社,2002 年版,第 150-165 页。

要以盲目的方式彻底从生存涵义世界中分离出去,对超越性的意义世界的憧憬竟要以丧失尘世感知为前提:

"史为书,瞽为诗,工诵箴谏。"① "故天子听政,使公卿至于列士献诗,瞽献曲,史献书,师箴,瞍赋,矇诵。……瞽史教诲,耆艾修之,而后王斟酌焉,是以事行而不悖。"② 瞽、瞍、矇皆盲人。王受盲人意义之训,正是原始盲巫主宰精神信念遗风。这种盲诗人传统,为东西方文化所共有:"……忠诚的乐师那是缪刹女神最宠爱的人;女神给了他不幸,也给了他幸福;她剥夺了他的视觉,但给了他甜蜜的歌喉。"③ "她爱把她伟大的诗人或先知者变成盲人",使他们"丧失尘世的视力"。④ 荷马的盲目成为意义阐释人的伟大象征:正是这种与生存操作功利涵义世界的隔绝,成为他进入超越性意义世界以行吟史诗的保证。

---

① 《左传·襄公十四年》,阮元刻本《十三经注疏》下册,北京:中华书局,1980年版,第1958页。
② 《国语·周语》,徐元诰撰《国语集解》,北京:中华书局,2002年版,第11-12页。
③ 荷马:《奥德修纪》,杨宪益译,上海:上海译文出版社,2009年版,第90页。
④ 吉尔伯特·默雷:《古希腊文学史》,孙席珍、蒋炳贤、郭智石译,上海:上海译文出版社,2007年版,第6页。

第三章 阐释并守护世界意义的人：人文知识分子的起源与演化

一、巫：知识分子的原型

文化人类学已倾向于肯定，人类原始社会普遍地有过一个巫术文化时代。从而，巫术成为人类最早的分工专业（职业），巫师成为人类最早独立的社会阶层。维科的研究结论正是："神谕就是异教世界的最古老的制度。"① 弗雷泽说："巫师或巫医似乎是社会演进过程中最古老的、人为的、或专门职业的阶级。"② 马林诺夫斯基同样肯定，"巫术自极古以来便在专家的手里，人类第一个专业乃是术士的专业。"③ 芒福德从城市文化起源角度的研究得出的是同样的结论：

> 职业专门化和劳动分工的最早证据大约可以远溯至旧石

---

① 维柯:《新科学》，朱光潜译，北京：人民文学出版社，1985年版，第166页。
② 弗雷泽:《金枝》上卷，徐育新等译，北京：中国民间文艺出版社，1987年版，第159页。
③ 马林诺夫斯基:《巫术科学宗教与神话》，李安宅编译，北京：中国民间文艺出版社，1986年版，第76页。

器时代,表现在巫师或祭祀仪典的领导者所掌握的特殊专利中;或者,这种现象是同那些操办采掘业和打制燧石的术士们之间的职业专门化同时发生的。霍卡特(Hocart)认为,劳动分工源出于祭祀仪典中那些世袭性的职务分工。……①

那么,巫师的基本职能是什么呢?《说文解字》释"巫":"祝也。女能事無形,以舞降神者也。象人兩褎舞形。與工同意。古者巫咸初作巫。凡巫之屬皆從巫。"② 释"工":"工、巧飾也,象人有規矩也,與巫同意。"③ 张光直认为,矩是掌握天地的象征工具,"方属地、圆属天,天圆地方。……是故知地者智、知天者圣。智出于句,句出于矩。"④ "卜辞金文的巫字可能象征两个矩,而用矩作巫的象征是因为矩是画方画圆的基本工具,而由此可见巫的职务是通天(圆)地(方)的。"通天地,也就是通神界。具体说,巫之通神,是两个方向的:一方面是"降",即可使神鬼降至人间;另一方面是"陟",即巫师可以升天到上界与神(或祖先)相会。⑤

所谓"神"界,既可指鬼神,也可指祖先(如西周时代的祖先神),还可指其它任何超出现实可把握的无限性时空(如远古、天地等)。因此,神界在此代表(象征)着超越界。巫一方面可以作为人间代表与神会通,另一方面又可以反过来携带神意传达给人间。也就是说,巫是超越性神界与人类现实界的中介沟通者。神的使者,这就是古希腊神话中的信使之神Hermers,也就是现代阐

---

① 刘易斯・芒福德:《城市发展史》,宋俊玲、倪文彦译,北京:中国建筑工业出版社,2005年版,第109页。
② 许慎:《说文解字》,北京:中华书局影印本,1985年版,第148页。
③ 同上,第148页。
④ 《周髀算经》,北京:中华书局,1985年版,第11-12页。
⑤ 参阅张光直:《中国青铜时代》(二集),北京:生活・读书・新知三联书店,1990年版,第41-46、47-52页。

释学(Hermeneutics)的辞源本义。因为这种神性阐释总是诗意的,维科因此称巫为"神学诗人":

> ……诗性玄学就凭天神的意旨或预见这方面来观照天神。他们就叫做神学诗人,懂得天帝在预兆中所表达的天神语言,他们是在"猜测"(dirine),称他们为占卜者(diviner)是名副其实的。这个词来源于 divinari,意思就是猜测或预言。他们的这门学问就叫做缪斯(Muse)女诗神,……能解释预兆和神谕中的天神奥义的古希腊诗人们就叫做 Mystae(通奥义者),贺拉斯显出博学,曾把 Mystae 这个词译作"诸天神伪传译者"(《论诗艺》)。每一个异教民族都有精通这门学问的西比尔(sybils,女巫)。①

巫的这种作为人与神中介联系人的神使身份甚至使之直接混合为人—神的同一体。②

巫沟通人神两界,这在混沌初开、生存状况极为残酷低下的原始时代究竟有何意义?可以肯定的是,对于甚少剩余产品、全部生活仅是生存竞争的早期人类来说,竟能首先供养那些不事农耕渔猎的职业想象家,这种看似并无实际利益的巫术想象活动必定对于当时人类的生存有着至关重大的功能性意义。

功能主义学派的马林诺夫斯基深入地研究了巫术的生存功能意义。他指出:"凡是有偶然性的地方,凡是希望与恐惧之间的情感作用范围很广的地方,我们就见得到巫术。凡是事业一定,可靠,且为理智的方法与技术的过程所支配的地方,我们就见不到巫

---

① 维柯:《新科学》,朱光潜译,北京:人民文学出版社,1987年版,第166页。
② 参阅弗雷泽:《金枝》上卷第七章"化身为人的神",徐育新等译,北京:中国民间文艺出版社,1987年版。

术。更可以说,危险性大的地方就有巫术。"① 与笼统地将原始思维归结为混沌"互渗"(Participation)态的列维·布留尔(L.Brühl)不同的是,马林诺夫斯基强调指出,原始人在严酷的生存条件下要进行原始水平的劳动,不可能不接受自然因果规律的事实,这种主客分化的原始认知与据以操作的劳动技术,是原始思维中无法抹杀的部分。马林诺夫斯基以新几内亚东北的梅兰内西亚人(超卜连兹人)为实例:他们一方面精于耕作、熟习农业诸种科学技术规律,另一方面又坚持一套巫术仪式与园艺并举。如依此浮浅地判断他们混淆理智与神秘却不合实际。他们清醒地懂得,土壤种子、种植耘锄自有理性知识技能处理。但经验同时表明,这种理性知识技能力量有限,总有人力不逮之处,这被归诸神力。它须以巫术与之交通。因此,理性知识技能处理自然因果现象,而巫术则应付超自然因果领域,这是对那些技术应用卓然有效而巫术风气盛行的大量人类学材料的一个合理解释。

由此又可明白,巫术对于原始人的生存劳动确有极为实用的价值。"巫术是完全清醒的……巫术之所以进行,完全为的是实行。"② 在马林诺夫斯基看来,巫术的这种实用性—技术性,是与文明时代无实用性的宗教的决定性区别之一:

> 人进行一套实际活动的时候,是会遇到阻碍的;猎夫可以找不到猎物,水手可以赶不上顺风,造独木舟的人选用木料的时候,永远不能绝对地相信它会经历风险而不坏,或者十分健康的人也可以忽然力不能支;那么,在这等情形之下(我们即使不管任何巫术、信仰与宗教的话),人的自然趋势所要作的

---

① 马林诺夫斯基:《巫术科学宗教与神话》,李安宅编译,北京:中国民间文艺出版社,1986年版,第122页。
② 参阅马林诺夫斯基:《巫术科学宗教与神话》,李安宅编译,北京:中国民间文艺出版社,1986年版,第12—16、53页。

是甚么呢？他的知识不中用了，他的过去经验与专门技能都无计可施了，于是他不得不承认他的无能。然而这种招认更使他的欲求强烈起来，他的焦思，他的恐惧与希望，都使他的机体紧张起来，使他不得不有某种活动。这时候，不管他是野蛮人或文明人，不管他有巫术或者一点也不知道。理智所指定的消极忍受乃是他不到最后没有办法便不会采取的。他的神经系，他的全体机能，都驱使着他走到可以暂代的活动。他所希望的目的萦回不去于怀，抑阻与反动交互作用着，于是他看见那个目的了。于是他的机体便活动起来，根据预期而活动起来，服从热情而活动起来。

巫术所根据的乃是情绪状态的特殊经验；在这等经验之中，人所观察的不是自然，而是自己；启示真理的不是理知，乃是感情在人类机体上所起的作用。

巫术就这样供给原始人一些现成的仪式行为与信仰，一件具体而实用的心理工具，使人度过一切重要业务或紧急关头所有的危险缺口。巫术使人能够进行重要的事功而有自信力，使人保持平衡的态度与精神的统一。

巫术在劳动组织与有计划的布置上是积极的质素。它也供给打猎行为以主要的控制力量。所以巫术整个的文化功能，乃在填平极重要的业务而未被人类操了左券者所有的缺憾与漏洞。①

上述分析表明：

（1）巫术是认知与技术无力达到的情况下产生的。这种情况使原始人意识到了赖以生存的技术操作的有限性与面对未知世

---

① 马林诺夫斯基：《巫术科学宗教与神话》，李安宅编译，北京：中国民间文艺出版社，1986年版，第66—67、47、77、122页。

界的无限性。攸关存亡的是,这陌生的无限必须与之交通以引导(扩展)原来旧有的技术操作进入新的领域,人类世界必须发展并获得更大范围的肯定。

(2) 巫术作为人与神的对话,也就是与无限超越界(未知界)的对话。这种对话是在有限与无限两个世界之间搭一座桥梁,这是一种精神观念的桥,或者说,是人与无限超越界关联的观念——一种超前性的观念。

(3) 这种在巫术想象中阐释产生的超前性观念,一方面可以看作是对于未知世界的想象性把握,它虽不是行之有效的客观真理与科学认识,却为科学真理的知识提供了先行的观念引导;另一方面,更重要的是,这种超前性观念(如马林诺夫斯基所强调的),又为突破困境现状提供了想象中的目的与自我意识信心。因此,巫对人的行为合神性的论证与对神力的调遣,正关系到劳动实践自我意识这一重大因素。巫术并不可能改善技术操作,却使主体度过了精神危机,为继后的技术改进提供了自我意识前提。

不难看出,文化人类学这种关于巫术功能的解释,与康德关于本体论的积极功能的论证具有对应吻合的关系。正是永远超前的、不可知性认识的"本体",才为有限现象界经验的不断扩展提供了认识论的导引焦点;而作为终极价值目的的"本体",则不仅强化了认识论中作为统觉之源的自我意识,而且提供了实践动力。因此,巫与神的对话,正是意义阐释。

巫与巫术不仅是填补技术缺漏的精神工具,而且扩而广之,是整个人类社会乃至宇宙秩序的规范依据:

> 古者民神不杂。民之精爽不携贰者,而又能齐肃衷正,其智能上下比义,其圣能光远宣朗,其明能光照之,其聪能听彻之,如是则明神降之,在男曰觋,在女曰巫。是使制神之处位次主,而为之牲器时服,而后使先圣之后之有光烈,而能知山

川之号、高祖之主、宗庙之事、昭穆之世、齐敬之勤、礼节之宜、威信之则、容貌之崇、忠信之质、禋洁之服,而敬恭明神者,以为之祝。使名姓之后,能知四时之生、牺牲之物、玉帛之类、采服之仪、彝器之量、次主之度、屏摄之位、坛场之所、上下之神、氏姓之出,而心率旧典者,为之宗。于是乎,有天地神民类物之官,是谓五官,各司其序,不相乱也。民是以能有忠信,神是以能有明德,民神异业,敬而不渎,故神降之嘉生,民以物享,祸灾不至,求用不匮。①

由此不难理解,巫与巫术何以在那一时代享有至高尊贵的地位。

巫之崇高,不仅在于其神使身份,而且在于他同时是自己部族乃至人类的代言人。巫面对神时是人类的代表,面对人类时是神的使者,这两重最高身份使巫不再属于任何局限性利益代表。"'人而无恒,不可以作巫医'。"(《论语·子路》)巫之崇高,不仅在于巫对神性无限世界的信念,以及由此而来的超乎常人的想象力与坚强性格,而且特别在于,作为神—人交往的沟通者,巫不仅要对神性的征兆负责,还要对人间的事变灾异负责,这使巫成为真正献身的大公无私者。

弗雷泽指出,"巫术既可能用来为个人也可为全社会服务,根据这两个不同的服务目标,可分别称之为个体巫术和公众巫术。"但在举行公众仪式时,却必定由专职巫师履行。这批拥有特技的专职巫师已不同于为个人利益实施巫术的个体者,他们是为公众服务的巫师了。② 巫对神—人类双重责任的承担因其神使身份而

---

① 《国语·楚语》,《国语集解》,徐元诰撰,北京:中华书局,2002年版,第512-514页。
② 参阅弗雷泽:《金枝》上卷第五章第一节,徐育新等译,北京:中国民间文艺出版社,1987年版,第95、70页。

远非日常任务可比,它被视为神圣的使命:使命高于使命承担者。从此,巫师走上了一条责任沉重而危险巨大的献身道路。

巫不仅必须向公众解释说明兆示涵义,而且当他所实施的巫术没有灵验时,他必须承担全部责任。"夏大旱,公欲焚巫尪。"(《左传·僖公二十一年》)"春旱求雨,暴巫聚尪。"(《春秋繁露·求雨篇》)即使是帝王之巫,一旦出现上述情况时,也甚至不惜以自身为牺牲品向神祈祷:商代第一个王商汤为了求雨亲自"斋戒剪发断爪,以己为牲,祷于桑林之社。"(《太平御览》卷八十三引《帝王世纪》)而对各民族普遍的杀巫现象,弗雷泽解释为:正由于巫身系人类部族、自然生物乃至世界的兴衰,所以,巫特别是巫所寄附的神灵不属巫自身所有。公众集于巫身之禁忌已使巫不再享有俗世幸福,而当巫之身体衰弱之时,则必须处死身体而使神灵转移至新的继任巫师身上。这就是《金枝》中所描述的内米湖畔代复一代的血腥杀巫传统。①

这就是自我牺牲一语的人类学含义。巫以自己生命所开创的这一传统,意味着为了人类与意义(significance)而牺牲自我的义无返顾。这已不是动物群体无意识(本能)牺牲个体的自然现象,而成为一种文化开端。这一传统在此后数千年文化史上,在远超出了巫术文化本义的更普遍意义下被不断实践:从被缚于高加索悬崖上忍受雷击鹰啄痛苦的普罗米修斯,到宁静地钉死在十字架上的耶稣,从舍身饲虎的佛陀,到掏出心作火炬为族人照亮林中路的丹柯,作为一种精神传统,它是如此深厚强大,以至安徒生在其《光荣的荆棘路》中断言,"除非这个世界本身遭到灭亡,这个行列是永远没有穷尽的"。②

康德在沉思法国大革命中无私的自我牺牲场景之后写道:

---

① 参阅弗雷泽《金枝》第十七章至五十九章。
② 《安徒生童话全集》之七,叶君健译,上海:上海译文出版社,1987年版,第78页。

"人类史上的这样一种现象将永不被遗忘,因为它揭示了人性中有一种趋向改善的禀赋和能量。"① 他基于这一现象,为本体(实践自由)破例地提出了经验性论据。因此,自我牺牲具有直接的本体论实践意义。

这里应当指出的是,在这种如此普遍以至于成为人类特性之一的自我牺牲现象中,那些为了公众普遍利益、特别是为了某种意义信念而以生命殉道的牺牲者,具有更高的形上意义。这就是,他们不是为着局部特定的涵义利益而牺牲,而是为着普遍的意义并以履行使命的历史意识从容赴难的,他们与巫之自我牺牲有着更为接近的境界。这样的人,事实上大多是拥有精神信仰的知识分子。

若以作为西方"知识分子"典型的俄国近代知识阶层的五项特性为参照:(1)深切关怀一切有关公共利益之事;(2)将公共利益视为自身之事;(3)将政治、社会问题视为道德问题;(4)有一种义务感,不顾一切代价地追求终极结论;(5)深信现状事物须作改变。② 其主要之点与基本态度精神气质在巫身上都已显露。

因此,巫师阶层的形成,首先是人类群体对超越性自我意识代言人的需要。"有些人,由于这种或那种原因,由于天赋才能的高低,被人们认为具有极大的超自然力量,从而逐渐从一般常人中区分出来",③ 亦即"精爽不携贰者,而又能齐肃衷正,其智能上下比义,其圣能光远宣朗,其明能光照之,其聪能听彻之,如是则明神降

---

① 康德:《历史理性批判文集》,何兆武译,北京:商务印书馆,1990年版,第156页。译文略有改动。
② 参阅余英时对 Michael Confino 有关研究的引述(《士与中国文化》,上海:上海人民出版社,1987年版,第3页)。
③ 弗雷泽:《金枝》上卷,徐育新等译,北京:中国民间文艺出版社,1987年版,第159页。

之"。① 这里包含了生理感知、想象思维、人格意志诸种才能品质。这种自发地择优分化,也同时是政治管理原始的发生。

缘因天赋被推上巫师位置的人,在巫术技术的操演中更加发展了自己的聪明才干。由于巫术事关重大,因而无论操作或传授,都不仅要倚凭直觉意会,而且格外蒙罩了神秘的氛围。"一般说来巫师职务是世袭的,由老子传给儿子"。② 就总体而言,"巫术这样为特定的目的而执行的特定技术,每一类都是人在某一时得来的,一辈传一辈非得根据直接的术士团体的系统不可"。③ 具体来说,行施巫术不仅涉及自然与人极为广博的"知识"(它包含了尔后分化出来的全部人类知识体系),而且须要熟习利用形形色色的自然物(山、树、鸟、动物等)与法器("牺牲之物"、"彝器之量"等),要熟习巫术仪式(彡、翌、祭、叀、㪍等)与占卜,要善于用酒与药,以及擅长饮食乐舞。④

在以上如此繁复的巫术手段工具中,占卜(含龟卜、占筮)据有极为重要的地位。卜辞不仅是对神灵的祈祷,更重要的是,它是对卜告结果的描述与记录,这种记录具有查询甚至综合的意义。这就是作为人类知识主要载体的文字的起源。掌握占卜术及卜辞文字的人是巫,巫师团体系统之可能传递继承与发展,除口耳面授之外,在漫长历史上日渐更为重要的正是卜辞对巫术的保存、积累与传承发展作用。居于中国五经之首的《周易》,就正是这样一部

---

① 《国语·楚语》,《国语集解》,徐元诰撰,北京:中华书局,2002年版,第512-513页。
② 弗雷泽:《金枝》上卷,徐育新等译,北京:中国民间文艺出版社,1987年版,第131页。
③ 马林诺夫斯基:《巫术科学宗教与神话》,李安宅编译,北京:中国民间文艺出版社,1986年版,第76页。
④ 参阅张光直:《中国青铜时代》(二集),北京:生活·读书·新知三联书店,1990年版,第52-65页;周策纵《中国古代的巫医与祭祀、历史、乐舞及诗的关系》,台湾《清华学报》第十二卷,1979年12月,第1-59页。

记录。

显而易见,在劳动条件极为艰难的古代,巫术如此庞杂的技术体系,特别是独立于口头语的卜辞文字,必须有一个脱离直接生产劳动的巫师阶层专门致力才能掌握。从此,巫术,特别是卜辞文字,成为人类最古老的文化体系,亦成为人类第一个脑力活动阶层巫师最重要的专业手段标志。①

从近现代分工与知识体系来看,巫术实质是孕育与蕴含着人类诸种主要知识的母体。就其主导性质而言,巫术作为人与超越性神界对话交流的技术与强化自我意识的手段,主要属于人文学科。其中,巫术超越特定实用技术知识、设定形上界,在其迷狂性消失后,便产生了"超科学"(Metaphysica)即形而上学,它构成为哲学(Philosophia)的本体论部分。《周易》,特别是其中占筮部分,与其后历代的阐释,构成为中国古代哲学形而上学部分。

巫术先于宗教,② 尽管巫术与宗教都与神界交往,但由于巫术属于实践功用性目的,是实用技术想象中的延伸,因而属于主体性的人的手段。在宗教中,神界不仅进一步实在化、人格化,而且排除了人的实用目的而自身即成为目的。巫术的仪式、想象均凝固化为宗教的组织与教律。宗教强化、巩固了形上超越界,并以之为本体确定了人对这一超越界的信仰关系。置身于后巫术文明的宗教不再接受巫术的实用观念以及相关的互渗报应律,③ 宗教与科学在现代文明时代之可能相安互补,关键在于此。相反,科技昌

---

① 直至当代解构主义德里达(J.Derrida)《论文字学》以书写颠覆言语传统中心地位,本欲消解"在场"的形而上学,但客观上却依然成为对据有文字的知识分子传统特权的论证。此中书面语尤关知识分子特性。
② 参阅弗雷泽《金枝》上卷第四章有关实证资料及逻辑论证。
③ 参阅 You Xilin(尤西林),'Virtue No Longer Promises Happiness:The Book of Job and the Decline of the Ancient Concept of Retribution and Reward', London:*China Study Journal*,1999(3);尤西林:《德行不再许诺幸福:〈约伯记〉与古代报应律的终结》(香港:《道风:基督教文化评论》2000 年秋季卷)。

明条件下仍以巫术处理自然因果现象,则称之为迷信。迷信是现代巫术行为,巫术时代巫术行为不是迷信。

巫术履行仪式、运用法器、投入想象与激情的操演,使人类源自运用劳动工具的原始形式感获得了进一步的组织、稳固定型与提升。无论是法器上镌刻摹仿再现的兽纹,还是秩序井然的舞蹈仪式,在巫术文化观念衰落以后,这些都成为意味不同的形式化活动,这就是艺术。①

此外,巫术对人的巨大强制力量,以及人在参与巫术时对禁忌规范的高度自律遵循,在此后除转化为宗教外,同时也给伦理道德留下了重要的遗产。而卜辞文字记录传统,则衍生为历史学。②

巫术于上述人文学科意义之外,尚有前科学的意义。巫术固然不是实用生产技术,但由于巫术直接发端于生产技术的边缘局限处,它成为发展、弥补生产技术的特殊意义的生产技术活动。如前已述,巫术这种想象中的观念扩张与技术走向系统化有密切关系。由于巫术是否应验攸关巫师生死存亡,这逼使巫师密切研究与生产有关的一切规律性现象并以文字记录,使这种观察经验在突破一人一事的广大时空中获得整理分析与深化综合。就此而言,确如弗雷泽所说,巫术成为科学的先导与近亲:其中对规律的客观有效研究成为前科学,而那些脱离客观规律的臆想部分则依然停留于巫术。③ 如前所述,巫术的现代残余即"迷信"。迷信既非科学亦非宗教。

由此可见,巫术作为知识母体,掌握巫术的巫师,正是人类知识分子的始祖原型。

---

① 参阅20世纪西方巫术起源说的艺术发生论。
② 参阅张光直《美术·神话与祭祀》,沈阳:辽宁教育出版社,1988年版,第74-76页。直至汉代司马迁,犹宣称《史记》旨在"究天人之际,通古今之变",这种巫之旨趣,与后世编纂史学迥然有别。
③ 参阅弗雷泽:《金枝》上卷,徐育新等译,北京:中国民间文艺出版社,1987年版,第76-77页。

二、巫术解体与知识分子演化谱系

伴随巫术文化的解体,不仅分蘖出诸种知识形态,也分化出不同类型的知识分子。其谱系大略如下图示:

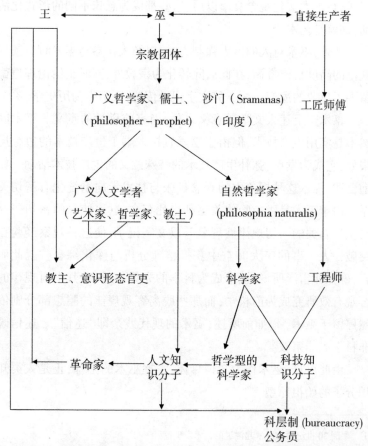

巫术文化时代的结束,意味着随着人类对生产劳动技术规律日渐扩大地运用,巫术已丧失了直接参与社会生产的功能。巫师阶层因此而分化散播开来。这正是"轴心期"(K.Jaspers:Axial Period)的开端。宗教作为巫术的强化性实体,成为毋须实用功能支撑依然可以维持的信仰王国。宗教对形上意义界的刻意设计与有组织地传播,使之成为人类意义世界最持久而有效的信仰堡垒。从原始宗教开始,宗教历经分裂、迫害、流亡与战争,以及世俗权力的腐蚀包围,却绵延迄今而依然保持着深厚的生命力,这本身就深刻地表现出宗教对于人类文明与文化的某种基本的功能性意义。阐释并守护意义世界成为神职人员的职业。不仅基督、释迦诸先驱导师成为献身意义世界的模范,而且,一般而言,与世俗权力保持着距离的广大教士、僧侣阶层,始终是官方行政之外广泛的人类社会公共事务重要的义务工作者。① 因此,并非偶然,关于知识分子起源发生的现代研究曾一再回溯教士。② 作为阶层的知识分子摇篮的学校教育,特别是近代知识分子摇篮的大学脱胎于教会并独立于世俗政权这一史实,③ 表明人文主义及其人文知识分子与超越性意义世界(哪怕是与此岸尘世实体化对立的宗教世界)之间密切的联系。④

---

① 社会(Society)与国家(State)的区别已成为现代重要课题.但将"社会"形下历史化(如还原为市民社会 Civil Society),却大大缩小了视野。"社会"必须纳入形上意义境界(详见第四章)。而宗教徒作为形上世界执事人,则是社会公共(人类)性重要(例如在某种角度胜过政府官员)的代表。济贫育婴,救助困苦无告者,保持超越国境的地球生态、抗议暴政,凡此种种,都表明了宗教与"社会"深刻的关系。
② 参阅安东尼奥·葛兰西《狱中札记》,葆煦译,北京:人民出版社,1983 年版,第420—421页。
③ "大学在其同城市当局与宗教当局的关系中,在力量方面已经建立了一种不容置疑的地位。对其权力的唯一限制,是它从属于教皇,在教皇的保护下,大学在其斗争中自愿地同当地教会在一起。……由于大学过于自信,它敢于起来反抗法国国王"。"欧洲的大学就直接受控于教皇"。(博伊德、金合著,《西方教育史》,任宝祥、吴元训主译,北京:人民教育出版社,1985 年版,第 143 页、148 页。)作为西方代表性的独立于政府的大学观念口号:"大学教育乃是一个社会的心脏"(耶鲁大学铭言),无疑与宗教超越性意义界地位有直接渊源关系。
④ 把人文主义局限于文艺复兴特定含义而与宗教对立,这失之浮浅也不尽符合事实。例如,在教皇尤金厄斯主持下的 826 年全体宗教会议命令:"在主教教区以及其它有必要的地方,应对教授文法和人文学科的教师和学者的任命予 (转下页)

巫师阶层解体以后,唯有宗教提供了可供栖身的组织与社会性机构。但巫师原本就将人对自然客体的技术也部分纳入于巫术手段,沿此方向,一部分巫师(特别是巫医)遂加入技术专业行列。但由于巫术以自我意识为基本对象的人文特性,大多数巫师并不能由转向技术专业而寻找到自己的社会位置。因此,在巫术文化解体之后一个过渡时期中,古代社会曾出现过一批失业的巫师。由于已无巫术行业,他们就不再是巫师。但他们与远古巫术传统有特别密切的关系,以及他们出入神—人两界的超迈气质,特别是他们超越个别技术行业的综合性思维与智慧,使他们成为当时社会乃至整个人类历史上都引人注目的一个奇怪阶层。古希腊以荷马命名的行吟盲诗人,以及前苏格拉底时期如毕达哥拉斯学派这类带有神秘主义色彩的哲人团体、中国春秋时期的孔子及其门徒,以及古印度称为"沙门"的先知、贤者的人物,这些人不同于世袭的婆罗门,没有可靠的社会组织和结构容身。"新学派的哲学家称为'沙门'(Sramanas)。他们退出普通社会,变成漫游者,依靠在森林旷野采拾食物,或乞求为生。他们的目的是发现真理,获得幸福,至少达到心的安宁。"① 这些人似都可归入这类过渡时代的特殊阶层。甚至直至苏格拉底,他仍然无职业而闲游于市场,这与孔子"惶惶不可终日"地率徒周游列国,具有极为相仿的一致之处。对这一无业现象的形上人文意义的探讨,将在本书后边专章展开。这里只是指出这一过渡时期的存在史实性,特别是,正是这一过渡时期漂泊不定的广义哲学家(智慧之士),成为巫术之后文明时代知识分子最为直接的发源地。这也是知识分子类型分蘖最

(上接注④)以尽力的关心,因为他们身上明显地体现着上帝的意志。"(转引自伊德、金合著,《西方教育史》,任宝祥、吴元训主译,北京:人民教育出版社,1985年版,第113页。)古典人文学科七艺经由中世纪修道院才转化为近代大学学术教育科目分类(详参本书附论1)。

① 〔英〕渥德尔:《印度佛教史》,王世安译,北京:商务印书馆,1987年版,第38页。

多的一个时代。

除前述少数转向实用技术专业的巫师之外,大多数无业游巫仍然保持着对形上玄学大智慧水平的兴趣。在古希腊前苏格拉底时代,这批人逐渐形成了对自然天道研究(而非信仰)的态度。这是将之视为对象客体的因果律式的提问态度。由于这种研究还残留着巫术时代超越性想象(联想)与终极性思维的特征,所以一方面因此而未入具体技术之门,另一方面却成为有别于技术的宏观科学理论的前驱。毕达哥拉斯学派从"数"之"始基"(arche)推演宇宙秩序、泰勒士以"水"为万物之"始基"、赫拉克利特以"火"为万物之"始基",都是这种非科学的宇宙论构造。"始基"是"大全"总体世界的构成性起源基础,同时又是世界向之所归的目的性归宿,因此它不仅潜含有认识论意味,也潜含有价值论意味。由此分蘖,对客体构造自身规律的研究,成为自然科学的前身,而对终极目的价值的思考,成为人文科学的内核。前者即自然哲学家,他们后来终于演进为(自然)科学家(康德《纯粹理性批判》历史性地为之所划定的不再染指巫术的经验科学研究者),并在近现代工业化进程中与应用型的工程技术专家通过实验室的中介结合,而被当代社会统称为科技知识分子。

巫师传统主流关于自我意识与终极因的兴趣为另一部分人所继续。在巫术消散后的新时代中,这批人坚持在技术操作与客体研究兴趣之外沉思人类自身在宇宙中的位置与意义。孔子在确定了巫风时代遗产"礼"的至尊地位之后,却将重心移至人性之"仁":仁是礼之内在保证。这就是中国儒学将天道移向人道的历史性转变,思孟学派循此终于奠定了成为中国古代文化主流的人文修身方向。苏格拉底扭转客体化思维兴趣的自然哲学传统,以转向"认识你自己"的伦理学(人类学)方向确定了哲学(爱智)的独特涵义,使一种不同于科学的哲学与不同于技术操作研究的哲学家获得了自己独立的地位。① 孔子与苏格拉底从而成为人类最早一批人文知识分子。②

哲学(并非单指西方的 Philosophia)是"形而上学"或"元科学"。这一概念如不愿退回巫术,其合理而独特的含义正是指对人类生存世界意义的阐释与守护。在摒除其欧洲中心论偏见之后,胡塞尔下述关于哲学与哲学家的观念所指正是人文知识分子:

> 在我们的哲学思维中,我们是"人类的父母官"(Funktionäre der Menschheit),对此我们是绝不能忽视的。作为一个哲学家,在我们的内在的个人的工作中的这种对我们自己的真正的存在(Sein)所负的完全个人的责任中,同时也承担着对人类的真正的存在(Sein)的责任。人类真正的存在(Sein)是追求理想目标(Telos),从根本上说,它只有通过哲学——通过我们,如果严格地说我们还是哲学家的话,才能被实现。
>
> ……它是一种在反对前科学的和科学的客观主义的斗争中回到作为一切客观意义的授予和对存在的认定的最终所在地的认知的主体中去的哲学。它企图把现存的世界理解为意义和有效性的结构……③

---

① 这一区分直至康德扬弃宇宙本体论(从而终结古老的自然科学传统)而凸现实践道德才剥离出来。而从哲学史看,哲学不断在将"不可说"者逐渐"可说"为名词概念及其逻辑判断,之后移交给科学与技术(包括今日的人工智能)。但哲学仍然在新的时代沉思永不可穷尽的"不可说"者,并不断形成新的"可说"知识。这一过程若有终点,人类也就告终结。因此,哲学超越经验科学知识之"meta",既是"后",也是先驱性之"前"(元)。
② 孔子讲"天命",苏格拉底经常占卜求神(参色诺芬《回忆苏格拉底》第一章),表明他们同时又是巫师文化的终结代表。
③ 胡塞尔:《欧洲科学危机和超验现象学》,张庆熊译,上海:上海译文出版社,2005年版,第24,138页。

哲学家的意义阐释不仅是意义创造与对经验式技术操作生存态度的超越，而且是一个面向后者，不断扩大意义世界的人类社会文化教育（教化）运动：

> 这种态度断然拒绝不加询问地接受任何预先给定的意见，任何传统，以便能立即就这传统上预先给定的全部领域，追问本身是真正的东西，即理念性。但这并不仅仅是一种新的认识立场……
>
> 因此，与新文化的这种成就相关联，产生出一种特殊的人性与一种特殊的生活职业。有关世界的哲学认识不仅创造了这种特殊种类的成果，而且创造了一种人的态度，这种态度立即就影响到所教育并因人们受到教育而变得有效的历史传统的目的。在人们之间形成一种新的紧密的共同体，我们可以说是一种纯粹理念兴趣的共同体，这些为哲学而生活的人，由于对这些不仅对所有人都有用而且所有人都能同等占有的理念的献身精神而联结在一起。必然地形成一种特殊种类的共同体活动，即彼此共同劳动的活动，相互进行有益批评的活动，从这种活动中生长出一种作为共同财富的纯粹的绝对的真理的有效性。另外这里有一种通过对这里所想要的东西和所成就的东西的同情的理解而传播这种兴趣的必然趋势；也就是将越来越多的尚不是哲学家的人吸收到从事哲学研究的人的共同体中来的趋势。这种情形首先是在本民族中发生的。这种扩展不可能仅仅作为职业上的科学上的研究的扩展而发生，宁肯说，它远远超越了职业的范围，是作为文化教育的运动而发生的。①

---

① 胡塞尔：《欧洲人的危机与哲学》，引自《欧洲科学的危机与超越论的现象学》，王炳文译，北京：商务印书馆，2009年版，第405—406页。

哲学同艺术一样促成教化，这里已指示了与艺术有别的意义向涵义转化作用的另一种方式。

在巫师阶层解体后漂泊的队伍中，荷马这类行吟诗人以史诗的方式保存并继续阐释生成着逝去的文化传统。古希腊第一位独立意义的个体作家赫西俄德（Hesiod）以《神谱》名世，这正表明了艺术家与巫师的传统渊源关系。然而，如果说在巫术文化时代，艺术作为巫术重要组成部分而使巫师艺术家地位显赫的话，① 那么，随着巫术文化的解体，艺术家型的巫师便从此命运多舛了。一部分乐师类的人受庇于宫廷，开始还作为礼仪角色，逐渐便成为俳优。而那些雕刻、绘画的人，由于其活动原本即具有手艺（art）性，在这种手艺失去了它昔日曾有的神圣地位后，其中相当多人便流入工匠队伍，成为实用技术（如建筑）的一个附属部分，这类操作（手艺）性的艺匠此后一直居于人文知识分子的边缘：

> 艺术家在当时尚非城邦里的知识阶层。在希腊，那些忙于本城事务、整天在公共场所争论不休的富人，甚至还有诗人和哲学家，全都瞧不起画家和雕刻家，视他们为身份低下的人。在他们看来，艺术家从事手工劳动，并为餬口而工作，坐在铸造厂里干活，一身污垢和汗臭，干着与普通的苦力相同的苦差事，自然不配登大雅之堂。不过，与埃及和亚述的工匠相比，希腊艺术家在城邦中分享的权利毕竟还是大得多。②

这与巫术时代"在埃及语中，'雕刻家'一词的本义便是：'使人得以永生之人'"相比，不啻天壤之别。直至今日，艺术家的这

---

① 参阅张光直《中国青铜时代》（二集）第七篇《中国古代艺术与政治》；张光直《美术·神话与祭祀》第四章《艺术——攫取权力的手段》。
② 〔英〕冈布里奇：《艺术的历程》，党晟、康正果译，西安：陕西人民美术出版社，1987年版，第28-29页。

种手艺(匠艺)特性,依然使之与其他人文知识分子(例如哲学家)存在着值得研究的差别。

尽管艺术与审美居于意义阐释与人文教化的重要地位,甚至自20世纪中叶开始,海德格尔也将哲学与语言、思想联系诗性本源,称诗人为引导人类追踪神迹而进入存在意义的使者,① 然而,艺术家始终未能弥合自柏拉图时即为他们划下的与"哲学王"的差距。这当然与西方传统的逻各斯中心主义有关。然而,艺术家这种类似俳优的社会地位是一个迄今人类文明史上普遍的现象,本书后边会对此作出更进一步的分析。

巫师作为人类公共性的集中代言人,使之自始即与权力统治结下了密切而复杂的关系。本书后边将专章对这种关系作出分析。巫在巫术文化时代往往即是王。随着巫术文化的解体,权力机构成为巫师重要的收容所。在宫廷礼仪、朝政记录,乃至直接参与筹谋统治的官吏中,都有出身于巫师的人。② 这是一个历史性的开端,无论东西方,此后政府官吏的一个基本来源都是知识分子。

但作为官吏源泉的知识分子却须经过一个重大的转换器才能不断产生,这就是教育与学校。在巫术文化解体后,那些飘泊的巫师都曾以讲学教授的社团学派与学校为形式维系传统与重新定位。这成为古希腊与先秦时代极为突出的现象。孔子及其原始儒学学派与柏拉图的学园(Academy),便是其中最重要的代表。巫术文化时代经由秘密仪式或种姓渠道传递的文化知识由此转变为教育的公开化知识,种姓或巫师团体亦随此社会化公开教育而开

---

① 参阅海德格尔:《诗人何为》《"……人诗意地栖居……"》,《海德格尔选集》上卷,孙周兴选编,上海:三联书店,1996年版,第407-462页,463-480页。
② 陈梦家:"由巫而史,而为王者的行政官吏;王者自己虽为政治领袖,同时仍为群巫之长。"见《商代的神话与巫术》,《燕京学报》第20期,1936年。李宗侗:"君及官吏皆出自巫。"见《中国古代社会史》,台北:中华文化事业出版社,1954年版,第118-119页。

放扩大为空前普遍的知识阶层。

但在这种学术(巫术)下移与广为传播的时期,教育的方向与由此所培养的知识阶层的深刻差异已经显露。古希腊的智者学派趋向于将巫术—学术向与技术操作可作交易(交换通用)的职业化方向发展,从而迎合实用需要将学术技术化(如教授辩论术),而与之对立的苏格拉底则坚持巫术时代指导人生的终极性形而上学与大智慧沉思,不愿屈尊降格。与苏格拉底相仿的是孔子,孔子传授六艺,亦并非实用层面的技术,而是"顺先王诗书礼乐以造士"。① 它以"士志于道"及对举的"君子不器"为立场。所谓"士",《说文解字》引述孔子之言,称"推十合一为士",这并非一般形训:"数始于一,终于十",是指《易》之筮数运演。故"辨然否,通古今之道,谓之士。"(《说苑》)士通于巫。② 周室衰微,也就是巫术文化的解体,巫术下移流散,凭借儒士教授而得延续。由此发生的重要变化是,人文精神的理性逐渐取代了巫术与宗教权威,巫术演变为学术,巫师成为教师。从而,教育成为知识分子的文明时代母体。③

无论古希腊罗马时代的 humanitas,还是孔子礼乐诗书造士之教育,人文学科特性的人性教化自始即是教育的主旨与内容,这与当时仍主要凭借作坊工艺技术操作的职业教授,以及后来现代兴起的技术职业培训教育,都有着重要区别。这种人文学术之"教育",如其拉丁文 Educatio 辞源 Ex—Ducere 所示,正是巫术文化时

---

① 《礼记·王制》,阮元刻本《十三经注疏》上册,北京:中华书局,1980年版,第1342页。
② 孔子曰:"吾与史巫同途而殊归。"(《马王堆出土帛书〈要篇〉》)从胡适《说儒》(1934)释"儒"为殷民教士,到徐中舒《甲骨文中所见的儒》(《四川大学学报》1975年第4期)考证释"儒"为殷民主持宗教职业者,"儒"之历史渊源之揭示,同样说明了儒士与巫术文化的内在联系。
③ 但教育此后分化为主流形态的"官学"与边缘性的民间"私学",二者区别深刻,人文知识分子所依托的主要是后者。严格讲,教育只有作为非官方(公办)的,才是更纯粹的人文基地。中国宋明书院讲学与西方私立(或教会)著名大学都是代表。

代促人向上超越的引领。因此,教师及其人文教育,与哲学家、艺术家共同形成了新的历史条件下的人文知识分子传统,作为人类最早的知识分子原型的巫师,主要正是在这一新的人文知识分子传统中得到了继承。

第四章 意义与权力
——人文知识分子与世界(一)

一、巫王分合的逻辑意义

意义与权力的逻辑关系在巫王分合的史实中有着清晰的显示。

文化人类学家已经揭示了巫王同一的普遍性：

> 神职与君王称号相结合的现象,如内米的森林之王、罗马的祭司兼君王,以及雅典称之为王的最高行政长官,在古希腊罗马之外也经常出现,而且是从野蛮社会到文明社会各历史阶段社会的共同特征。①

王作为世俗世界的统治者,其权力无疑依赖于利益关系,因而其性质是涵义(meaning)性的。但是涵义性利益是局限的,这意味着统治权力的局限。从而扩大涵义(在虚拟中使其趋向无限)成

---

① 弗雷泽:《金枝》上卷,徐育新等译,北京:中国民间文艺出版社,1987年版,第161页。同时参阅第二章、第五章第一节、第六、七、八章。

为权力的天然趋势。① 这种扩张既是话语逻辑外延的扩大,同时也被解释为利益群体亦即公共代表性的扩大。话语逻辑外延扩张的极限,即是内涵为零、外延无限的系词"是"(to be)的出现,这是西方哲学中本体论产生的语言学前提。利益群体亦即目的价值的扩大极限,则是人类观念的出现。这一趋势,如本书第一章所已论证过的,正是指向意义(Significance)世界。因而,世俗世界王之权力涵义需要意义背景的支撑。张光直教授曾以中国为例,举出人类古代政治权力形成与集中的7项条件:

1. 个人在一个按层序构成的父系氏族和分支宗族的亲族体系中所占据的地位;

2. 相互作用的区域性国家网络,每个国家都控制着重要资源,它们共同形成连锁的、互相加强的系统;

3. 军事装备,包括青铜武器和战车;

4. 有德之行为(为大众谋利益的品质),它为在位的统治者依神话权力所继承并身体力行之;

5. 作为信息载体的文字,它与个人在亲族体系中的地位有关,与神灵(祖先)的知识有关,是取得统治和预言能力的关键;

6. 通过文字以外的手段,如巫术仪式(及其乐舞)以及动物艺术和青铜礼器,以达到独占与天和在天神灵沟通的目的;

7. 财富和它的荣耀。②

---

① 这已为19世纪的社会科学所指出:"统治阶级自己为自己编造出诸如此类的幻想。……占统治地位的将是愈来愈抽象的思想,即愈来愈具有普遍性形式的思想。"(马克思、恩格斯:《德意志意识形态》,引自《马克思恩格斯文集》第一卷,北京:人民出版社,2009年版,第582页。)后现代主义(如福柯、德勒兹等)则更进一步指出了话语与控制权力的隐秘复杂关系。

② 张光直:《美术·神话与祭祀》,沈阳:辽宁教育出版社,1988年版,第91页。

上述诸项中,第4、5、6三项均与巫术文化有关,几乎占据政治权力一半分量。

巫师作为人—神交流使者,如前一章所述,享有两个最高品级的身份:(1)是人类的唯一代表,亦即人类公共性最高代言人与利益责任承担者;(2)是高于人类的神界的唯一代表。这双重身份以至使巫成为"人—神"混合体,从而不仅享有人类最高荣誉、而且拥有超人类的神性位阶。因此,巫在精神上高于王。① 由于精神权威内在地构成为人类政治权威的一部分,因而,巫事实上天然地已拥有一定的社会政治权威。在人类古代社会,这种精神权威与现实政治权威往往在部族社会形成历史中自始即同一于一人,从而王即巫。同时,王与巫分别于世俗事务与精神事务的各自偏重,依然具有必然的分工趋势(参见第二章"分离与沉思"一节),从而使巫王之合一又常表现为历时性的承续包容形式。这一过程或者是社会分工自发趋势,② 或者是私有制利益的驱动,③ 或者是巫术文化衰落后的演化。④ 巫王合一,无论是柏拉图设想的以巫统王的"哲学王",还是更为常见的以王兼巫,本质上都终归成

---

① "求雨师在人们心目中决不是卑贱人物,他在人们心目中的地位其至超过国王,国王同样也得要服从这位最高长官的旨意。"弗雷泽:《金枝》上卷,徐育新等译,北京:中国民间文艺出版社,1987年版,第132页。
② "就巫术成为公共职务而影响了原始社会的素质而言,它趋向于将管理权集中在最能干的人手中。"弗雷泽:《金枝》上卷,徐育新等译,北京:中国民间文艺出版社,1987年版,第72页。
③ "当部落的福利被认为是有赖于这些巫术仪式的履行时,巫师就上升到一种更有影响和声望的地位,而且可能很容易地取得一个首领或国王的身份和权势。因而这种专业就会使部落里一些最能干的最有野心的人们进入显贵地位。因为这种职业可提供给他们以获得尊荣、财富和权力的可能性,而这是任何其他职业所难以提供的。"弗雷泽:《金枝》上卷,徐育新等译,北京:中国民间文艺出版社,1987年版,第70页。
④ 参阅弗雷泽:《金枝》上卷,徐育新等译,北京:中国民间文艺出版社,1987年版,第159-160页。

为私欲统治权力的极度膨胀。① 本书后边将对此专节研究。这里可以指出的是,巫王合一乃是人类历史迄今极具自发性亦极具破坏性的现象之一,它成为历代思想家从历史、社会、政治、哲学多方面思考的重大课题。

巫之可能堕落,或者王之可能利用巫,可以指出的一点原因是:在巫之意义世界的无限性中,已经含有可供转化为权力统治的根据。这种转化的一个条件是将神性意义世界仅仅视为人间力量(包括知识技术)无限性的投影,从而使意义世界成为人类占有统治观念量的放大,而不是从价值目的方面新质的规范。这就是以科技知性逻辑为基石所延伸发展起来的本体论哲学,它不同于以价值规范为基石的本体论哲学。前者所高度抽象建立的"同一性"、"第一性"或"终极性"诸本体论原则,都因此成为人类自我中心统治权力的最高依据,在这类原则下,超越有限便可能意味着君临万物,终极真理便可能意味着结束探讨,普遍必然便可能意味着摒斥个性。这种为人间技术知性(同时亦即占有统治)作论证的理性本体论,至今还在受到后现代主义的攻击与消解,阿多尔诺甚至将"同一性"与奥斯威辛集中营直接关联。②

值得一提的是,汤因比在审视大量巫王结合所造就的"执剑救世主"之后,指出:在希腊理性哲学传统薄弱的方向上,存在着神性世界与人性世界非奴役方式的结合点,那就是爱。③ 从哲学角度看,这种有别于知性的爱,也就是有别于权力的意义本体重心所在:以巫为开端的人文知识分子及其意义世界,并非意味着在权

---

① 参阅刘易斯·芒福德:《城市发展史》(宋俊玲、倪文彦译,北京:中国建筑工业出版社,2005年版,第41-42页)关于巫术文化解体以后巫王相互勾结合一的史实描述。
② 参阅阿多诺《否定的辩证法》第三部分第三章,张峰译,重庆:重庆出版社,1993年。
③ 参阅汤因比《历史研究》中册第五部第十九章,曹未风等译,上海:上海人民出版社,1997年。

力(占有与强力)尺度下"高于"世俗涵义界和大大小小的权威,而如本书第一章已阐释过的,是以人性化的理想境界区别于后者;爱,即是这一境界特性之一。她意味着对世俗涵义界众生潜在人性前景的希望、信任与期待,而决非等级世界的鄙视、教训、凌驾与践踏。意义之爱是对基于权力(权力基于技术)的谋生涵义界的教化感召,它本身即构成为涵义界提升与超越一维。

然而,意义超越权力的力量在权力背景下却极易权力化。但是,意义又必须作用于权力。这种作用,应当是入乎其内又出乎其外的不即不离方式,它随时可能蜕变:超越与专制,区分几微。

二、意义空间:有别于国家的"天下"社会

国家(政府)是权力的集中体现,社会(Society)则是意义作用于权力而在这种作用的关系中所形成的意义世界。

作为意义世界,社会(Society)不可归结于非国家(政府)的实体。例如联合国名之为"非政府团体"(Non-Governmental Organizations)的妇女、儿童、残疾人、环境等社会团体,它们固然是社会(Society)必要的实体性依托,但并不能包容社会(Society)。社会(Society)不是国家的外在异己物,任何文明阶段上的权力机构国家都已经置身于特定的社会(Society)背景之中了:它必须从社会(Society)处获得权威合法性与公正道义的支持,即使是暴政亦于此不可或缺。更为重要的,社会(Society)作为理想观念(idea)是一种无限性的境界,它不能在国家实体层面上与之对举。

因而社会(Society)具有特定历史形态(如伴随资产阶级而形成的欧洲市民社会Civil Society)不能涵括的形而上方面。20世纪初中国曾有梁启超(《国家思想变迁异同论》、《新民说·论国家之思想》等)与曾琦、李璜等国家主义者区分"国家"与"天下",实质是依据拿破仑战争中德国费希特等的民族主义与反世界主义,他

们对中国传统"天下"观的攻击,虽有改进国家的理论意义,却毫无"社会"(Society)形上意义。与之对立的五四新文化思潮中,陈独秀(《偶像破坏论》,1918)、周作人(《新文学的要求》,1920)、郁达夫《艺术与国家》,1923)、郭沫若(《国家与超国家的》,1923)等以西方个人主义反抗"国家",虽已表达了人文意义,却无法凝聚为"社会"(Society)图景(意义世界体)。后者的教训之一在于,"国家"乃是个人主义不可(能)否弃的人类历史性实在,它代表着"群己之辩"中不可勾销的一面。"社会"(Society)依然是"国家",只不过是理想化的国家、或者作用于国家的理想;因此,彻底否弃国家也隐含着否弃"社会"(Society)的危险。

作为意义世界的"社会"(Society)乃是人文知识分子阐释创造并守护倡导的文化品。一个真实存在并作用于国家的"社会"(Society),无疑应当是人类性的,但它必然具有民族文化传统的个性特点。对于中华民族来说,对应于西方文化中 Society 的汉语概念,恰恰是梁启超曾经鄙薄而未能深思的"天下"一词,这是一个较"社会"更富于意义深度并且也更有文化生命力的词。鉴于 Society 一直被译为"社会",本书遵循习惯,将这一形上意义的人类群体组织理想称之为"天下"社会。当代中国人仍生存于"天下"社会的作用之中,作为中国人文知识分子阐释作用于国家权力的意义世界,这同时是一个富有理论与实践意义的课题。

(一) 问题:"天下"的语义

"天下"是一个仍存活在现代中国人意识中的古汉语词,但其语义却甚难把握。

《辞海》释"天下":1)古指中国范围内的全部土地、统治权。2)指全世界。① 英语通常译为:land under heaven — the World or

---

① 《辞海》第六版,上海:上海辞书出版社,2009 年版,第 2250 页。

China。这种空间地理涵义的"天下",只是一个尚未科学规范化的传统口语,无论古今,这一语义的"天下"都是最大量的。但如果仅此而已,"天下"语义就完全属于科学领域,同一切标示实在客体的语词一样,随着科学的进步,它势必转入更为精确的现代科学术语名下,至多作为传统形式残存在现代语用表层。与此相仿的还有将"天下"还原为特定历史内涵的史学实证。如周谷城指出,殷周氏族之"天下"实乃"部族的联合",而秦汉后的集权帝国,"天下""可以说是'统一的民族'"。[①] 但对"天下"的这种实证化还原,已与现代语用了然无涉。

在诸如上述的解释中,保存在现代汉语里,为现代科学术语难以包融的古汉语"天下"的独特语义始终隐而未显。这一语义并不在纯陈述中,而在一种评价性语境里:伴随着高扬夸张的语调("Tian—Xia"!),言说者似乎由此拥有了衡判、乃至蔑视人间权威的至高无上根据,同时又隐隐指向一个神圣境界:孟子说大丈夫"行天下之大道"(《孟子·滕文公下》),阎乐向秦二世宣称"臣……为天下诛足下"(《史记·秦始皇本纪》),范仲淹"以天下为己任",顾炎武讲"天下兴亡,匹夫有责",孙中山手书"天下为公",青年毛泽东倡言"天下者我们的天下"(《民众的大联合》,1919),[②]……此类语用,均强弱不等地显示着一种超出了空间地理实指的"天下"独特语义,这语义的"天下"既不是指某一特定的国家,也不是泛指世界。它指的是什么呢?

(二) 作为专有名词的"天下"古义

"天下"须承"天"义。在中国上古文化中,"天"最初并无神

[①] 周谷城:《中国政治史》,北京:中华书局,1982年版,第135页。
[②] 半个多世纪后,这句话成为"文化大革命"中红卫兵最为风行响亮的口号之一。

秘意味。① 因而泛指空间地理的"天下"更为原初而自然,但它不是严格的名词。

周人继晚商以"天"逐渐取代殷人"帝"之崇拜而获得至上神地位,由此而产生了与"天"神统治对应的人间统治位格——"天子",而与神秘的"天"及"天子"对应,泛指空间地理的自然语言的"天下"便转化为中国巫史文化的特定社会政治概念:"天子作民父母,以为天下王。"(《书·洪范》),"君天下曰天子"(《礼记·曲礼下》)。因而赵歧说:"天下,谓天子之所主;国,谓诸侯之国;家,谓卿大夫家。"② 崔述也说:"天子,有天下者也。诸侯则以'国'称,卿大夫则以'家'称。"③

因此,"天下"是作为专有名词而获得其特殊涵义的,它是指专属"天子"的大一统国土,是与"天"神对应的全部人间下界。"天下"与"国"("国家")的词源语用严格有别:"天下"是无限的、至高无上的,④ 而"国家"却是有限和派生的。这一区分,在当时有其实在而严重的礼仪、政治、经济内容。

王国维认为,周代克殷践奄以后天子诸侯名分才确定下来,⑤ 陈梦家亦认为"天子"一词兴起于周初稍晚,⑥ 这与郭沫若强调"天"在武丁前尚无神圣意味一致。⑦ 因此,作为专有名词的"天

---

① 参阅郭沫若:《青铜时代·先秦天道观之进展》,收入《郭沫若全集·历史编》第一卷,北京:人民出版社,1982年版。
② 赵歧:《孟子章句》,阮元刻本《十三经注疏》下册,北京:中华书局,1980年版,第2718页。
③ 崔述:《崔东壁遗书》,上海:上海古籍版,1983年版,第356页。
④ 虽然如古史辨派早已实证的,基于氏族部落联盟的"天子"之"天下"其实不出千里,但这无碍于"天下"观念的无限化。
⑤ 参阅王国维:《殷周制度论》,收入《王国维集》第四册,北京:中国社会科学出版社,2008年。
⑥ 参阅陈梦家:《殷虚卜辞综述》,北京:中华书局,1988年版,第581页。
⑦ 参阅郭沫若:《青铜时代·先秦天道观之进展》,收入《郭沫若全集·历史编》第一卷,北京:人民出版社,1982年版。

下"不会早出于殷周之前。

(三) 先秦儒学的阐释与"天下"社会观的建立

春秋战国,天子—诸侯—大夫的周礼秩序的崩溃,实质丧失的只是"天子"与"天下":"天下"为"国"与"家"(乃至"室")所肢解。然而,诸侯争霸,正以"天子"为目标,因而"天下"名分成为统一的标帜,即所谓"天下为一"(《荀子·成相》);这个名存实亡的"天下"成为先秦语用频率最高的语词之一,其抽象的形上意味大为突出。

"天下,神器,不可为也。为者败之,执者失之。"(《老子》29章)"闻在宥天下,不闻治天下也。"(《庄子·在宥》)"天下"在道家心目中虽享有非支配对象的神圣地位,但仍居于自然之道的本体之下:道,"可以为天下母"、"天法道,道法自然"。(《老子》25章)王夫子因而评道:"道散而为天下,天下不能反而为道。"(《老子衍》29章)"天下"之"器"归于自然之"道",而"自然"是无为的,因而"至人外其身于天下"。(《老子衍》13章)乃至"道之真以治身,其绪余以为国家,其土苴以治天下"(《庄子·让王》)。"天下"在道家那里不仅缺少正面价值规范,而且根本不是一个积极作用于现实的社会哲学范畴,"天下"最终被虚无化与消解掉了。

与道家鲜明对比的法家,精研统治技术,在有关语境中,"天下"主要被作为有待占有、夺取、统治的客体对象,被同化为俗界一物,并无神圣尊崇意味:"仁义不足以治天下。"(《商君书·画策》)"能独断者可以为天下王"(《韩非子·外储说右上》),"明主者,使天下不得不为己视,天下不得不为己听"。(《韩非子·奸劫弑臣》)……"天下"此类语用,除其浓厚的政治色彩外,基本通于形下空间地理涵义。

墨家的"天下"观较为复杂。一方面,西周以来敬天保民意识的融合,使"天下"渐趋形容词化而成为"民"的修饰词,"天下"经常成为"天下之民"或"天下百姓"的简称。"天下"观念的民本化在社会下层的墨学中得到了突出反映:"古者民始生,未有刑政之时,盖其语'人异议'。……故交相非也。""夫明虖天下之所以乱者,生于无政长。是故选天下之贤可者,立以为天子。天子立,以其力为未足,又选择天下之贤可者,置立之以为三公。天子三公既以立,以天下为博大,……故划分万国,立诸侯国君。"(《墨子·尚同上》)这种基于天下之民的选举有别于殷周天授君权的权威合法性观念,但是另一方面,从天子到政长的领导一经选出,天下之民则必须绝对拥戴上级,这就是"尚同",即"上同"(据孙诒让等训):"凡国之万民上同乎天子,而不敢下比。天子之所是,必言是之,天子之所非,必亦非之。去而不善言,学天子之善言,去而不善行,学天子之善行。天子者,固天下之仁人也,举天下之万民以法天子,夫天下何说不治哉?""察天子之所以治天下者,何故之也? 曰唯一其能一同天下之义,是以天下治。"(《墨子·尚同中》)墨家帮会特征,此中已经透露。"上同"的最高标准是鬼神之"天",于是,民本的自由选举终归于无人称的神权专制。而将"天下"与"天子"同一,并以后者吞并前者("上同"),则是这一转变中关键的一环。

儒学突破性的贡献乃是扭转了"天下"系于"天子"或"天"的传统格局重心,赋予"天下"以原始公社的社会原型内涵:

> 大道之行也,天下为公。选贤与能,讲信修睦。故人不独亲其亲,不独子其子,使老有所终,壮有所用,幼有所长,矜寡孤独废疾者,皆有所养。男有分;女有归。货恶其弃于地也,不必藏于己。力恶其不出于身也,不必为己。是故谋闭而不与,盗贼而不作,故外户而不闭。是谓大同。①

---

① 《礼记·礼运》,阮元刻本《十三经注疏》上册,北京:中华书局,1980 年版,第 1414 页。

这段著名的文字全部是对"天下为公"的具体描述,空间地理泛指的"天下"缘此语用而获得了新的语境与语义。这就是:"为公"与"大同"。"天下"乃公有大同之社会,此时尚无国家。"天下为公"的"为"不仅有介词作用,更具有判断词"是"的意义,因此"天下为公"成为儒学经典性定义的"天下"语义,即"公天下"。

这段引文表明,"大同"之"公",是原始公社之"公",不是后来分化了的氏族宗法等级之"公"。这是"天下为公"的本源涵义。因此,大同天下之"公"与后来的"礼"不同:

> 今大道既隐,天下为家。各亲其亲,各子其子,货力为己。大人世及以为礼,城郭沟池以为国,礼义以为纪,以正君臣,以笃父子,以睦兄弟,以和夫妇,以设制度,以立田里,以贤勇知,以功为己,故谋用是作,而兵由此起。禹、汤、文、武、成王、周公,由此其选也。此六君子者,未有不谨于礼者也,以著其义,以考其信,著有过,刑仁讲让,示民有常。如有不由此者,在执者去,众以为殃。是谓小康。①

小康家天下,已开始演进为国家,"礼"由此而凸出。"孔子曰:'夫礼,先王以承天之道,以治人之情'。"(《礼记·礼运》)"礼"是大同公天下瓦解趋势下维持公天下原始传统的手段,由于"礼"的扭结,三王家天下与五帝公天下、小康与大同才被视为同一理想社会的不同阶段。② 作为纽带的"礼"由此逐渐形成了双重

---

① 《礼记·礼运》,阮元刻本《十三经注疏》上册,北京:中华书局,1980 年版,第 1414 页。
② 小康"家天下"与大同"公天下"联系大于区别。孟子之所以肯定"唐虞禅、夏后、殷周继,其义一也"(《万章上》),其理由如陈亮所释:禹虽传子,但"子孙之不能皆贤,则有德者一起而定之,不必其在我,固无损于天下为公也。"从而三 (转下页)

性质:一方面,"礼"缘"天下"而先于、独立于国家;另一方面,"礼者为异"(《礼记·乐记》),"礼"是在"定亲疏""别尊卑"的别异前提下牢笼家族血亲之"同"与"公","礼"的规范性又通于国家的统治性。因而"礼"不等于"道"与"德",如孔颖达所说,"五帝犹行德不以为礼,三王行为礼之礼,故五帝不言礼而三王云以为礼也"。(《礼记·礼运疏》)"礼"隆盛于家族等级制的家天下。后来终于成为支撑君主国家的亚政治结构,而转化为"公天下"的对立面。

"公天下"全新地规定了"天子"与"天下"的关系:"天下非一人之天下,天下之天下也。"(《吕氏春秋·贵公》)"立天子以为天下,非立天下以为天子也"。(《吕氏春秋·威德》)"尧舜之位天下也,非私天下之利也,为天下位天下也"。(《商君书·修权》)于是便有了禅让的政权更迭传说。但禅让并非天子的个人意志行为,而根本上取决于"天"意与"民"意:

> 万章曰:"尧以天下与舜,有诸?"孟子曰:"否。天子不能以天下与人。""然则舜有天下也,孰与之?"曰:"天与之。""天与之者,谆谆然命之乎?"曰:"否。天不言,以行与事示之而已矣。"曰:"以行与事示之者,如之何?"曰:"天子能荐人于天,不能使天与之天下;诸侯能荐人于天子,不能使天子与之诸侯;大夫能荐人与诸侯,不能使诸侯与之大夫。昔者,尧荐舜于天,而天受之;暴之于民,而民受之;故曰:天不言,以行与事示之而已矣。""敢问荐之于天,而天受之;暴之于民,而民受之,如何?"曰:"使之主祭,而百神享之,是天受之,使之主事,而事治,百姓安之,是民受之也……"《太誓》曰,天视自我

(上接注②)代仍属"大公之极"(《陈亮集·问答一》)"有德者一起定之",表明原始民主传统在禹后依然有力量。

民视,天听自我民听,此之谓也。①

天子充当的只是推荐人的角色,"天受"、"民受"才是决定;而"天不言",兆示于享祭与民意,因而禅让的本质结构是:"天"→"民"→"天下"→"天子"。这样,"天下"为"公"之"公"同时也就是神圣化了的"民":

> 民之所欲,天必从之。(《左传·襄公三十一年》)
> 得天下有道,得其民斯得天下矣。(《孟子·离娄上》)
> 人主有能,以民为务者,则天下归之矣。(《吕氏春秋·爱类》)
> 用国者,得百姓之力者富,得百姓之死者强,得百姓之誉者荣。三得者具而天下归之,三得者亡而天下失之。(《荀子·王霸》)
> ……

从而,殷周"天下"区别(高贵)于"国家"的名分古义也民主化了:"民为贵,社稷次之,君为轻。"(《孟子·尽心下》)同时也就是:"天下"为贵,"国家"次之,② "君"为轻。

民本亦即仁政,因而"天下"又与"仁"关联:"天下归仁焉。"(《论语·颜渊》)"三代之得天下也,以仁;其失天下也,以不仁"。(《孟子·离娄上》)

这样,原本只是中性指陈的特定历史名号或空间地理泛指的

---

① 《孟子·万章上》,阮元刻本《十三经注疏》下册,北京:中华书局,1980年版,第2737页。
② "社稷"一般代表"国家"而非指"天下"。可与"国君死社稷"(《礼记·曲礼下》)"天子不仁,不保四海,诸侯不仁,不保社稷,卿大夫不仁,不保宗庙"(《孟子·离娄上》)对照。

"天下",在与儒学基本范畴"仁"、"民"、"公"等的语用关系中逐渐凝聚了一种特殊的语义和语境,成为正面价值规范性的术语,它代表着儒学的理想社会:① "天下"成为"公天下"、"民天下"、"仁天下"的简称。

原始儒学以述史形式构造了"天下"理想社会,在对"天下"正名的同时作出了创造性阐释,因而,本属三代后起语词的"天子"与"天下",被坦然溯源运用于五帝时代。这受到了近现代实证史学的激烈攻击:所谓后儒"以三代事例上古,以为继世有天下自羲、农已然,故于虞、夏授受之际妄以己意揣度",② 所谓"禅让"其实是"选举"(郭沫若、钱穆)、"争夺"(蒙文通)、"儒墨编造"(顾颉刚等),乃至三代之前的上古史纯属神话等等。

但正如顾颉刚自己所说,"从春秋的著作看来,可知那时的儒家是怎样的为这大时代打算。他们对于未来的憧憬是借了过去的史实来表示的,所以他们口里的古史就是他们对于政治的具体主张。"③ 也如同 E·卡西尔(Ernst Cassirer)评论契约论者时所说,"这种历史知识的缺乏是和持国家契约说的理论家没有关系的。他们的问题是一种分析的问题而不是一种历史的问题。他们是在逻辑的意义上,而不是在年代的意义上理解'起源'这个术语的。他们所追求的不是国家的开端,而是国家的'原理'即它的'存在理由'"。④ 儒学对五帝大同"天下"的非历史性美化,远不止于原始公社血脉余绪的消极浪漫回音,其积极的阐释乃是历史性的,它不止是先秦儒学基于自身时代问题改造现实的重大理论环节,而实际上为整个中华民族提供了影响至今的"社会"原型观念。这

---

① 儒学大同"公天下"与民本等社会观念无疑综合有先秦诸学(特别是道、墨)思想,但这不改变儒学作为集大成者在思想史上的代表地位。
② 崔述:《补上古考信录》,《崔东壁遗书》,上海:上海古籍版,1983年版,第32页。
③ 顾颉刚:《崔东壁遗书序》,《崔东壁遗书》,上海:上海古籍版,1983年版,第14页。
④ 恩斯特·卡西尔:《国家的神话》,范进等译,北京:华夏出版社,1990年版,第205页。

一贡献的意义在于:作为完美至善的社会,"天下"是一种永远高于(不同一于)现实国家的理想范型,因而是规范、超越、批判现实国家的绝对尺度。同时,作为国家母体,"天下"的公有与民本又是作为社会正义,亦即国家政府根本依据的逻辑前提的原初状态(Original position):"每种传统的正义观中都有一种对最初状态的阐释。""这种原初状态当然不可以看作是一种实际的历史状态,也并非文明之初的那种真实的原始状况,它应被理解为一种用来达到某种确定的正义观的纯粹假设的状态"。① "天下"原初状态的公有与民本特性此后深入人心,成为中国政治文化中社会正义观的基本准则,同时成为中国历代国家政府权威合法性的渊源。

至今仍存活在现代中国人口语中,有别于空间地理泛指的"天下"的独特语境涵义,就是为儒学所建立的这种作为权力原初依据的大公与民本观念。它内蓄着对社会公正道义的恃守与执著。

因此,儒学所阐释的(公)"天下"既未像道家那样脱离现实社会被虚无化,而始终作为社会范型与原初状态根据入世衡判、作用于国家,另一方面又未像法家那样以"天下"为统治对象、同化于世俗权力,而始终保持着"天下"形上超越的"道"或理念(idea)地位,与"国家"确定地区别开来:

> 天下者,至重也,非至疆莫之能任;至大也,非至辨莫之能分;至众也,非至明莫之能和。此三至者,非圣人莫之能尽。

---

① 罗尔斯:《正义论》,何怀宏等译,北京:中国社会科学出版社,1988年版,第166、10页。参考洛克(John Locke):"为了正确地了解政治权力,并追溯它的起源,我们必须考究人类原来自然地处在什么状态。"(洛克:《政府论》下篇,叶启芳、瞿菊农译,北京:商务印书馆,1983年版,第5页。)与康德(Kant):"这种原始的共同占有诸物的概念并非来自经验,亦不受时间条件约束,因为这是真实历史中远古社会的一种想象的,无法证明的设想的占有。……这个行动在时间上是最早的。"(康德:《法的形而上学原理》,沈叔平译,北京:商务印书馆,1991年版,第77-78页。)

故非圣人莫之能王。圣人备道全美者也,是悬天下之权称也。①

故可以有夺人国,不可有夺人天下;可以有窃国,不可以有窃天下也。可以夺之者可以有国,而不可以有天下,窃可以得国,而不可以得天下。是何也?曰:国小具也,可以小人有也,可以小道得也,可以小力持也;天下者,大具也,不可以小人有也,不可以小道得也,不可以小力持也。国者,小人可以有之,然而未必不亡也。天下者,至大也,非圣人莫之能有也。②

"天下"与"国"的区别,在此已完全与殷周名分古义无关,而成为形上之"道"与形下之"器"的判然对峙。"天下"不仅不属于国君,也不属于天子,而系于"圣人"。诸侯争夺易手的只是"国","天下"却不是可窃夺占有的实体对象,而是神圣存在。

那么,何谓"圣人"?"圣人也者,道之管也。天下之道管是矣,百王之道一是矣,故《诗》《书》《礼》《乐》之归是矣"(《荀子·儒效》)。"圣之任者,……自任以天下之重"(《孟子·万章下》)。圣人不是实际执政者,而是执掌执政根据枢要的人。圣人又并非个别超人,"上为圣人,下为士君子"。(《荀子·儒效》)"'士何事?'孟子曰:'尚志'。曰:'何谓尚志?'曰:'仁义而已矣。'"(《孟子·尽心上》)"天下"之道普遍地体现于传习诗书礼乐的儒士活动中,这也就是,大丈夫之士"居天下之广居,立天下之正位,行天下之大道"(《孟子·滕文公下》)。因而,"士之不托诸侯",不依附国家权势,能以布衣傲王侯,其根据就在于士代表着一个高于国家的"天下"。

---

① 《荀子·正论》,《荀子集解》,王先谦撰,北京:中华书局,1988年版,第324-325页。

② 《荀子·正论》,《荀子集解》,王先谦撰,北京:中华书局,1988年版,第326页。

由此可见,先秦儒学对"天下"创造性的阐释,同时正是一种责任承担。经由此一阐释,本由"天"——"天子"治理的"天下"形上化为道而转交儒士阐明与守护。儒士从此便成为"有德而不居位"的"素王"①、领受"天爵"的"天吏"(《孟子·公孙丑下》),遥遥对峙同时又密切关注着那个"人爵""人吏"的俗世国家。

(四) 与君主专制"国家"对峙的"天下"

"天下"虽然是"国家"道义根据的逻辑前提("原初状态"),但中外史实一般却是:"国家"并非道义的产物;然而同时"天下"却又要求"国家"遵循道义。

秦朝中央集权实现了空间地理的一统天下,却不可能收摄形上社会观的"天下",因此,君主专制的形下"天下"其实是"国家"。② 然而君主专制的"国家"却又要倚重"天下"的名义:

> 秦始皇帝既吞天下,乃召群臣而议曰:古者王帝禅贤,三王世继,孰是? 将为之。博士七十人未对,鲍白令之对曰:天下官,则让贤是也;天下家,则世继是也;故五帝以天下为官,三王以天下为家。秦始皇帝仰天而叹曰:吾德出于五帝,吾将官天下,谁可使我代后者? 鲍白令之对曰:陛下行桀纣之道,欲为五帝之禅? 非陛下所能行也。秦始皇帝大怒曰:令之前! 若何以言我行桀纣之道也? 趣说之。不解则死。令之对曰:臣请说之。陛下筑台干云,宫殿五里,建千石之钟,万石之虞,妇女连百,倡优累千;兴作骊山宫室,至雍,相继不绝。所以自

---

① 贾逵《春秋序》:"孔子览史记,就是非之说,立素王之法。"章太炎引《庄子·天道》"素王"说评议:"庄子诋诃圣人,譙议儒学,而犹不敢削素王之名,是知孔子所自号,明矣。"(《春秋左传读·隐公篇》)
② 中国君主专制时代。"国家"不仅在实质涵义上,而且在名称上都指代"君主":"国家与公卿议,大策非凡所见,事必不从。"(《汉书·陈汤传》)"国家年小,不出胸怀。"(《晋书·陶佩传》)等。

奉者,殚天下,竭民力,偏颇自私,不能以及人;陛下所谓自营仅存之主也,何暇比德五帝,欲官天下哉? 始皇暗然,无以应之,面有惭色。久之曰:令之之言,乃令众丑我。遂罢谋,无禅意也。①

公天下道义之威慑力,于此可见。君主之所以折服"天下"观念,当然也是借此保持自己的权威合法性。但体现公天下的政权禅让,即使全成虚套,也是(除汉高祖与明太祖外)中国历代王朝更迭必不可免的规范,直至清隆裕太后退位仍自称为"远播古圣天下为公之义"。就连袁世凯称帝也要履行禅让仪式。此类现象,往往被现代人目为纯粹骗局。诚然,君主借公天下之名义加强自己权威合法性已属权诈利用,但问题的另一面却仍是:君主不能不接受或受制于天下为公观念,从而影响国体与政体。中央集权的国家官僚系统之所以在中国比特定的统治者更具实质意义,正在于它与"公天下"位格的一定程度上的对应。中国君主个人独立自主性意志之所以远逊于西欧封建领主,中国君主之所以必须恪守"君德"而以守护人身份对"社稷"讲话,乃至失德即丧帝位资格(如霍光废昌邑王时所言),部族首领式的原始专横之所以被列入夷夏之辨大防,秦始皇式的个性独断之所以被普遍地攻击为暴君暴政……都不能不说与公天下观念的制约有关。但这当然不是近代意义的民主,后文最后将予以说明。

汉武帝罢黜百家,独尊儒术,儒学自此成为与君权政教合一的官方意识形态。董仲舒从而将"天"→"天下"("民")→"天子"的先秦秩序变动为"天"→"天子"→"天下"("民"):"唯天子受命于天,天下受命于天子。"(《春秋繁露·为人者天》)"故屈民而伸

---

① 刘向:《说苑·至公》,《说苑校证》,向宗鲁撰,北京:中华书局,1987年版,第347-348页。

君,屈君而伸天,春秋之大义也"。(《春秋繁露·玉杯》)儒学官方化造成了"礼"之名教纲纪化。但如前已述,与作为亚国家的"礼"不同,"天下"乃是超国家,是无法纳入纲纪名教的理念。因此,"天下"突出地保持着儒学道统与君权国家多重关系中对立的一面。这种对立(不同一)成为中国古代社会政治以及儒学自身最深刻的矛盾之一。

"天下"观念以"士"为队伍、以儒学经籍为依据,凭借士之结社组织(书院、学校、党社)与活动形式(讲学、文会、风俗、教化、品议与论),"天下"无形而实在地与"国家"相颉颃,酿成了中国君主专制史上重重波澜。

秦始皇焚书坑儒,是新生中央集权国家对"天下"势力的首次镇压。李斯力辟法五帝三代言论。曰:

> 今诸生不师今而学古,以非当世,惑乱黔首。……语皆道古以害今,饰虚言以乱实,人善其所私学,以非上之所建立。……私学而相与非法教,人闻令下,则各以其学议之,入则心非,出则巷议,夸主以为名,异取以为高,率群下以造谤。如此弗禁,则主势降乎上,党与成乎下。……天下敢有藏《诗》、《书》、百字语者,悉诣守尉杂烧之,有敢偶语《诗》、《书》者弃市,以古非今者族。①

独立于国家之外的"天下"所凭借的社会实体性手段条件,在此悉数指明。

汉末党人品藻人物、太学讲学、称同志、相标榜、私谥号,俨然别是一"天下国"。党魁李膺"风格秀整,高自标持,欲以天下风教是非为己任"(《世说新语》卷一《德行》)。"陈仲举言为士则,行

---

① 《史记·秦始皇本纪》,北京:中华书局,1959年版,第255页。

当世范,登车揽辔,有澄清天下之志"(同上)。"范滂登车揽辔慨然有澄清天下之志"(《后汉书·党锢列传》)。陈蕃表白:"大丈夫处世当扫除天下,安事一室乎?"(《后汉书·陈蕃传》)……"天下"一词在上述陈述中反复出现绝非偶然,在这种语境中,"天下"的空间地理涵义虽较明显,但它们转而又标示了党人活动的特殊领域,即原始儒学创设的"天下",它与朝廷政府的对立性质十分明确:

> 膺免归乡里,居阳城山中,天下士大夫高尚其道,而污秽朝廷。(《后汉书·党锢列传》)诸生三万余人,郭林宗、贾伟节为其冠,并与李膺、陈蕃、王畅更相褒重。学中语曰:"天下楷模李之礼,不畏强御陈仲举,天下俊秀王叔茂。"(《后汉书·党锢列传序》)海内希风之流,遂共相标榜,指天下名士,为之称号。上曰:"三君",次曰"八俊",次曰"八顾",次曰"八及",次曰"八厨",犹古之"八元""八凯"也。窦武、刘淑、陈蕃为"三君"。君者,言一世之所宗也……(同上);……天下雄俊知其风旨,莫不延颈企踵,思奋其智力。(《后汉书·窦武传》)天下言拔士者咸称许、郭。(《后汉书·许劭传》)……

范晔论曰:"李膺振拔污险之中,蕴义生风,以鼓动流俗,激素行以耻威权,立廉尚以振贵执,使天下之士奋迅感慨,波荡而从之,幽深牢破室族而不顾,致于子伏其死而母欢其义。壮矣哉!子曰:'道之将废也与?命也!'"(《后汉书·党锢列传》)这些"依仁蹈义,舍命不渝"的清流名士,其气盖权势的道义力量与"天下"意义世界天然密不可分。

正是这种无形而神圣的"天下"意义世界的存在,才使君主专制始终处于合法与否的尴尬中:

> 汉阴父老者,不知何许人也。桓帝延熹中,幸竟陵,过云梦,临沔水,百姓莫不观者,有老父独耕不辍。尚书郎南阳张温异之,使问曰:"人皆来观,老父独不辍,何也?"老父笑而不对。温下道百步,自与言。老父曰:"我野人耳,不达斯语。请问天下乱而立天子邪?役天下以奉天子邪?昔圣王宰世,茅次采橡,而万人以宁。今子之君,劳人自纵,逸游无忌。吾为子羞之,子何忍欲人观之乎!"温大惭。问其姓名,不告而去。①

"天下"一词在上述责问中的出现,当然也不是偶然的。这一史料同时表明,自伯夷叔齐以后,隐逸始终是以消极形式构成"天下"的不可忽视的一项。本书最后将对此展开分析。

汉末党人标榜"天下"的感召力与其个体人格相辅而成。早在先秦,当孟子将"天下"层递交由"身"承担(《孟子·离娄上》)时,已与《大学》修齐治平同样确定了以个体心性修养为基点的"天下"存在观。宋儒心性之学的兴盛完善,空前突出的正是由心性人格承担"天下"这一基点。因此,范仲淹"以天下为己任"(《宋史·范仲淹传》)及其"先天下之忧而忧,后天下之乐而乐"的社会责任感,本质上乃是融"天下"于个体人格的心性之学。

"以天下为己任"既成为士的一种人格标准,它使宋后愈益严重的民族危机也进入"天下"意识,从而,拯救华夏民族的救亡抵抗及由此而隆重的民族气节,在与反专制传统的融合中,形成为儒士守护"天下"的新的内容特点。宋诸生万人伏阙槌鼓,请起李纲,曾是激动人心的历史一幕。汴京失守,马伸等借秦桧攻张邦昌:"天下方疾之如仇雠,若付以土地,使主人民,四方豪杰必共起而诛之……必立邦昌,则京师之民可服,天下之民不可服;京师之

---

① 《后汉书·逸民列传》,北京:中华书局,1965年版,第2775页。

宗子可灭,天下之宗子不可灭。"(《宋史·列传第二三二》)此中"天下"除指政府之外的民众,还与汉民族相通。开禧元年,"武学生华岳叩阍,乞斩韩侂胄、苏师旦、周筠,以谢天下。"(《宋史·韩侂胄传》)其"天下"也具有民族意味。"以谢天下"成了历代请诛权贵和汉奸的固定对举联用语。

在君主专制国家机器最为发达的明代,承担"天下"喉舌的儒士团体东林、复社也相应更呈战斗姿态:"天下君子以清议归于东林,庙堂亦畏忌。"(《明儒学案·东林学案》)"庙堂之上言理,则天子不得以势相夺。既夺焉,而理则常伸于天下万世。"(吕坤《呻吟语》卷一之四)"锡爵尝语宪成曰:'当今所最怪者,庙堂之是非,天下必欲反之。'宪成曰:'吾见天下之是非,庙堂必欲反之耳!'"① 此种对立延至明清之际,"天下为公"的远古音响在此爆发为批判君主专制最为激越的呼喊:

> 后之为人君者不然。以为天下利害之权皆出于我,我以天下之利尽归于己,以天下之害尽归于人,……以我之大私为天下之大公,……视天下为莫大产业。……古者以天下为主,君为客,凡君之所毕世而经营者,为天下也。今也以君为主,天下为客,凡天下之无地而得安宁者,为君也,是以其未得之也,屠毒天下之肝脑,离散天下之子女,……其既得之也,敲剥天下之骨髓,离散天下之子女,……然则为天下之大害者,君而已矣。②
>
> 故我之出而仕也,为天下,非为君也;为万民,非为一姓也。……君臣之名,从天下而有之者也。吾无天下之责,则吾在君为路人。出而仕于君也,不以天下为事,则君之仆妾也;

---

① 蒋平阶:《东林始末》,上海:神州国光社,1951年版,第27—28页。
② 黄宗羲:《明夷待访录·原君》,北京:中华书局,1981年版,第2页。

> 以天下为事,则君之师友也。①
>
> 　三代之法,藏天下于天下者也。……后世之法,藏天下于筐箧者也。②
>
> 　学校,所以养士也。然古之圣王,其意不仅此也,必使天下之具皆出于学校,而学校之意始备……三代以下,天下之是非一出于朝廷……于是学校变而为书院。有所非也,则朝廷必以为是而荣之;有所是也,则朝廷必以为非而辱之。伪学之禁,书院之毁,必欲以朝廷之权之争胜。其不仕者有刑,曰:"此率天下之士大夫而背朝廷者也。"③

这些思想在清末被民主派秘密刊行流传,它表明了"天下"社会观与近现代民主的重要关联。

> 　有亡国,有亡天下。亡国与亡天下奚辨?曰:易姓改号,谓之亡国;仁义充塞而至于率兽食人,人将相食,谓之亡天下。……是故知保天下,然后知保其国。保国者其君其臣,肉食者谋之;保天下者,匹夫之贱与有责焉耳矣。④

炎武这段文字发展性地复述了一千多年前《荀子·正论》关于"天下"与"国"的区别。一个重大的发展是:"天下"不再被强调仅仅系于"圣人"和儒士,而普遍地系于每一普通民众。从此,"天下兴亡,匹夫有责"成为中国社会最富感召力的政治口号。与此相关,"天下"的本质乃是仁义教化的"人心风俗"。"风俗者,天

---

① 黄宗羲:《明夷待访录·原臣》,北京:中华书局,1981年版,第4页。
② 同上,第6页。
③ 同上,第9—10页。
④ 顾炎武:《日知录·正始》,《日知录集释》,黄汝成撰,上海:上海古籍出版社,2006年版,第756页。

下之大事"。(《日知录·廉耻》)而"风俗"又系于民众"清议":
"'天下有道则庶人不议',然则政教风俗苟非尽善,即许庶人议矣。"(《日知录·直言》)

> 天下之人各怀其家,各私其子,其常情也。……圣人者因而用之,用天下之私,以成一人之公而天下治。……故天下之私,天子之公也。①

这种"用天下之私,以成一人之公"的思想与《明夷待访录·原君》都含有与西方契约论接近的个体本位设定,它不同于仅仅强调"天下为公"的原初大同传统,而开始正视、重视个体之"私"与集体之"公"更为辩证的转化关系。

王夫之并不同意顾黄崇法三代,但同样力主民本之"公天下"而辟君主"私天下":"天下非一家之私",而须"循天下之公"(《读通鉴论·叙论一》);"不以一人疑天下,不以天下私一人"(《黄书·宰制》),帝位应"可禅、可继、可革"(《黄书·原极》)……所依据的同样是三代公天下的传说。这就引出了一个值得注意的现象:在中国,"天下为公"是一个超出于任何政治派别或思潮人物之上的全社会(或民族)公共观念,它并不为儒家专有。早如柳宗元《封建论》,虽从是今非古立场强调"公天下之端自秦始",但同样以先秦的公天下观念为前提。明代杨慎虽然否认孟子禅让说,沿循的却是"天下为公"的逻辑前提:"天下非私也,何避之有?"(《升庵先生文集》卷45)即使自称为"三教外人"的宋末异端邓牧,抨击君主制的武器依然是儒学给予的"公天下"观念,近代稽古大师崔述激烈推翻了"天下为公"的史实性后,依然尊奉"天下为公"(参阅《崔东壁遗书》"夏考信录")。洪秀全竟能援引《礼

---

① 顾炎武:《顾亭林诗文集·郡县论五》,北京:中华书局,1983年版,第14—15页。

记》,从儒家"天下为公"推出"天下一家"的基督教平等博爱观:"天父上帝人人共,天下一家自古传。"(《原道救世歌》)"盖天下皆天父上主皇上帝一大家,天下从不受私物,物归上主,则主有所运用,天下大家处处平均,人人饱暖矣"。(《天朝田亩制度》)近现代改良派、激进党政治主张虽异,却都同以"公天下"为重要依据。"地球之治也,以有天下而无国也。……殆仿佛礼运大同之象焉"。"又况天下者,天下之天下,徒广独夫民贼之嗣续,复奚为也!"(《仁学》)作为光复会纲领的龙华会章程则将《礼运》"大同之世,天下为公"整段引录……这种对儒学"天下"观的近代再阐释,在康有为手里终于集大成为系统的思想理论代表作《大同书》和《礼运注》。他一方面比崔述更彻底地否定大同史实性(《孔子改制考》卷一"上古茫昧无稽考"引言),另一方面又空前自觉地将托古改制理性化,赋予进化论、民约论、空想社会主义等西方社会思想内容,但"公天下"语义却依然如旧:

  天下为公,选贤与能者,官天下也。夫天下国家者,为天下国家之人公共同有之器,非一人一家所得私有,……夫有国有家有己,则各有其界而自私之,其害公理而阻进化甚矣。惟天为生人之本,人人皆天所生而直隶焉,凡隶天之下者皆公之。故不独不得立国界,以至强弱相争,并不得有家界,以至亲爱不广,且不得有身界,以至货力自为。故只有天下为公,一切皆本公理而已。①
  大同无邦国。(《大同书》)
  ……

---

① 康有为:《礼运注》,《康南海先生遗著汇刊(九)》,蒋贵麟主编,台北:宏业书局,1987年版,第10-12页。

上述情形表明,"公天下"已经近乎是中华民族的一种深层心理的集体无意识原型(Jung:"Collective unconsciousness")。

正是这种始终独立于君主制国家的"天下"观,深刻地从精神观念方面参与了辛亥革命。吕思勉先生赞叹曰,天下为公"当时虽莫能行,而国为民有之义,深入人心,卒成二千年后去客帝如振箨之局,儒者之绩亦伟矣。"① 这虽是夸张之辞,也摆错了社会存在与社会意识的位置。但它却有力地引起了人们对儒学与君主政治非同一性一面的注意。

(五)"天下"与"国家":中西比较与现代批判

一种超越性的"天下"与世俗"国家"并存,这一社会政治深层结构并非儒学的特别创造,它也不为中国独有,而属于人类社会普遍而必然的特性。

在西方,一种独立于"国家"(State)或"政府"(government)的"社会"(Society),是指作为国家根据的人类自主性状态。其形上涵义并不能被社会学所研究的"社会阶层"所包括,但它同时又具有历史性一面。"社会"观念在18世纪欧洲的流行,与独立于封建统治的"市民社会"(Civil Society)有着互为因果的关系。社会自治的发育,成为国家民主化进程实质性的基础和保证。这种"政治性的民主的公共领域"(democratic public sphere)即社会,必须领先于并始终独立于国家。国家应该服务于社会并历史地归于消亡而指向未来的社会自治。② 因此,社会作为国家的母体和目的,享有神圣的本体地位。③ 唯此,社会返过来方可能制约规范国

---

① 吕思勉:《吕思勉读史札记》,上海:上海古籍出版社,1982年版,第71页。
② 这特别为马克思主义所强调。参阅马克思《法兰西内战》、恩格斯《家庭、私有制和国家的起源》、列宁《国家与革命》等。某些现代马克思主义者甚至将议会也从国家划归社会,只承认国家的行政职能,参阅葛兰西《狱中札记》第二部分"国家"条。
③ 虽然评价侧重会有很大不同。例如,在激进的民主派费希特(Fichte)看来,"不把一般社会与那种由经验制约的特殊社会——大家称之为国家——相混 (转下页)

如果说,西方近代民主社会以市民社会为背景,那么,中国"天下"的社会历史基础是什么呢?"天下为公"之"公"无疑渊源于原始公社制,但"公天下"得以占统治地位地一直支配原始公社解体之后的中国社会观念,至今不失其生命力,这不能纯归于儒学阐释本身的思想影响,而必然相应存在着适宜于"天下"基本特性("公")的社会经济基础。这种超越了以西欧为典范的"原始公社—奴隶制—封建制—资本主义"阶段模式的社会经济形态,正是公共性一以贯之的亚细亚社会:"在亚细亚的(至少是占优势的)形态里面,根本没有个人财产而只有个人占有;公社是真正的实际所有者——所谓财产只有公有的土地财产。"① 秦汉以降,地主阶级占有土地诚然是基本事实,但皇族土地所有制始终在中国古代社会经济中居于支配性地位,这种以家庭—家族为基元单位

(上接注③)消,是多么的重要。不管一个非常大的人物怎么说,国家生活不属于人的绝对目的,相反地,它是一种仅仅在一定条件下产生的、用以创立完善社会的手段。国家也和人类的一切典章制度一样,是纯粹的手段,其目的在于消灭它自身:任何一个政府的目的都是使政府成为多余的。""我把理性生物的相互关系叫作社会。""社会"是人的最高自由状态。(费希特:《论学者的使命》,梁志学、沈真译,北京:商务印书馆,1984年版,18、15、5页。)而在洛克看来,自然状态的社会却因其先天缺陷而有必要上升到契约水平的政府状态。但洛克同样强调了自然状态的社会的本体地位:"自然法是所有的人、立法者以及其他人的永恒的规范。"当人民发现立法行为与他们的委托相抵触时,人民仍然享有最高的权力来罢免或更换立法机关;"……权力又回到当初授权的人们手中,他们可以重新把它授予他们认为最有利于他们的安全和保障的人。因此,社会始终保留着一种最高的权利,以保卫自己不受任何团体,即使是他们的立法者的攻击和谋算。……所以可以说,共同体在这方面总是最高的权利。"(《政府论》下篇第十一章135节、第十三章149节)法兰克福学派则强调:"'社会'这一范畴本身曾表示社会地位和政治地位的尖锐冲突。社会是一种与国家对抗的东西。""但随着工业社会日益发展的一体化,这些范畴正在丧失它们的批判性涵义,而趋于变成描述性、欺骗性或操作性的术语。"(马尔库塞:《单向度的人》,刘继译,上海:上海译文出版社,1989年版,第5-6页。)

① 马克思:《政治经济学批判(1857-1858年手稿)》,引自《马克思恩格斯全集》第三十卷,北京:人民出版社,1995年第2版,475页。

的自然经济的农业社会,从来不曾发展出私人自由占有及相应观念,而始终程度不等地维持着公共性及集体主义。但这种公共性自始即与大(皇帝)、小(家长)宗法统治相互包容,它在反对私有与专制的同时,也排斥、压制了个体性。

从亚细亚公共性传统来看,中国等东方民族选择社会主义,有其历史必然性。柯尔(G.D.H.Cole)曾指出,拿破仑战争后出现了分别倚重政治国家与普遍社会的两种对立态度。19世纪初兴起的社会主义正是后一态度的代表,它"指的是以合作为基础,以大众的幸福和福利为目标的人类事务的集体管理制","他们反对当时流行的强调个人权利的见解,着重注意人类关系中的社会因素"。其中突出的正是集体公共性。① 而这一点在发端于1830年法国革命以后的埃蒂耶纳·卡贝(Cabet)秘密会社的共产主义中得到了更加突出的强调,"这个名词同时也使人联想到公有物,即物品公有和公有制的概念"。这种公有制特征显然是亚细亚"公天下"的中国(以及同被马克思归入亚细亚形态的俄国村社)选择社会主义的重要契因。

因此,"天下"反专制的民主涵义是指"公有"与"共享",这与西方契约论民主所强调的"自由"有重要区别。前者基于公共集体,后者的基础与归宿却是由商品经济哺育培养出来的独立个体,亦即康德哲学所概括的"主体"(Subject)。

> 在集体财产制盛行而仍残存着原始公社结构的东方,有两个典型的特征:有组织的集团比个人更具有普遍性;以及普遍具有天然的集体思想——在这个集体里,每个人都有他特定的地位和职能。特尼斯曾直截了当地发展了某些为人熟悉的马克思主义的概念,用他的话来说,西方一开始就有成为一

---

① "社会主义"衍生于拉丁文"Socialis",即合群的。

种"社会"(Gesellschaft)的趋势,而东方直至现在还主要是一种"共同体"。①

因此,"天下"社会观由复数"我们"所体现,而缺乏单数人称("个人法权")。与此不同,契约论的终极根据却是自然状态下的个人平等:"政治社会的创始是以那些要加入和建立一个社会的个人的同意为依据的。"② 因而,"公共"性是个人间契约的结果:"根据自然状态中个人权利(私法)的诸条件,就可以得出公共权利(公法)的公设。"③

"公天下"的共同体凭借原始公社远古传统以及血亲基础,并不倚重知性逻辑的论证。近代以来的契约论却视政治社会为个体性反思与理性缔约的结果,从而突出强调"理性化"在政治现代化中的地位。④

理性化的结晶则是法制化。洛克强调(《政府论》下篇,第81页),所谓"社会",辞源于拉丁文"Civitas",即古罗马自由民(Civis)依据法律所组成的"城邦"。与之相应的英文"Commonwealth",即由明立之契约而结合于同一政体之下的人民团体,它

---

① 〔意〕梅洛蒂:《马克思与第三世界》,高铦译,北京:商务印书馆,1981年版,第83页。
② 洛克:《政府论》下篇,叶启芳、瞿菊农译,北京:商务印书馆,1983年版,第第65页。
③ 康德:《法的形而上学原理》,沈叔平译,北京:商务印书馆,1991年版,第134页。
④ 早如马基雅维里已将凭借传统或宗教维系的国家视为"近代以前的"(参阅马基雅维里:《君主论》,潘汉典译,北京:商务印书馆,1985年版,第53页);M・韦伯(Max Weber)依次区分了政治权威的三种类型(传统的,神圣性格"charismatic",理性的);J・哈贝马斯(J・Habermas)认为,继神命的原始文明阶段与以宇宙论为基础的本体论论证之后,近现代关于国家合法性的论证的特征乃是,"证明的形式条件本身就获得了合法化力量,理性协议本身的程序和假设前提变成了原则。"(哈贝马斯:《交往与社会进化》,张博树译,重庆:重庆出版社,1989年版,第190页);S・P・亨廷顿(Samuel.P.Huntington)同样强调,"权威的理性化"是区分传统政体与现代政体的首要标志(参阅亨廷顿:《变革社会中的政治秩序》,李盛平等译,北京:华夏出版社,1988年版,第35页)。

与强调公有分享之"Community"绝不可混同。这种法制社会与血缘宗法之法治并不相同,独立于"国家"(政府)的法制不仅体现着"社会",而且是二者的理性统一。然而,本质上是礼制的宗法之治,其政教合一性质并没有给"天下"提供独立的基础,这不仅使"天下"缺少经常有效的制衡国家的法律手段,① 而且由于缺少这种稳定联系的机制,反过来使与国家外在对立的"天下"在许多时候变成了酝酿无政府的游民(群氓、痞子)的温床。早在李斯谏始皇时已提出"主势降乎上,党与成乎下"的问题。特别是此种朋党风习又往往与宗法制渗透结合而长成恶性涣散国家的肌瘤,如汉末察举制所造成的门生故吏势力,以取代君臣的私家君臣身份出现,成为汉末豪族门阀割据的重要基础。这种凭借同乡旧缘之类私交腐蚀破坏政府制度的朋党风习,至今仍是当代中国一大顽症。② 这同时表明,"大公无私"的"天下"其实只是压抑了个体的理性发育,却不可能勾销个体,相反倒滋生出了原始野蛮、近乎动物的非社会的自私个体。

与此相关的是为"天下"派生的"江湖"。"江湖"本是远避国家的特殊社区。"天下"之"士"先秦早有复仇行侠传统,"江湖"成为这种非法传统的保护地。《水浒》实即《江湖》,如金圣叹所训:"'水浒'也者,王土之滨则有水,又在水外则曰浒,远之也。"

---

① B.摩尔:"官僚体制的中国出现了'天命'观念,这赋予反抗非正义的压迫以某种合法色彩,文化官僚的这一创造在有限领域得以实施,并与官僚政治的基础原则相对抗。然而,十分重要的法人豁免权概念在中国却属阙如。"(摩尔:《民主与专制的社会起源》,拓夫等译,北京:华夏出版社,1987年版,第336—337页。

② 此即梁启超《新民说》以来对中国缺少公德风俗的反思。对当代中国现代化转型腐败的文化批判,引发了公德与私德的持续争议。参阅 刘清平:《论孔孟儒学的血亲团体性特征》(北京:《哲学门》2000年第一卷1册)、黄裕生:《普遍伦理学的出发点:自由个体还是关系角色》(北京:《中国哲学史》2003年第3期)、郭齐勇主编《儒学伦理争论——以亲亲互隐为中心》(武汉大学出版社2005年版)、尤西林:《儒学血亲困境及其存有论转化》(台北:《哲学与文化》2011年第7期)与《中国现代化转型期的公德》(收入单元庄主编《问道》,上海三联书店2016年版)。

(《第五才子书施耐庵水浒传》序二)《水浒》成为中国民众文化经典,体现了中国"天下"激烈反抗君权专制的一面。然而,"江湖习气"及准黑社会化的"江湖"实则是更为原始粗野的宗法形态并具有暴力策源地性质,它不仅破坏"国家",而且破坏了作为"社会"的"天下"本身。①

这当然不是褫夺"天下"—"社会"以武力批判"国家"这一终极权利,无论东西方,都曾对此权利给予充分解说。本书所强调的是,由于缺乏系统的人民参政法制,中国传统的"天下"与"国家"之间便致命地缺少一个中间转换环节。这一缺失一方面使国家因缺乏有效的监督制衡机制而总是难以避免专制化,另一方面又难以使人民意志理性化为建设力量而常常蜕化、涣散为破坏性的无政府状态。史实已经大量证明,专制与群氓,这对立的两极恰恰是互以对方为前提条件的。②

从国家角度讲,只要国家内部尚未健全发育出来充分体现人民主权的立法与监督机构,人民主权的存在就必然会通过对立的外部"天下"显示自身;从人民角度讲,如果一味执著于与国家的外在僵持,人民自身及其"天下"社会就将始终滞留于涣散、低级

---

① 值得思索的是,汉语"社会"一词已被"江湖"浸染,经常含有"化外之域"意味,如日常语言中说"莫把孩子推向社会"、"在社会上很混了些年月"等。因此,以"社会"对译"Society"不甚准确。
② 所谓"成则为王,败则为寇",中国第一个武力夺取皇位的刘邦出身于游民,这一点是意味颇为深长的。直至20世纪中叶"文化大革命",高呼"天下者我们的天下"的造反派,也恰以空前的"大民主"将中国推向准宗教专制。对亚细亚公有制的"东方专制主义"的分析曾是马克思与恩格斯重要论题,参阅《马克思恩格斯文集》(北京:人民出版社,2009年版)第三卷,第396-398页;第十卷,第319-320页,第512页等。Barrington Moore 在其经典性的《民主与专制的社会起源》中也强调了法西斯国家社会主义与农业社会的涣散无政府状态的联系。另可参阅〔奥〕Wilhelm Reich:《法西斯主义群众心理学》第二章,第九章,张峰译,重庆:重庆出版社,1990年。前苏联与东欧90年代的社会变动中,无政府主义几无例外地成为重大威胁:阿尔巴尼亚,"似乎已经由一个世界上控制最严的国家变成了一个最混乱的国家。"(据法新社地那拉1992年3月15日电文)这一对照是引人深思的。

的非组织状态；只有使"天下"有机地转化为国家自身制衡机制，二者的对立才会建设性地呈现为促进互补，以至趋向同一的前景。

但西方社会—国家关系模式却并非成功榜样。自从卢梭将人性重心由自然个体转移为社会总体，认为只有社会集体状态的个体才是真正的人，作为中介的国家（政治社会）地位空前提高。这种与传统君主专制对立的人民集体专制论成为民族国家的理论基础，它在黑格尔的法哲学处获得了充分成熟的形态。在这一理论中，自然个体独立自足的前提设定被否定（因而也否定了洛克的个体判断的本体地位），社会正义被置于国家总体运动的历史辩证法下，但其实践后果却导致了新型的集权专制（卢梭之于雅各宾专政、黑格尔之于法西斯主义，一直为人所议）。与之有别，洛克所代表的个体本位的自然契约论成为美国式议会民主制的理论根据。① 然而，早在19世纪，马克思主义就指出了这种个体平等的私有制背景，称之为"资产阶级法权"，它不仅维护着物质生产条件占有的不平等，也维护着人身生产条件自然的不平等。

社会主义特别是针对着洛克式个体本位的资产阶级法权而兴起的。近一个世纪的社会主义国家发展史表明，传统社会主义模式的国家所有制及其相伴随的集体主义意识形态尽管在均衡贫富分化的消费分配上卓有成效，却程度不等地抑制了个体创造性，从而终归在总体上削弱了社会生产力的发展。这一状况，与《共产党宣言》所宣称的"每个人的自由发展是一切人的自由发展的条件"，以及《资本论》所强调的以"每个人的全面而自由的发展为基本原则"的社会主义与共产主义②相距甚远。在这种差距中，"不患寡而患不均，不患贫而患不安"（《论语·季氏》）的公天下阴影

---

① 但即使是在美国，"多数人的无限威权"依然始终威胁着法制。参阅〔法〕托克维尔《论美国的民主》上卷，第三部分第七章。
② 马克思：《资本论》（第一卷），引自《马克思恩格斯全集》第四十四卷，北京：人民出版社，2001年第2版，第683页。

依稀可辨。

因此,当代中国人文知识分子,并无现成模式可以照搬,而必须像两千多年前的儒学创始人那样再度作出富于想像力的阐释:不仅阐释世界既成模式,而且首先阐释自身。包括"天下"社会观在内的全部活着的传统,无论其积极潜能或消极局限,都应当基于现代问题困境重新予以阐释。这也就是创造性的转换。

三、介入权力:革命家与公务员

人文知识分子介入权力,无论是反抗破坏,或是参与建设,都已走出了意义世界,进入了权力秩序的涵义技术操作手段网络。由此导致的后果无论对于人文知识分子自身或是对于尘世涵义世界,都是一幅错综复杂的图景。

人文知识分子特有的手段是阐释与教化,也就是广义的话语言说,它的本性是非暴力(权力)的。苏格拉底关于哲学家不可从政的训条,以及他在权力审判面前以生命为代价拒绝话语之外任何手段(例如金钱)的行事方式,与耶稣"勿以恶犯恶"的教导、佛陀弘大的和平气度都表明了对权力手段的高度警惕。

但作为人文意义关涉权力所产生的最高社会原则正义(公正),当她现实地遭受暴力(权力)侵害时,最直接的自卫守护手段只有与对方是同质的才是有效的:康德关于本体论语言进入现象界应用失效的论证,可视为对此的哲学说明。当然,至善意义虽与刀枪涵义规律不具有同质性,但却可以并且应该作用于持有刀枪的人,这就是宗教和平主义的包涵(以意义包容、统摄涵义)精神。

但现实的罪恶与苦难却迫使人文知识分子从意义阐释忍不住地介入权力,如马克思亦曾踌躇而终于决断的那样,以武器的批判代替批判的武器:"哲学家们只是用不同的方式解释世界,而问题在于改变世界"。"环境的改变和人的活动的一致,只能被看作是并合理地理解为革命的实践"。"革命的实践"当然不同于世俗涵义界的权力,但作为文化理想主义的马克思主义人文学派,由此便历史性地转变为革命家团体,列宁及其布尔什维克成为革命家典范。这一转变成为塑造 20 世纪社会形态最强有力的方向之一。

继佛教、基督教之后兴起的伊斯兰教,当它奠基于麦地那时,不仅作为宗教信仰,而且是生存安全与社会整合的政治权威与军事组织。剑与经文结合的"圣战"表明,意义与权力已经结合到何等同一化的程度。

这种直接诉诸暴力的意义守护者,已成为人文知识分子普遍的形象之一。早在汉儒,就于清议同时有拔剑赴难的勇气:窦武难发,陈蕃"将官属诸生 80 余人,并拔刃,突入承明门"(《后汉书·陈王列传》)。延至民族独立与民主解放为主流的近世,拿起武器投身革命的社会运动几乎吸引了人文知识分子最优秀的人物。革命,为了正义而超越特定事件、民族与国境去战斗,从雪莱到格瓦拉、从白求恩到西班牙国际纵队,乃至潜入军政府缅甸作战的中国红卫兵,都可归入这一类型。

当革命家与英雄成为人文知识分子的理想典型时,人文知识分子必定已经由自己的阐释使之理想化了,他们不仅多少误解了真实的革命,也忽略了革命家的人文知识分子所付出的代价。

维克多·雨果在《九三年》中尖锐地提出了人类近代第一场革命——法国大革命与人文意义(而不是暴政权力)的矛盾。为反抗暴政权力的雅各宾专政使自己成为了至高的革命专制权力。至高,也包括高过于人文意义。所以当郭文重新恢复人文意义的本体地位而释放走朗德纳克时,这位革命家被革命判处了死刑。郭文是以追究革命的人文意义目的而对革命专制手段的僭越性提出质疑的。当他得出"在绝对正确的革命之上,还有一个绝对正确的人道主义"结论时,他就从革命家返回为人文知识分子了。所以,当他的革命教父西穆尔登将革命的残酷解释为必经的暂时

状态而指向人间权力的法制共和国时,他与西穆尔登分开了:

"我更爱的是",郭文说,"一个理想的共和国。"

"啊,我的老师,你刚才所说的一切里,有没有尽忠、牺牲、克己、恩恩相报和仁爱的地位呢?使一切保持平衡,这是好的;使一切和谐相处,这就更好。比天秤更高一级的还有七弦琴。你的共和国把人拿来称一称、量一量,而且加以调整;我的共和国把人带到蔚蓝的天空里。这就是一条定理和一只苍鹰的区别。"

"你迷失在云层里了。"

"你呢,迷失在计算里了。"

"所谓和谐包含着梦想。"

"在代数里也有同样的情形。"

"我所要的是欧几里德造成的人。"

"我吗",郭文说,"我倒愿意要荷马造成的人。"……

"诗。不要相信诗人。"

"是的,我听过这种话。不要相信清风,不要相信阳光,不要相信香气,不要相信花儿,不要相信星星。"

"这一切东西都不能叫人肚子饱。"

"你懂得吗?思想意识也是一种养料。想,就是吃。"①

本书第一章关于意义与涵义两个世界的区分在此清晰地呈现出来了。革命对权力的改造也不能消除这两个世界的差别。诚然,革命是意义世界向涵义世界历史性生成的手段,然而,革命对涵义性手段的采用,反过来也使革命自身向权力涵义性质同化。在这种形势下,革命必须依赖一个独立于它并为它提供本体源泉

---

① 维克多·雨果:《九三年》,郑永慧译,北京:人民文学出版社,1978 年版,第 436 页。

的意义世界,才能继续革命;或者相反地,革命同化于权力手段中而转化成新的涵义世界。后者被称作蜕变,它是迄今人类革命史上无一例外的现象。当然,新生成的涵义世界可能会更接近意义世界,现实俗世的涵义中历史地积淀有越来越深厚的意义,这标明在人文文化意义上也存在着与物质文明同样的进步。

人文知识分子即使作为革命家激烈介入改造权力的革命,也与权力派系之争的政客或不堪压迫起来造反的民众有着深刻的区别:他是为意义世界而战斗的理想主义者,① 而并非特定现实政治经济利益的代表。然而,真实的革命不仅是人文意义观念对权力及其涵义世界的改进,而且首先是基于涵义世界自身社会生产关系的利益冲突。因此,革命首先受制于社会科学规律支配,而不是取决于人文知识分子的人文阐释。上述差别,不仅体现为人文知识分子的革命家与其他革命阶层之间的摩擦冲突,而且会导致人文知识分子与革命本身的决裂。

19世纪德国"真正的社会主义者"被称为"纯真主义者","任何人如果不是从最崇高的道德原则出发,这些纯真主义者就绝不愿同他们妥协,哪怕是暂时的也罢"。他们"必须始终忠实于原则,不卷入并没有危害真正原则的、只有盲目的利害冲突的日常斗争中,使自己的学说受到歪曲"。② 因此,这一派人文知识分子终于被马克思主义工人运动所排斥。即使是有着功利主义传统的英国,19世纪的文学家"也没有一个不是政治家"。他们对于革命的渴求,超过了在政治经济上实际遭受压迫的民众,一如雪莱的自

---

① 参阅朱道南《回忆广州起义》(上海:上海文艺出版社,1959年)所述那些高喊"世界革命万岁"而中弹仆地的武汉军校女生等。"文革"中红卫兵学生因此亦深刻区别于工人造反队。卢卡奇曾以亲身经历批评亚米契斯作品所传播的对"穷人伦理"的崇拜,称恰是大银行家庭出身使他从未对金钱敬畏。这一思路至今在中国罕见。

② G·D·H·柯尔:《社会主义思想史》第一卷,何瑞丰译,北京:商务印书馆,1977年版,第245-246页。

白:"我,如同一个极其神经质的人,总是感受到别的人所感受不到的这个世界的压迫。"但"就是这个雪莱,只要他一开始大谈特谈即将到来的人类的黄金时代,他就变成了一个狂想家。……我们不禁想起同一时期的法国社会主义者们那些最不着边际的梦想。……就连在这些诗人中显然是最讲求实际的拜伦,在政治上也时常像诗人那样荒唐"。① 俄国十月革命,受到了高尔基、马雅可夫斯基、叶赛宁等一大批文学家的狂热支持,然而,革命的血污与民众的粗野却甚至使高尔基也发生了怀疑。② 一代知识分子在这场革命中经受了精神观念与教化生存的深刻痛苦,③ 甚至绝望自杀(马雅可夫斯基、叶赛宁等)。即使有些人文知识分子成为革命中坚,也终因气质旨趣的落落不合而不免受到猜忌或清洗,④ 这种情况甚至可以上溯到古代中国那些功成身退、隐逸江湖的谋士(范蠡、张良等)。他们即使极为出色成功地改造并运用了权力,也清醒地意识到权力的手段性质,从不多逗留于此种涵义世界中。也许,这种出入意义与涵义两界、不碍不滞、来去自由的中国古代谋士,他们表现了一种更为成熟恰当的人文知识分子处世智慧?

如果说上述人文知识分子由于不愿与涵义世界的权力结合而成为革命的自觉落伍人或同路人的话,那么,更值得注意的是那些自觉与革命合一、鼓动或推进极端的手段,力图在涵义人间实现意

---

① 参阅勃兰兑斯(G·Brandes)《十九世纪文学主流(第4分册)》,徐式谷等译,北京:人民文学出版社,1984年版,第13-15页。
② 参阅《列宁全集》第35卷所载列宁给高尔基的批评性信函(1919)。
③ 参阅阿·托尔斯泰《苦难的历程》与帕斯捷尔纳克《日瓦戈医生》等作品所真实记录的情况。
④ 例如布哈林。因文化教养而来的气质对立,实有意义与涵义不同世界对立的深刻背景。而"取天下以人心为本,请勿杀人"进谏的举人李信(岩),为李自成义军立下特殊功勋,"及陷京师,保护懿安皇后令自尽。又独于士大夫无所拷掠,金星等大忌之。"(《明史·列传第一百九十七》)终被杀。如果去除其他方面,仅就人文知识分子气质旨趣与权力斗争或现实谋略不适应所产生的革命家分野而言,这一行列中还可归入洪仁玕、陈独秀、瞿秋白、胡风等人。

义天国的狂热革命家,他们恰也来自人文知识分子。

《九三年》中朗德纳克一针见血地指出,"只要有阿路哀(伏尔泰)这种人,就会产生马拉这种人。"然而伏尔泰的名言正是:"教士与帝国一致的制度,是最可怕的制度。""对于教士,在革命中是没有中间路线的。一个教士如果投入这种现行的非常事变里,不是为着最卑鄙的动机,就是为着最崇高的动机;……西穆尔登是崇高的,可是这种崇高是和人隔绝的"。① 学术界已经分析研究过卢梭为代表的道德理想主义与雅各宾专政实践之间内在的联系。从法国大革命即开始的这种与军事长官并列监督的政委制度,表明了中世纪教权时代之后精神意义与权力的新型结合。本书后边将对这种政教合一的传统及其危害展开分析。这里所要指出的是,当人文知识分子充当执法官以至高意义为尺度裁决日常涵义世界人们的言行时,便忽略了后者作为人类生存的不可勾销性(参阅本书第一章劳动二重性理论)。涵义世界是永不消失的,意义可以教化改进涵义,但不能消灭涵义。而那些直接打通两界的人文知识分子,他们的激进革命不仅破坏了革命合理的批判功能,而且由于对日常涵义世界的彻底革命态度,使之敌视人类本身而走向了人文意义的对立面。这种态度,如前节已述,它同时是将涵义世界占有统治性的等级关系移用于意义世界的教化关系,从而导致了意义自身的异化蜕变。

上述所有批评,并非主张人文知识分子放弃意义价值对于涵义事实的判断与指导。所谓事实与价值二分、各行其是的观念主张,不仅有违事实,而且从另一个角度肢解了完整的人。人的任何事实性判断不可能与价值判断无关。问题关键在于如何建立起双方良性作用的联系。

---

① 维克多·雨果:《九三年》,郑永慧译,北京:人民文学出版社,1978年版,第417、133页。

人文知识分子革命家同样也是革命健康发生与发展的不可或缺的重要因素。正是人文知识分子普遍的社会正义观念,成为任何一场革命发动的启蒙条件。在革命运动的全过程中,以人文知识分子革命家为中坚,使革命不仅保持着超越权力之争的意义境界,亦使全社会各阶层在革命中受到特殊有力的教化陶冶,从而才使革命对权力更新起到了真正的促进作用。历次革命都使一批优秀的人文知识分子从革命家现实地转化为政治家、军事家或其他涵义职能人员,这无疑是人文意义推进涵义世界重要的作用途径。

然而,上述分析却更加突出了作为人文知识分子精神母体源泉的意义世界独立存在的重要地位。如果人文知识分子完全同化于世界涵义事务之后,涵义世界也就失去了引导自身向上的精神环节。

无论对于涵义世界的演进或是对于更为有效地发挥人文知识分子的独特功能来说,革命都不能视作意义与权力最合适的关联交涉方式。当代政治权力的变更及其动荡表明,从象牙塔走向十字街头的人文文士街头政治弊害甚大。依然需要听取古典人文的政治智慧:

> 或谓孔子曰:"子奚不为政?"子曰:"《书》云:'孝乎惟孝,友于兄弟,施于有政。'是亦为政,奚其为为政?"①

> 又一次,当安提丰问他,即使他懂得政治,但他自己既然不参预政事,怎能想象他会使别人成为政治家的时候,苏格拉底答道:

> "安提丰,是我独自一人参预政事,还是我专心致志培养

---

① 《论语·为政》,阮元刻本《十三经注疏》下册,北京:中华书局,1980年版,第2463页。

出尽可能更多的人来参预政事,使我能够对政治起更大的作用呢?"①

这是两段相同的话。而对于深谙希腊城邦政治风云险恶的苏格拉底来说,他在临死之前还有如下决绝的自白:

> 从幼年起,就有一种声音降临,……他反对我从事政治。我想反对得极好;雅典人啊,你们应知,我若从事政治,吾之死也久矣,于己于世两无益也。莫怪我说实话。凡真心为国维护法纪、主持公道,而与你们和大众相反对者,曾无一人能保首领。真心为正义而困斗的人,要想苟全性命于须臾,除非在野不可。②

这不能仅仅视为天下无道则隐(孔子)的权宜态度。本书倾向于将此提升为人文知识分子(作为哲学家的苏格拉底)从事人文意义沉思的"分离"条件(参见本书第二章)。但这并不是消极性的逃避政治,孔子与苏格拉底都曾多方面表达了这样的主张:作为人文学者,可以从政,然而,他更适宜于从人文意义根本角度去进行教化工作。所谓培养可以从政的人才,并非、或者主要说不是政治技术教育,而是伦理意义或哲学意义的教育。这就不是简单地为涵义世界培养提供人才,而是通过培养有教养的政治家以改进权力。这是积极影响的入世态度。这个意思,也就是后来黄宗羲深刻强调的:"学校,所以养士也。然古之圣王,其意不仅此也,必使治天下之具皆出于学校,而后学校之意始备。"(《明夷待访录·学校》)耶鲁大学嘉马地(B.Giamatti)校长的著名格言"大学

---

① 〔古希腊〕色诺芬:《回忆苏格拉底》,吴永泉译,北京:商务印书馆,1984年版,第38页。
② 柏拉图:《苏格拉底的申辩》,严群译,北京:商务印书馆,1983年版,第68页。

教育乃是一个社会的心脏",也表达出渊源于宗教神圣传统的西方大学在世俗社会权力面前独立尊严的导师意识。

在现代社会行政权力日趋科学化的当代,如本书"导论"中引述帕森斯的研究所分析的,权力及其操作者将日趋遵循技术知性涵义的支配,而权力系统的价值目的则将更加远离直接操作者的意识前景。这一形势使以价值理性意义为宗旨的人文意义教化更为重要,它不仅关系到社会个体成员自身的生存意义,而且越来越直接关乎社会总体的人道性质。因此,人文意义教化通过学校教育与社会文化陶冶,使每一个进入行政权力系统的公务员不仅是知性涵义的熟练操作者,而且也是具有人性教化水平的意义阐释守护者,将对未来社会的健全人道发展具有日益重要的意义。在这一方向下,人文意义对权力的介入与作用,就产生出了新型的人文知识分子,人文意义的精神群体就不仅包括有非人文学科的科学家,也将包括越来越多具有丰富情感与智慧的新型公务员。

这种新型的人文知识分子显示出在新的历史条件下意义作用于权力的新的形式。福柯(M.Foucault)曾注意到,二次大战以后,以原子能专家奥本海默为转折性代表,一批以专业知识而进入权力阶层的科学专家,却同时使用人文知识分子的"普遍性话语"(非专业的道义语言),他们的权力地位使他们的人文道义声音发生了引人注意的社会影响效果,并借助此地位形成了有力量的群体知识分子形象。爱因斯坦与萨哈洛夫便是突出的代表。福柯将此更早地追溯到达尔文。在现代科技社会大背景下,以生物学与物理学为代表的现代科学使科技知识分子可借助其专业在社会结构中的权力地位而上升为权威。专家学术权威已不同于作为传统人文道义代表的法理类型专家的天才作家,如伏尔泰、左拉等。这种在权力之中而非权力之外的新型知识分子,他们在社会生活中已经有效发生的作用表明,人文知识分子所代表的真理应该、也可以是权力之中的一部分。因而,真理观念(idea)需要从康德的本体理性界进入现象界的知性结构。只有这样,知识分子对社会的改造才不止于观念转换,而直接接触到了真理(意义)所交涉的政体改造。① 作为对美国政府最激烈的左翼批评知识分子代表乔姆斯基(Avram Noam Chomsky),其语言学理论是当代认知科学及其人工智能的基础理论,这一涵义世界中的专家地位重要地保护并强化了乔氏对权力的意义批判。或者毋宁说,人文知识分子的专家地位是人文意义批判权力的权力条件。在民族国家竞争时代的今天,这一现象已趋规律化。

作为策略,人文意义利用权力当然是有益的。但科技专家是否愿意阐释并守护意义,这取决于他们的人文素质与社会文化背景;而权力结构是否可能容忍这种来自内部的批判,除过社会人文文化背景之外,还直接取决于权力自身的理性化程度。对于一个合理成熟的社会权力结构而言,它不但可能包涵与宽容自我批判的声音,而且会吸引社会最优秀的知识分子进入自身。中国唐宋时代的科举制度,就曾经起到过富有活力的中介作用,但随着明清时代权力整体水平的腐朽衰落,科举制便失去了联系知识分子与权力的纽带力量。

因此,福柯从知识社会学角度所指出的权力与知识的新的转化形态,并未削弱与改变人文意义建设的独立重要地位。恰恰相反,知识与权力联系转化的可能性愈增大,社会整体水平的人文意义文化亦相应愈加重要,后者的削弱与失衡,经常会导致极为危险的局势。

西方精神演变史的两个奠基性历程是:苏格拉底之死推动柏拉图不再基于城邦世界寻求正义而决心注目超越现实的理念世界;从巴比伦之囚到马卡比起义惨遭屠杀,逼使犹太人放弃现世报

---

① 参阅《真理与权力》(福柯专访录)最后一对问答,载《东西方文化评论》第3辑,北京:北京大学出版社,1991年版,第261-268页。

应而经由弥赛亚盼望结晶为基督教的天国世界信仰,这两个历史背景奠基了西方文化的核心结构:两个世界及其对立格局。中世纪代表意义世界的天国支配俗世的格局持续千年,但路德的宗教革命却表明,两个世界始终保持着一个世界的紧张关联域。教会的腐败是意义界天国阐释涵义世界的失败。基督教所代表的意义世界必须直面近代生产与生活方式及其集中代表形态的世俗权力,并需要现代性的"道成肉身"挺身入世。

早在文艺复兴揭橥的近现代开端,意义与权力的关系已是近代政治学的核心问题。人文知识分子对涵义俗世的意义阐释远非成就自身的独善修行,而是对现实世界的责任与爱。马基雅维里《君主论》的涵义界权术规律深处,是人文知识分子置身权力中心的行动。对权力之恶的介入与被污染成为真实的炼狱,意义及其阐释者自此迈上黑格尔逻辑学所表述的自我否定与更高更真实的实践生成之路。世界大战与法西斯极权统治的空前黑暗政治,使对世界的公共关怀在远超出古希腊城邦规模的水平上复活了亚里士多德的"政治动物"人性定义。正是在这一当代背景下,阿伦特将柏拉图与基督教所代表的两个世界格局及其出世立场批判为消极的西方传统政治学遗产。

然而,私有制及其商业交换的现代世界在后宗教(及后意识形态)时代,个体如何可能基于启蒙现代性的个体自由意志与他人结成意义共同体?在社群资源匮乏的现代,阿伦特将目光转向康德的审美判断与审美共通感,从而指向一种审美共通体政治。①

---

① 阿伦特:《康德政治哲学讲稿》,Ronald Beiner 编,曹明、苏婉儿译,上海:上海人民出版社 2013 年版。参阅(美)安东尼 J.卡斯卡迪(Anthony J.Cascardi)《启蒙的结果》一书:"阿伦特重新发现了康德旨在创立一种理性理论而对判断力(Urteilskraft)进行的分析;哈贝马斯将她的重新发现描述为一个'具有根本重要性'的成就,将它概括为'对交往理性概念的第一次研究';……在 1970 年出版的《论康德的政治哲学》中,阿伦特对康德的兴趣代表一种旨在直接按照康德的第三《批判》概括的反思判断力的理念、建立一种政治理论的尝试。具体说来,阿伦特要求 (转下页)

但审美共通体固然成为现代私有制中唯一别于宗教共同体的自由联合体,却并非理想的精神交往体。审美明星及其追星族的流行,已表明审美共通体可能僭越为教团团契(希腊词 Koinonia,拉丁词 communio),自尊的彼此欣赏演变为迷狂崇拜,甚至直接成为政治权力筹码。① 相反,后现代哲人还在不懈地消解共通体硬结为共同体的自发势能。② 因此,审美共通体尚不能视为意义界在涵义界的绿洲。③ 现代自由个体如何不仅形式化知性逻辑地公共交往,而且如何可能在不同于前现代无个性共同体的意义上结合成

(上接注①)我们想象,康德在第三《批判》中所说的'反思判断力'的意思必然采取一种政治形式,康德尚未撰写的《政治判断力批判》隐含在那部著作之中。"(卡斯卡迪:《启蒙的结果》,严忠志译,北京:商务印书馆,2006 年版,第 192 页。)这一思路在当代被追溯为席勒以来逐渐自觉的一类方向。参阅《启蒙的结果》在此论域中对海德格尔、维特根斯坦、罗蒂(Richard Rorty)、齐泽克(Slovoj Zizěk)、利奥塔(Jean-Francois Lyotard)、伊格尔顿(Terry Eagleton)等人的引述。

① 审美时尚对于当代中国新贵阶层的政治合法性资源意义,参阅尤西林:《审美共通感的社会认同功能:审美时尚在当代中国转型期的政治哲学涵义》(《文学评论》2004 年第 4 期)。列奥·施特劳斯(Leo-Strauss)敏感到审美与纳粹虚无主义反现代化文明的本质关系:"我说的是文明(civilization),而不是文化(culture)。因为我注意到许多虚无主义者都是文化爱好者,并以之与文明区分、对立。""我有意把'艺术'置于文明的定义之外。虚无主义最有名的斗士希特勒也是个著名的艺术爱好者,甚至他本人就是个艺术家。但我从未听说他追寻真理或把德性的种子撒入他臣民的灵魂。我观察到,文明的奠基者们教给我们科学与道德之所是,却从不了解大约最近 180 年以来的艺术这个术语;他们也不了解具有同样晚近起源的'美学'这个术语与美学学科——这个观察加强了我对'艺术'的偏见。"(施特劳斯:《德国虚无主义》,载刘小枫主编《施特劳斯与古典政治哲学》,上海:三联书店,2002 年版,第 752-753 页。)日本武士道精神的一个特质同样也是:"美"被神圣化并取代"善"。而古代思想的一个要点则是对于脱离真善(特别是脱离"善")的唯"美"主义的警戒。
② 参阅〔法〕让—吕克 南希(Jean-luc Nancy):《解构的共通体》,郭建玲等译,上海:上海人民出版社,2007 年。
③ 关于审美共通体的有效性与复杂处境分析参阅尤西林:《审美共通感与现代社会》(《文艺研究》2008 年第 3 期,收入氏著《心体与时间》,人民出版社 2009 年版);审美与极权主义的现代性关系参阅尤西林:《艺术传播的现代性及其限定》(台北:《哲学与文化》2011 年第 10 期,收入氏著《人文科学与现代性》)。

为自由人的公共交往团体?① 这是人类进入现代化以来迄今未能解决的根本难题。

自从明清之际中国意义文化的代表形态儒学历史性地没落以后,中国意义领域在总体上一直基本是空场;而始终未曾真正平息的内外忧患动荡则使政治居于500年历史重心,它吸引了几乎最优秀的中国知识分子投身于革命与政治。上世纪80年代以后经济问题逐渐占据了社会中心,但经济与政治同属经世致用的事功涵义世界,这一趋向只是更加凸出了近代以来中国社会发展中意义世界的失落大势。

意义如何作用于权力?是一个迄今仍困境重重的课题。

---

① 这也就是马克思主义创始人关于共产主义的著名定义。

第五章　意义与意识形态
——人文知识分子与世界(二)

一、意识形态的内涵

18世纪末与19世纪初,法国学者特拉西(Destutt de Tracy)提出了一个新的哲学核心概念:"意识形态"(ideologie,英文ideology,德文 Ideologie)。此词在西文中由"观念"(idea)与"逻各斯"(logic)组成,意即观念学。

但更深一步追究,"idea"除可作一般意识观念理解外,它还来源于柏拉图著名的形上世界的"理念"(idea),与后来康德本体界的"理性概念"(Idee,亦即 Vernunftbegriffe)属同一脉系。它们属于本书所说的意义界。作为一般观念,在康德哲学中则是"知性概念"(Verstandesbegriffe),它属于现象界,亦即本书所说的涵义界。"逻各斯"(logic)则是指西方文化基本特征之一的逻辑性(理则学)。

由此可使"意识形态"(ideology)获得两种内涵的理解。作为知性观念,逻辑论证是题中应有之义。这一内涵下的"意识形态",是人类实践——特别是技术操作所必需的符号(亦即观念)的涵义(meaning)系统。但作为理念(idea),如康德已历史性区分过的,它不是逻辑论证的对象。因此,逻辑化理念的"意识形态"是形上意义界与形下涵义界的混淆结合,在西方,它盛行于用希腊理性(即后来康德所说知性)语言表述(论证)犹太教信仰的基督教经院哲学。① 也就是说,理性形式的意识形态与中世纪经院哲学有着思想渊源关联,后者因此成为中世纪政教合一的哲学基础。康德划分现象与本体两界、批判(限定)观念(Idea)僭越,则成为政教分离与消解意识形态的近现代哲学基础。而黑格尔将认识论与本体论、现象与本体同一于逻辑,其总体理性(逻辑)主义与同一性哲学便为现代意识形态与政教合一提供了哲学语言。这就是19世纪后专制民族国家德国、沙俄与20世纪斯大林主义特别重视黑格尔(而轻视康德)、捧之为官学的深层哲学背景。

无论何种意识形态,都拥有为逻辑论证所支持的普遍而且客观化的观念体系。观念体系不为私人(个人)所有,相反,它具有支配或制约个人的法则性力量。质而言之,意识形态是社会化的观念体系。从而,意识形态观念体系是个体的人归属于社会集团的观念中介。

作为广义的意识符号观念体系,无论对于个体或总体的人,意识形态都是绝对必要的实践中介。也就是说,广义的意识形态(观念体系)在人类实践中是一个必要的功能性环节。康德哲学所谓哥白尼式的转向,就是指出,人作为不同于自然物的主体性存在,在认识关系中不是被动地感受外界刺激,而是凭借感性直观形式与知性范畴体系主动地——亦即观念性、意识形态性地加工、选择而做成知识,此即"人向自然立法"的实践能动性意义。观念体系的功能性意义除上述认识论方面外,在康德哥白尼式转向中还包含着为人们易于忽略的价值论方面,这就是审美符号(广义观念之一)及其审美判断所达到的本体价值(目的)。

---

① 更早可追溯到2世纪中叶查斯丁(Justin)将逻各斯神化的护教辞。

第五章　意义与意识形态

意识形态的价值论含义是意识形态理论区别于一般符号论或观念论的独特性所在，也是这一概念流行至今的语义语用重心所在。也就是说，所谓意识形态，是逻辑论证化（合理化或理性化、认识论化，从而普遍化与客观化）了的价值。从语言哲学角度看，意识形态是以陈述形式颁布的指令，它具有伦理语言的情感态度倾向，即唤起情感以刺激行为的实践倾向。在意识形态中，价值利益的逻辑化，也就是社会规范化：价值利益被社会化地认同肯定、并拥有相应的观念（概念逻辑）引导与制约，就呈现为意识形态。

与前述强调意识形态的社会性（非私人性）相应，意识形态所代表的价值利益也必须具有超个人性与超局部性——不管意识形态所代表的价值利益实质如何局限，但作为意识形态，这种价值利益必须趋向于社会（"天下"Society）观念出现。如本书前章关于有别于国家的社会（"天下"）观念所分析的，这是一个指向形上意义界的理念（idea）。后边我们会看到，正是意识形态这种与形上意义界的关联，才不仅给人文知识分子、也给现实涵义界的国家与人类带来了深刻的矛盾。M·韦伯在《社会科学方法论》中以"价值中立性"（Wertfreiheit）与"价值关系"（Wertbeziehung）的界定，力图排除特定局限的形下价值，而只将人性本质层面的最高价值引入社会科学（亦即逻辑框架），也正是对意识形态这种普遍社会观念形式特性的肯定。

但必须立刻强调的是，意识形态的总体立场乃是形下涵义界的，意识形态所代表的价值利益实质上必然是局限性的，[①] 那么，这种实质是局限性的阶级党派价值利益以社会（Society）与人类最高形态和逻辑论证的科学中立客观形态出现，如何看待与评价意

---

① 这种局限性根本上源自生存涵义世界的有限性与人类自我中心立场。故神学家依据耶稣名言"没有一个义人"而强调世俗界任何团体（哪怕是最大团体的国家）的决策行为都不免是自私的。在现代环境保护哲学中，政府的政策清一色不超出长远持续（而非"可承受"）发展的人类利益立场，就是一个鲜明的例证。

识形态这一虚假特性以及意识形态语言这种混认知论证、劝诫指令、信念表白、宣言声明于一体的复杂特性呢？这里事实上存在着意识形态的两种基本类型和趋势：

（1）意识形态观念的普遍性使特定阶级党派的利益获得了社会普遍性。这种社会普遍性的观念不仅安抚与蒙蔽其他社会阶层成员，而且也使拥有意识形态的阶级党派获得自信。也就是说，意识形态具有自欺与欺人的双重欺骗性质。在这种欺骗功能下，意识形态对于为之论证的集团利益是单纯肯定性的手段。

（2）意识形态观念的普遍性是对特定阶级党派利益的超越。这种超越是任何人类社会的人类性与社会性必要的文化特性之一。它意味着狭隘局部的利益应当提升到全人类与全社会的意义大背景下，在此背景下，意识形态的普遍性观念反转来成为监督、约束与提升特定利益集团的否定性力量。

卡尔·曼海姆在其《意识形态与乌托邦》（1929）一书中将上述意识形态观念的肯定性与否定性分别划归为意识形态与乌托邦两类观念形态。本书则强调，在文明更高阶段上出现的意识形态已积淀包含有乌托邦因素，此正如同国为民有的社会观念已内在成为现代国家观念一部分一样，意义世界已越来越多地渗透进入了涵义世界。因此，上述两种类型的意识形态固然可能以纯粹的单一形式出现，但在更多时候，这两种相反的类型毋宁说是意识形态自身内在的两极张力趋势，它们构成了意识形态的历史演进矛盾。

但是，意识形态与乌托邦之类意义（Significance）世界终究有着重大的区别。前述乌托邦对既存利益集团的否定性超越，表明了乌托邦源于形上意义世界，而意识形态必定特有的对既定利益集团的肯定与辩护，正表明了意识形态与权力的同质性一面。这也正是意识形态特性所在。

意识形态与权力的关联又经常隐蔽化而以社会面目出现。这往往表现为公众舆论或社会权威性的褒奖。汉末九品中正,本源于党人清议的人文社会监督,但与官吏选拔结合后却成为官方意识形态依借道德控制士人的方式。诸种评奖从而成为官方意识形态控制社会的重要传统。哪怕是最富于人文精神的评奖,一旦制度化,便不可避免地为权势插手左右,从而沦落为人格控制的手段。就此而言,人文意义与人文知识分子只能是"私学"。1964年萨特拒绝接受诺贝尔奖这一世俗社会最高学术荣誉,这一举动具有自觉的形上人文意向:"我的拒绝并不是什么仓促的突然行动,我一向拒绝来自官方的荣誉。""私学"的人文意义却是高于俗世官学的本体价值尺度,因此而拒绝一个高于自身的权力,拒绝一个自身之外的评价标准。

渊源于巫术的观念的超越性,其人类学实践功能随着私有制与统治占有的扩大,不可避免地发生了历史性的分化与异化。为人文知识分子所阐释守护的意义世界教化权力而凝聚成"社会"("天下":Society),但此意义世界的观念超越性为权力所用,则成意识形态。因此,意识形态是以权力为后盾并为权力利益作超越性论证的观念形态;尽管在这种超越性论证中权力作为矛盾的一方同时也不可避免地受到了教化与制约,但其立场是权力利益的,这是意识形态成为意义世界异化物最重要的特性所在。

二、权力与教化:政教合一

(一) 政教合一的两个方向

如前一章所述,巫王合一的历史趋势已经显示出权力扩张与人文意义普遍性话语的关联根据,私有制统治使这一关联此后融化为人类历史上缠结甚深的政教合一现象。狭义的政教合一特指教权与政权合一。就历史顺序而言,中世纪的政教合一先于近代的意识形态;就逻辑关系而言,作为权力与教化的高度合一,政教合一又是前述意识形态的极端形态。因此,广义的政教合一指称人类历史上所有将权力与教化一体化的现象,它不限于实体化的教权统治。本书主要是在广义上谈政教合一,但有时也指狭义的中世纪教权统治时代。

政教合一,本质上只是权力统摄教化,尽管在表面上可以有两种方向相反的合一现象。

前边曾一再提及权力为追求全面统治而必然僭越形上意义界的规律性现象。意识形态这一用普遍意义话语论证特殊价值利益的观念形态,正是权力僭越教化的现代手段与表现形式。文明阶段的所有统治集团,都不仅需要论证自身政治经济利益的普遍性,而且要以精神道义的普遍代表自居。由此所造成的意识形态假象受到了19世纪以来的社会科学、特别是马克思主义的有力揭露:

> 统治阶级总是自己为自己编造出诸如此类的幻想。……每一个企图取代旧统治阶级的新阶级,为了达到自己的目的不得不把自己的利益说成是社会全体成员的共同利益,就是说,这在观念上的表达就是:赋予自己的思想以普遍性的形式,把它们描绘成唯一合乎理性的、有普遍意义的思想。
>
> ……
>
> 只要阶级的统治完全不再是社会制度的形式,也就是说,只要不再有必要把特殊利益说成是普遍利益,或者把"普遍的东西"说成是占统治地位的东西,那么,一定阶级的统治似乎只是某种思想的统治这整个假象当然就会自己消失。①

---

① 马克思、恩格斯:《德意志意识形态》,引自《马克思恩格斯文集》第一卷,北京:人民出版社,2009年版,第552-553页。

统治集团的特殊利益以普遍性的利益自居,而这种普遍性来自思想观念(意识形态)。也就是说,意识形态是涵义冒充为意义,或者说是用伪意义掩饰涵义。这样,为构造意识形态,统治集团的权力必须引诱或者胁迫人文知识分子运用普遍性的意义话语为他们与全社会编织意识形态幻想(象)。这部分依附于权力的人文知识分子从而成为意识形态专家,他们构成权力集团的重要组成部分。意识形态专家往往是受权力指使的刀笔吏工具,但在有些时代,当意识形态成为权力统治的枢纽、实现了政教高度合一时,意识形态专家便几乎享有巫术文化时代巫师的至尊地位,他们成为权力予夺的仲裁人与唯一的解释者。中国"文化大革命"时期,无产阶级专政条件下的继续革命理论成为攸关政权属性的最重大问题,陈伯达、康生等理论家便享有了"国师"的权力地位;与之相应,这一时期各级专事理论研究的"革命大批判小组"便成为各级政权机构中一个举足轻重的特殊部分。

值得注意的是,在后意识形态时代,以国家利益名义鼓吹爱国主义(实即民族主义)已有取代意识形态的趋势。甚至是在民主政体的美国,人文知识分子的工作也往往被纳入国家利益的"文化战略"("文化"竟然成为"战略"),如亨廷顿(S. P. Huntington)著名的《文明的冲突》所代表的。①

政教合一也可以相反地来自教化的扩张运动方向。宗教从无权势、受迫害的文化信仰团体演变为与世俗社会相仿的教会、乃至教廷权力机构。伴随罗马帝国衰落而逐渐取代世俗政权职能、统治欧洲长达千年的中世纪基督教王国,便是这样的政教合一典型。在这类以教化扩张取代世俗权力的政教合一中,表面上是教化意义战胜世俗涵义、君权神授,但实质上却是宗教的世俗权力化:如汤因比的研究所揭示的,基督教从其建立的第一步开始,从名称到

---

① 美国《外交事务》1993年夏季号。

管理组织方式,无一不仿照世俗社会而来。① 沉思苦行的修士成为拥有比世俗君主更高权势的教皇,这并不意味着意义教化的胜利,毋宁说是权力化与世俗化(对意义教化的世俗"教化")的胜利。恰是在中世纪,贵贱等级的划分达到了最严格的程度。而且,这种来自教化扩张的政教合一,由于自始便保持在凌驾于世俗权力之上的神圣高度,其权力统治由此也自始即占有了超权力的扩张优势。

因此,无论是权力役使教化,或是教化扩张为权力,在政教合一过程中发生的事情本质上是一样的,这就是权力的扩张与教化的异化。当然,就其复杂性与危害的深刻性而言,教化扩张为权力更值得重视与研究。

(二) 政教合一与专制主义

政教合一可以导致极端的专制主义。

对于权力自身而言,与教化同一使得权力即教化,从而权力成为自我阐释的不证自明之物,其根源、前提与合法性的根据本体一概由己所出,从而在根本上排除了任何实质性的批判与审查。人文知识分子在政教合一体制下或者为权力作曲意迎合的道义身份证明,或者沦落为给既定权力意志进行技术性手段性的论证解释。因此,政教合一使意义本体论成为权力论,任何独立于权力之外的终极价值研究和本体论思考,乃至任何自由思想不仅不再必要,而且本身就构成反体制的非法行为。康德即使生活在并非高度政教合一的18世纪,也能感受到作为一个人文知识分子的危险:

> 人民的启蒙就是把人民对于自己所属的国家的义务和权

---

① 参阅汤因比:《历史研究》下册,曹未风等译,上海:上海人民出版社,1997年版,第132—135页。

利公开地教导给他们。因为这里所涉及的仅只是自然的和出自普通人类悟性的权利,所以它们在人民中间的天然宣告者和阐扬者就不是国家所设置的官吏而是自由的权利的教师,也就是哲学家。哲学家正由于他们允许自己这种自由,也就有碍于一味总是要进行统治的国家,并且在启蒙者的名称之下被人诋毁为国家的危险人物。①

在政教合一体制下,权力的无限性依赖于以意识形态为中介的意义理念的无限性。因而,本体论、乃至任何具有基本原理性的研究都攸关权力统治根基而被垄断。这类人文知识分子的传统领域成为只有少数意识形态权威可以进入的禁区,任何独立思想者都客观上成为对教化垄断亦即权力本身的挑战。这就是圣奥古斯丁、圣阿奎那及其所阐释整理的亚里士多德的著作观点何以要被神圣化的原因;也就是为什么哥白尼以日心说怀疑亚里士多德—托勒密地心说,这在基督教廷眼中从不视为学术观点分歧,而必须以审讯与火刑柱严重对待这一学说拥护者伽利略与布鲁诺的原因。②

对于统治对象而言,政教合一使权力的统治范围从外在的政治、经济诸领域扩大为内在的精神意识统治。如一位无名氏纳粹诗人所简洁表达的:

> 我们已占据了所有的位置,
> ……

---

① 康德:《历史理性批判文集》,何兆武译,北京:商务印书馆,1990年版,第157页。
② 中国"文化大革命"后期宁夏等地一批独立研究马克思主义的青年理论小组成员纯因理论研究这一形式而被当局无情枪杀(参见《中国青年》1979年第7期,第2页),这一事实深刻表明,即使属于同一信仰(马克思主义),对意义阐释垄断权的冒犯,也同样不可饶恕。同一宗派门户,仅因对一名词的异义理解而被革出教门乃至杀害,这在宗教史上不算少见。

> 我们想要得到一切,
> 你们的心就是我们的目标,
> 你们的灵魂正是我们的猎物。①

对人心的统治是权力可能达到的最彻底的统治。政教合一之可能演变成极端专制,一个突出的原因正在于这种统治具有人格操纵的性质,这一点又使之带有特别残忍的非人性特性。

中国明代之所以成为集权专制空前发达的时代,正与程朱理学经永乐朱棣颁定独尊地位相关联。所谓"合众途为一轨,会万理于一原","使家不异政、国不殊俗",就是指实现思想专制划一的统治。晚明大儒刘宗周以"慎独"为中心的修养,其《人谱》"记警"百条,衣食住行,种种细微心态意念均置于理学监督规范之中。直至近代前夕,这种精神专制的实质才被戴震说出:"其所谓理者,同于酷吏之所谓法。酷吏以法杀人,后儒以理杀人……"(《孟子字义疏证》)后来谭嗣同更深入地揭露:"俗学陋行,动言名教,敬若天命而不敢渝,畏若国宪而不敢议,……上以制其下,而不能不奉之。则数千年来三纲五伦之惨祸烈毒,由是酷焉矣。""名之所在,不惟关其口,使不敢昌言,乃并锢其心,使不敢涉想……"(《仁学》)锢心灭念,这正是权力凭教化才能达到的统治程度。

教化异化为统治之所以可能格外残忍与非人性,是由于教化普遍性的形上观念原本就超越于日常世俗涵义之上,一旦作为统治权力横行于日常涵义世界,会全然不顾忌日常观念束缚。例如,希特勒纳粹法西斯主义以"雅利安人高贵、犹太人是魔鬼"这种杜撰的神化观念为旗帜,煽动制造出非理性的狂热情绪,竟能摧垮日常生活正常的社会秩序,使失去理性的群众成为无人性的灭犹刽

---

① 转引自〔美〕马文·佩里主编:《西方文明史》(下卷),胡万里等译,北京:商务印书馆,1993年版,第437页。

子手。中国"文化大革命"中,"灵魂深处爆发革命""狠斗私字一闪念"的人格精神控制使许多人实质沦为自虐狂患者。"革命"观念高悬于那一时代每一个人的精神上空,它不仅剥夺了个人的全部私人生活的合理存在,也摧残了人类文明社会最基本的人伦(母子、夫妻、师生、友人)与文明时代个人最起码的羞耻心、同情感、自尊自信乃至自我意识。

这种非人性的人格操纵无例外地以群体非理性的迷狂氛围为前提。但这并不是回到巫术文化时代。巫术迷狂是服务于人类的自我超越手段,而政教合一导致的非理性狂热却是私有制权力对社会民众的操纵。那是真正的魔鬼地狱,因为它把本应陶冶与教化的私欲反推入了无限理性的飞腾运动中。在这种极端的专制形态中,我们看到了意义(Significance)向权力的完全转化:意义从人性的理想状态异化为灭绝人性的专制工具。然而,意义之异化,不应归咎于权力的强制或操纵,作为一种可能与方向,意义异化为极权,在意义自身原已隐伏着契机。第四章追溯巫王合一的开端时,我们已经指出了意义的超越性与权力等级的位格对应性质。本章前节在指出政教合一的两个来源方向时,特别强调了教化自身的扩张所特有的复杂性危险性。在展示了教化扩张对于极权专制的特殊作用后,我们不能不再度审视意义及其教化方式。

(三) 激扬真理与爱之教化

政教合一的意识形态语言具有如下特征:

1. 它是对抗或博弈关系中的语言,具有为自己辩护并攻讦对方的战斗性。

2. 无论辩护或者攻讦,都具有欺瞒和夸张、歪曲和权诈一面。

3. 染有情感煽动色彩。

4. 由于垄断教化与居高临下的地位,攻击与辩护都具有毋庸置疑的独断(甚至神圣)语调。这种客观真理在握的自由独断与正义斗士的激情渲染恰到好处的结合,是法西斯演说与"文化大革命"辩论讲演最具煽情性的作品风格。①

5. 但对于大多数意识形态语言作品来说,由于此类语言自始就以集体大我与若干教条原则排除了自我个性;同时彻底泯灭了内省反思的私人语境,完全成为对外宣讲与统一人心的手段,从而公共模式的刻板规范化特征极为突出;而对个性思绪的清除过滤,不仅使语言干枯,而且绝少真诚流露。因此,政教合一下的意识形态语言最终只能流于平庸的官僚语言。

意识形态的魅力不可能来自权力,而只能依赖人文知识分子及其教化语言。在人文知识分子阐释并守护意义的语言中,有一个为技术涵义悠久浸染而极富进攻性的核心概念,这就是"真理"。这是一个极易同化于权力的统治意味的概念。

"真理"是与本质相符合亦即正确的认识,是行之普遍有效的观念。这种流行的真理观,表现出"真理"与占有性的技术涵义的密切关系。在此语用历史背景下,"真理"上升为普遍性的意义理念,却同时将实用性标准推广为绝对性标准。这种绝对性并未消除真理的功用性,在"手中掌握真理"或"恃有真理"的流行语用中,真理是以人为中心、以私有制权力为背景的一件武器;即使在"为真理献身"的语用中,真理似乎高于恃有真理者,却并未削弱真理的威慑力;反而使之成为一件普遍有效、超越于对立双方之上的"核武器"。真理的逻辑意义即消除分歧差异的同一性,成为统一一切对立差异的尺度与容器。统一,也就是权力社会学含义下的统治。大千世界中万事万物最终须统一于真理。

在这种语境中,挟真理如挟剑,捧真理如举法器,使真理的传播成为征服。在流行语用中,"真理"的这种征伐统一的斗争意味

---

① 中国20世纪90年代曾风行的大专院校辩论赛,虽有语文学与交往实践培训意义,但它以正反双方对立的博弈格局培养出不惜诡辩而战胜对方的辩论文化,其弊害迄今未作反省。这其实也是中国百年悍戾之气的时代风格。

成为最值得注意的现象:"为真理而斗争"、"为真理献身"、"捍卫真理"、"传播真理"、"服膺真理"……乃至深掘"真理"技术统治背景,力图使之诗意化的海德格尔,也引人深思地将真理视为"褫夺性的"(privativ)"冲突"。①

从"真理"中派生出了社会哲学的最高范畴"正义"。这是一个使人热血激荡,凛然联想到"正义之剑"的词,它使"真理"的斗争气质更加外露了。"正义"是革命家依托所在,由此我们可以发现人文知识分子介入权力斗争的中介轨迹:从"真理"走向"正义"。

回溯这一轨迹,真理的如上观念便内在地使意义世界伏有杀机。穆罕默德一手拿剑一手捧经的形象绝非伊斯兰教所独有,基督徒终于不顾耶稣在十字架上垂首示范的善良形象而高举十字军战旗跨马东征,而在后世佛教徒万众意气激扬、如两军对阵的判教辩论中,灵山深邃的平和宁静也早已远逝。在这种教化传播中,人们已经很难将传播真理与权力征服区分开来了。事实上,真理传播也就是征服人心。

但在近代大学原型的修道院经院教学中,学术论辩不是个人之争,而是互以对方的对立所构成的认识论差异为条件,在相互诘难中共同趋近真理的活动。因而,真理不是现代人辩论文化观念所以为的胜者占有的对象,而是论辩双方共同努力接近的信仰目标。真理在经院哲学中所享有的基督教信仰地位,使学术成为超出任何特定个人意志的信仰性对象。这就是后来大学中学术享有至高无上尊严的渊源。

因此,当人文知识分子对意义的阐释与守护火药味过浓时,当

---

① 参阅海德格尔:《存在与时间》导论,第 44 节等。《艺术作品的本源》:"真理的本质,亦即无蔽,由一种否定而得到彻底贯彻。……就其本身而言,真理之本质即是原始争执(Urstreit)……"(引自《海德格尔选集》上卷,孙周兴选编,上海:三联书店,1996 年版,第 275 页。)

这种阐释与守护从谦卑友善迸发为意气激扬,乃至颐指气使的教训(或者表面与之有别的孤高自恃)时,人们就应当开始警惕教化向权力的转化,而不可简单地视之为某种风格个性。

但作为人文意义范畴的真理,原不应混同于科学规律。作为教化过程,接受真理并非献身牺牲式的放弃个体自身,恰恰相反,如同迦达默尔《真理与方法》所论证的,真理有待接受真理者个性化的阐释才获得充实生成。权力意志性的真理传播只追求服从,并不考虑接受真理者本身的存在,而人文真理阐释,却使个性参与真理生成,并使双方交流循环发展。因此,真理教化,是召唤听者参与的平等对话。但又如利科所说,阐释真理者固因参与投入而"占有"意义,但"占有是要比应用于作品传达的语境中的理解关系主观性更少的一种相互理解关系,一种新的主观性理论就是根据这种关系产生的。通常我们说的占有不再是在主体哲学的传统中被理解,理解,不是把自己映射到本文中去,而是从作为解释的真实对象的意欲语境的理解中接收一种放大了的自我"。因此,"占有不仅是本文的间距的补充,而且是自我的放弃的补充。"① 个体自我在意义阐释中既参与"占有"意义,又"放弃"自我、同化于意义阐释规则而上升到更为普遍的自我意义世界。这种既占有获取又给予放弃的意义阐释,被阐释学普遍地视作"游戏"。②

游戏整体并不属于任何游戏者个人所有,因此,阐释意义者从不因其真理性而自以为持有(占有)真理意义。本书愿引孔子"述而不作"的形象为典范,给阐释意义的游戏补充以必要的信仰态度。这意味着阐释真理意义的人无权自命为创造(占有)真理者,阐释者固然参与加入而贡献了自己的阐释内容,但他必得以前人的文本与整体的(游戏)规则为前提,就此而言,他又只是"述"者

---

① 〔法〕Paul Ricoeur:《解释学与人文科学》,陶远华、袁耀东等译,石家庄:河北人民出版社,1987年版,第188—189页。
② 参阅前引著作及迦达默尔《真理与方法》第一部第二章。

而非"作"者。西方大学(university)人文-神学传统的教学核心环节"授课"(拉丁文 lectio),并非教师讲授,而是指"阅读",即阅读经典。教师的讲解,则是围绕经典阅读的注释。中古经学,无论基督教神学或儒学,均限制读者僭越经学权威擅用个人理性独立展开解释。特别在天主教交谈风格中保留的经院谦卑语调,实质是在信仰之下对个人依仗知识炫耀自我的抑制。①

真理这种对自我中心的超越,不仅对个人而言,也是对人类而言。非个人亦非人类所能占有的真理在此才展现出意义(Significance)的本体论无限特性。海德格尔把真理视作人(Dasein)进入存在(Sein)意义的方式,真理因此也就是存在意义向人的显现。存在的意义并非具体实在的对象物,而是这些对象物缘因人而与存在发生的关联,其进一步的内容可以阐释为天地人神四元友爱的结合。因此,意义的本性是和平友爱。真理又是一种运动,所谓真理的"冲突"性是指:具体的存在物作为一种建立,为敞开存在意义提供了一处场所条件,也就是说,提供了一次可能的机会;但作为确定的存在物,它又划出了限定,必然因其特定方面的凸出反而遮蔽了它与存在的意义关联。特别是,作为对象化客体,它极易导致实用性与主体意志占有的凝聚。从而犹如一支亮烛,在照明周围的同时反使更广大的环境陷入黑暗。只有不断消解对象化所带来的功用占有观念与视野限定,动态地看待那凸出的存在物,使其凸出与遮蔽如实地相抗衡,而不是滞留于实体化的静态物或混沌无物的虚无割裂两极片面之中,才会显示出那生而不滞、生生不息的存在意义。这种显示,就是真理。②

海德格尔认为存在意义之显示、即真理的发生有多种可能方式,但"真理把自身设立于由真理开启出来的存在者之中的一种根

---

① 这已成为当代大学教学改革的重要课题。参阅尤西林:《经典文本导读在大学人文学科教学中的地位》(《高等教育研究》2003 年第 3 期)。

② 可与佛教中观"否否双遣"法及因明关于遮诠与表诠互补理论相比较。

本性方式,就是真理的自行设置入作品",① 即艺术与审美。美不是真理之外的伴发物,美就是真理发生的基本方式。② 海德格尔以陶壶为例,将陶壶倾注酒水的片刻,视为天地人神四元友爱聚集亦即存在意义显现、美与真理发生的时空。③ 对于我们重要的是,美作为真理发生的方式,在根本上已排除了征伐统治的真理观念。真理,意味着本然的友爱与奉献,意味着个性联合游戏地超出自我又丰富自我,意味着一个使人超越利己主义涵义界的人性意义境界。④

人文意义与真理在本性上是非暴力的。所有侵犯进攻风格的真理观念都可以还原为自我中心的权力统治涵义。

诚然,到现在尚未提到罪恶与不义,它们恰恰是迄今人类历史中更加触目惊心的事实性存在。美与善之人文真理意义当然不能避开罪恶的环境。人文知识分子对意义之守护,正是针对罪恶环境而言。有效的守护,如前章所述,必须与暴力具有同质性:只有刀才能击刀。本书高度尊敬与同情甘地非暴力主义,也信服其深远的实践可行效果(如在印度独立运动中所产生的巨大作用那样),但守护意义不可能绝对非暴力。⑤

---

① 海德格尔:《艺术作品的本源》,引自《海德格尔选集》上卷,孙周兴选编,上海:三联书店,1996年版,第282页。
② 参阅海德格尔:《艺术作品的本源》,引自《海德格尔选集》上卷,孙周兴选编,上海:三联书店,1996年版,第302页。
③ 参阅海德格尔:《物》,引自《演讲与论文集》,孙周兴译,北京:生活·读书·新知三联书店,2005年版,第173-181页。
④ 参考康德:"在鉴赏判断中所假定的不是别的,只是这样一种不借助于概念而在愉悦方面的普遍同意;因而是能够被看作同时对每个人有效的某种审美判断的可能性。鉴赏判断本身不假定每个人的赞同(只有一个逻辑的普遍判断才能做到这一点,因为它可以提出理由);它只是向每个人要求这种赞同,作为这规则的一个实例,就这个实例而言它不是从概念中、而是从别人的赞同中期待着证实。所以这种普遍同意只是一个理念。"(《判断力批判》,邓晓芒译,北京:人民出版社,2002年版,第51页。)
⑤ 甘地事实上给杀生与以暴制暴(如不得已时可杀死疯屠夫)留有最低限度的余地(参其在1926年11月18日《青年印度》所发表的议论)。

然而,历史事实却表明,对于人文知识分子及其所守护的意义来说,真正的危险并非由于善良而造成的软弱——从长远来看,持久而明智的善良软弱乃是无法制服的积极性存在,她是最终从军事、政治、经济诸方面导致暴政崩溃的中心源泉,暴力从不能真正战胜真理意义,因此它才求助于语言而转化为意识形态。真正的危险来自意义自身的蜕变。政教合一所导致的专制暴政表明,一种善良和平的意义真理一旦异化为权力,其残暴程度远非外在的强暴所能相比。防止意义异化为极权专制,不仅需要如人们已谈得很多的那样,将事实世界与价值世界分立、让恺撒与上帝分管俗世与天国、防止超越性意义直接操作权力,更为根本的一个方面是,人文意义自身就须要防止权力的侵蚀而异化为暴力。其中的一个关键,正是前边所梳理的真理及其人文教化的本性恃守;而这种恃守的一条极为重要的界限则是非暴力精神。作为基本精神,不得诉诸暴力的意义守护,必须是真正自卫性质而非进攻性质的,而且它必须限制在尽可能低的水平上。同时应当注意的是,这种非暴力精神是广义的,它不只指对身体行为的限制,尤其要恃守于意向观念与语言风格中:人文知识分子只拥有语言,但这是可以使人类走火入魔的语言。因此,守护人文语言的和平本性攸关人类社会的安全与幸福。政教合一的意识形态语言的巨大危险,也正在于它恰恰使人文语言权力化了。①

对于人文知识分子来说,语言是否真正和平,便并非单纯的私

---

① 因此,人文意义的表达方式本身就具有重大原则意义。高尔基在《我的大学》中曾描写过那些在台上鼓吹博爱者,激动时往往像斗士(甚至眼中闪射凶光)。这是一个深刻的矛盾现象。在捷克作家昆德拉的小说《生命中不能承受之轻》的女画家萨宾娜心目中,"公民,你在两千字宣言上签字了吗?"与"公民,你加入红军了吗?"两幅招贴画语言表达形式上的一致(都有一个目光炯炯的指手者)要比各自政治内容上的区别严重得多。所谓反对"媚俗"(Kitsch)比反对某一具体制度更重要,这种形而上学立场,自文明伊始(如反对"以暴易暴"的伯夷、叔齐)就是人文知识分子的决绝态度。

人个性风格问题。这绝非褫夺人文语言守护意义的战斗性,但无论在历史事件或在日常言谈中,都已充分表明:自卫守护与进攻(侵犯)扩张,区分几希! 人文知识分子,一切以普遍性(分析哲学所指出的形而上学性)语言言说者,当以身处两个世界渗透压迫下的儒士格言自警:人心惟危,道心惟微;战战兢兢,如临深渊,如履薄冰。

上述文化言语的静态分析需要结合社会与历史而进入思想史。中国近百年悍戾之气是传统文化中陌生的气质。革命意识形态在摧毁儒学乡绅教化风俗之后,① 乡民在革命名义下实施了阶级规模的侵犯与攻占。②"文革"后结束了革命阶级斗争,但近半个世纪的现代化过渡期,从革命意识形态解放出来的私利个人却卷入缺乏法制与权利保护规范的原始争夺格局。悍戾之气内在浸入底层个体交往与上层社会文化,它与无法无天的公共秩序空场恰适对应。因而,中国悍戾之气的消除不仅是文化教化任务,更以社会制度现代化为前提。其中核心的目标是真正自由的人格的养成。③

三、政教分离及其现代遗产

在对中世纪政教合一体制的批判中,产生了近现代社会的一项基本原则,那就是:政教分离。这一原则的确立,从但丁 14 世纪初发表《论帝制》,到 18 世纪末叶美国宪法将政教分离定为国策,历时 400 多年。政教分离已成为不分党派与民族,为现代社会普遍承认的文明基本尺度之一。它并不专属于资产阶级市民社会。

---

① 参阅陈忠实《白鹿原》对近代中国乡俗变迁史纪实。
② 参阅毛泽东《湖南农民运动考察报告》的著名记录。
③ 国人今日流行的人格尊严观念具有强烈的私人自卫特性,几乎排除了"他人"。因而不知道现代性人格是"我与你"平等的伦理学观念与法权观念。"personality"往往被理解为私人性的"individual",参阅雷敦月(Edmund Ryden):《"Person"的中文翻译:困难与挑战》,张清江中译文,澳门:《神州交流》2011 年 1 月号。

被视作现代社会主义革命开端的巴黎公社,马克思在《法兰西内战》中对其做总结时强调,政教分离是公社的基本原则,也是公社属于现代社会运动的基本特征之一。

政教分离一方面意味着信仰与思想自由获得保障,从而使民主得以确立;另一方面又意味着政府权力的有限与理性,从而使法制成为必要。因而,政教分离成为一个国家或民族跨入现代社会时的先决条件之一。① 对于人文知识分子及人文意义教化来说,只有摆脱了权力的强制、引诱与扶植,才有真实的思想自由与意义真理的阐释,从而才能向社会提供超越性的意义真理与人类自我意识。对于国家政权来说,只有基于思想自由与意义真理的批评监督才是真实有效的。由此造就的独立的人文教化系统与人文知识分子独立的人格地位,不仅是防止政权腐败、保障民主法制的客观格局中必不可少的一环,更是从精神观念上陶冶教化全社会,以维护促进人性的文化条件。

因而,政教分离不止于对政教合一的简单反拨,它包含着诸多建设性内容。本书认为,那种把政教分离原则简单地视为分立事实,与价值两界互不相干、各行其是的看法,不仅忽略了其中两界相互积极作用的建设性内容,也未能足够估计近现代政教分离运动的复杂性及其对于当代社会的多重意义。

无论是与中世纪教权斗争的政教分离运动,或是20世纪消解意识形态的社会思潮,作为政教分离的遗产,都已成为社会存在的一部分并现实地参与塑造着今日人类的面貌。审查这一遗产,是重建当代人文意义真理基础性的工作之一。

本书所关注的是,在政教分离的社会运动或思潮中,阐释意义(Significance)的人文教化本身受到了什么影响和塑造? 它们是否

---

① 二次大战后日本天皇君主制接受民主手术的第一刀就是宣布政教分离,天皇从此退出政体成为信仰象征。

得到了复兴和发展？在新的社会格局中它们处于什么地位？以何种形式发挥其特有作用？

因此，从历史发展角度考察权力与教化关系的演化状况是必要的。

中世纪政教合一区别于20世纪意识形态的一个基本方面是，在中世纪政教合一中，实际存在着教权与王权两个既对立又统一的实体权力。教权世俗化得如此深，以至在很大程度上，教权与王权的关系已演变成两种世俗权力的关系。这一基本事实构成了限定政教分离的格局背景。

所以14世纪发轫的政教分离思潮自始即具有为教权统治下的王权作辩的倾向。王权在此并非抽象的世俗权力，而实质往往代表着酝酿发生中的民族国家与市民社会。政教分离从而成为推动近代世俗市民社会产生发展的重要动力。但丁的《论帝制》、马尔西利奥(Marsilius)等的《和平保卫者》(1324年)对政教分离的论证都具有鲜明的王权立场。与此相应的,从司各脱(J.D.Scetus)到奥卡姆(Occam)向阿奎那学说的挑战,虽然只是分离理性与信仰、哲学与神学而并未诋毁信仰与神学,但立场倾向却是理性;而理性则属于世俗界。特别是奥卡姆的唯名论,造成了两个影响深远的开端:(1)教化意义世界由此非实体(实在)化了,从而抽空了教权的存在基础;(2)以"理性"为本质的"哲学"被形而下亦即世俗化了,这使专属神学的形上意义阐释在神学没落之后便失去了依托。这一倾向直至康德、乃至现代分析哲学,都可以看作政教分离的哲学表述。但就其主要方面来说,都缺少对形上意义的建设。就奥卡姆自身而言,其社会立场同样是王权的。①

与本章第二节所述政教合一的两个方向相应,政教分离思潮

---

① 奥卡姆的唯名论在当时具有严重露骨的政治意味,他在受到教权迫害之后投奔德皇,声言:"你用刀捍卫我,我用笔捍卫你。"(转引自黑格尔:《哲学史讲演录》第三卷,贺麟、王太庆译,北京:商务印书馆,1983年版,第310页。)

运动中也存在着两个方向。与前述基于王权世俗立场的批判有别,宗教改革运动包含着对本源意义的教化信仰的回归与复兴。马丁·路德1517年公开抨击出售赎罪券,被视为宗教改革乃至整个现代历史的开端。这一抨击意味着对世俗涵义力量的代表——金钱是否可能与是否应该作用于信仰的否决。因此,宗教改革也是政教分离,但其倾向不能如流行观点那样完全归之于世俗化方向。恰恰相反,在瓦解中世纪政教合一的政教分离运动中,意义教化的精神信仰重建,主要在宗教改革中才是一种正面肯定性的方向。其中值得注意的有以下几点:

1. 对政教合一批判的重心是宗教自身的堕落,对宗教信仰职能沦丧的忧患,而主要不是囿于世俗视界对教权"不公正"侵占权力财富的指责。这一关注重心自14世纪宗教改革先驱威克里夫(John Wyclif)与胡斯(John Huss)开始,往往缠结于政教分离两个方向作用力中而未得彰显。① 而从路德、加尔文开始,这一中心才开始凸出。

2. 在重建宗教信仰的努力中,克服虚无主义倾向(它在现代成为主要问题),不是单一批判,而是对意义(Significance)世界力主肯定性亦即信仰的态度,具有至关重要的建设性意义。威克里夫坚持与唯名论对立的唯实论,路德等人普遍依赖的个体信仰体验都产生了重大的建设性作用。因此,恰恰是立足于个人真切体验并虔信其实在性的神秘主义思潮与团体,如艾克哈特(Eckhart)、陶勒尔(John Tauler)影响下从14世纪开始活动的共同生活弟兄会,以至16世纪的激进宗教改革派别再洗礼派等,对重

---

① 例如,威克里夫在倡导与实践教会教士自觉退回清贫状态并以此作为恢复宗教教化职能先决条件的同时,却"令人奇怪的是,威克里夫对教职和教会特权的看法是封建式的。上帝是大君主。一切职位,无论是世俗的、还是宗教的,都是上帝作为采邑而赐给的。"([美]威利斯顿·沃尔克:《基督教会史》,孙善玲等译,北京:中国社会科学出版社,1991年版,第340页)。

建信仰发生了特殊的刺激作用。

　　由此可以考虑,信仰建设与实在观念及个体经验密切的关系。现代分析哲学对唯名论作了极端普遍的引申,将个体的实在感压缩至最小范围("The":此时此地),这便从根本上抽空了人对普遍性意义(Significance)的信仰。① 奎因对本体论的承诺,仅仅是立足于思维需要的观念框架(如为了便于研究太阳光而设定一"太阳"),同样反对附以体验(即信以为真)。在这种情况下,如果要说有信仰,就只有对"理性"即知性逻辑的信仰。与此相应的是,世俗态度固执的常人,只相信以自我为中心的感知体验,斥任何超越性的实在观念为虚妄。因此,建立信仰,恰恰需要对自我一己之外的存在(异在)有一种感同身受的内在体验的实在感,而决不能由知性逻辑将之唯名化为观念设定。信仰性体验,亦即对超越自己的普遍性存在的实在感,如果等同于日常操作所产生的实在感,即将这种普遍性存在完全实在(实体)化,那就堕落为迷信。康德历史性的启蒙,即将物自体移出现象界感知对象范围当然是正确的,但非迷信的亦即健康的信仰态度,决不是虚无主义地将此物自体等同于一知性范畴或一纯设定性观念(伪专名),而必须伴随以最低限度的实在感。这种为信仰所必须的实在感随信仰对象不同(从比基本粒子更微观的"超铀元素"到上帝),可有很大差别:它不应强于操作对象的实在感,却不能没有意向性的实在感或意向性体验。由于这是意向中的实在感,所以并非直观反映或经验论意义下对实在对象刺激的接受;但也同时不是唯我论和唯心论的精神观念而是对超越自我的意向性对象的体验。这种信仰态度及其所伴随的意向性实在感,是任何有效的认知所深层依赖的。②

---

① 因此,海德格尔在《尼采》中一再强调唯个体经验的实在论与虚无主义之间互为因果的关系。
② 参考爱因斯坦与量子论哥本哈根学派论战中关于实在感的强调。实际上,哥本哈根学派关于微观客体不可知的看法是针对实在论的客体观念而言,这种(转下页)

特别需要强调的是,如果一个人谈论一个对象却对之毫无实在感(唯名而已),那他(她)就丧失了真诚,而这,正是不道德的发生根源。信仰之所以攸关道德,于此我们便可有新的理解。①

实在感在区别于操作感知的意境(意义境界)层面被执著后,真诚就演进为虔信,从而产生(建立)了信仰。由于这种虔信无法用涵义层面的知性语言表达,如前第二章所述,类似于审美的个体体验便成为支持信仰的实在感的突出来源。此外,与信仰密切相关的其他心态如憧憬、独白与聆听(与不可见者对话)、期待、信赖、依恋等,也都以上述实在感为基础。

(3) 信仰态度需要外在的亦即客观化的戒律操演训练才能巩固与推广,从而宗教组织仍成为重建意义信仰的重要方式。加尔文教派从攻击教会中介到重建更加纯洁严格的神权组织,由此而成为建立资本主义新教伦理(M·韦伯)最突出的力量,这一事实典型地表明了这一规律。但这当然不意味着提倡将某一信仰制度化而强制推行于全社会。

(4) 加尔文教重建神权还表明,政教分离对于意义教化而言是欲进先退的积极一步。教化非权力化与意义世界从世俗界重新分离出去,并非意味着意义世界不再关涉世俗涵义界,而是要通过在新的历史条件下重新实施亚里士多德原初的"分离"(参见第二章)而净化更新自身、再度获得意义教化者的品格。重溯原始基督教精神使加尔文教等新教以更大的活力深远地重返、渗入世俗

(上接注②)意向中的客体即使不可认知,也附着有弱化的实在感,否则它就无从构成对象。量子的不确定域性质要求主体意识在特定时空中确定量子同时,对消失于确定实在状态视野之外的"无—空"亦能保持感知。牟宗三关于冯友兰与熊十力根本分歧的著名回忆基点也在于此(参阅《牟宗三先生全集》5,台北:联经出版公司,2003年版,第184页)。

① 由此还可以更深入理解胡塞尔现象学为何要以认识论形式的对抽象观念(如"红")的直观为开端,这种直观所提供的实在感,正是现象学伦理价值的一个基础条件。

社会各个方面,而政教分离后产生的新教又被英国宣布为国教,这种对政教合一的复归更加表明,意义教化与世俗权力相互作用的关系是无法消除的,问题是应当建立怎样的关系(详后)。

(5)内在反戈的宗教改革与外部攻击的人文主义(指狭义的文艺复兴为开端的近代人文主义思潮)表面上方向相反:宗教改革旨在通过政教分离而使宗教摆脱腐败、重振信仰,人文主义却以世俗幸福为最高价值意义而否弃宗教;然而,不仅在客观效果上,宗教改革内在地摧毁了政教合一的中世纪社会格局,从而使人文主义主张的世俗生活获得自由,更为根本的是,宗教改革重建信仰的一个基点是信仰的真实性与自主性,这恰是人文主义与后来的启蒙主义关于人的本质的基本信念之一,即自由。这使它们同居于文化意义层面。从而,人文启蒙与新教伦理相反相成地共同构成为政教分离之后近现代西方社会意义教化的主流内容,同时塑造了近现代人文知识分子新的形象。它以新的形式复现了古希腊理性同古希伯来信仰这一西方文化的互补结构特性。

政教分离运动的意义远超出了西方文化圈,它实际标志着雅斯贝斯所概括的人类"轴心时代"(公元前 800 年到公元前 200 年)人文意义范型的衰落。这是跨度极大的一段历史:以中国先秦诸子、印度佛陀、希腊前苏格拉底哲学群体、巴勒斯坦诸先知、波斯袄教为代表的人文导师们,在巫术文化解体之后普遍地建立起各自的人文意义范型,支配人类信仰长达两千年,这一历史终于在 16 世纪宣告终结。在中世纪教权统治解体的同时,中国儒教也已失去其维系人心的力量,其最后一位大师王阳明称自己时代"天崩地解"、"功利之毒沦浃于人之心髓",正是就此人文教化颓势而言。从此以后,人文意义不复拥有中古时代那样的实体基础,人文知识分子又面临着近乎两千年前无业巫师流浪的困境;代之而起的是以理性、人欲及其科技手段为特征的近现代生活方式与价值取向。人文意义及人文知识分子在此后四个多世纪中必须基于这个新时代而建立新的意义阐释关系。

四、人文意义与近现代世界

政教分离旨在使人文教化与世俗权力各归其位,以在新的基础上重建二者关系。这个基础,就是构成近现代社会存在的科技工艺与市场经济。人文知识分子通过对这一基础的意义阐释,不仅为近现代社会生活提供了发展前提,也提供了价值规范。

由于现代化历程以基督教文化地区的欧美为先行代表,因而基督教与现代化的关系可作为人文意义世界与涵义世界阐释关系的典型。

基督教文化与作为现代化内在精神的现代性有着特殊密切的关系。

何谓"现代性"(Modernity)?即17世纪以来起源于欧洲,尔后遍及全球的人类现代化(Modernization)进程中的人的心性,其核心乃是面向未来求"新"的进步主义时间—历史观。这一词义渊源于5世纪由基督徒创造的拉丁词"Modernus",代表着由基督教末世观所完成的弥赛亚盼望,[①] 这一直线矢量的深层历史观塑造了近现代人类追求进步与竞争创新的基本心态,驱动着从以微软为代表的科技更新到民族国家及每一个体向前竞争。迄今人类最基础的心态即这种面向未来筹划的时间框架。

在适应或推动现代化以及相反地批评或规范现代化的历史进程中,基督教经由现代性形成了与现代公共社会的双重功能关系。也同时在这一互动关系中基督教经受了现代化—现代性洗礼而形

[①] 参阅马泰・卡林内斯库(Matei Calinescu):《现代性的五副面孔》(*The five faces of modernity*),顾爱斌等译,北京:商务印书馆,2002年版,第18-22页。John F. Rundell, *Origins of Modernity*, The University of Wisconsin Press, 1987;卡尔・洛维特(Karl Löwith)《世界历史与救赎历史》(*Weltgeschichte und Heilsgeschehen*),李秋零、田薇译,香港:道风书社,1997年版。

成了政教分离之后的现代特质。

《新教伦理与资本主义精神》已问世一百多年,韦伯这一基督教文化研究的范型亟待结合中国现代性处境问题推广运用。特洛尔奇(Ernst Troeltsch)大规模致力于自由主义神学与人文科学及其各门人文学科的对话也逾百年,然而迄今仍有大量类似"理性"或"现代性时间"这样深层支撑并规范现代化制度的现代性信念"百姓日用而不知"。举其荦荦大端,例如从晚清已意识到的基督教超血亲伦理对于中国传统私人伦理转化为现代化公共伦理及民主制度的基础意义;① 大学(University)作为现代社会知识母体与道义策源地的基督教渊源;中世纪经院理性及自然神学对于近代科学的观念前提意义;② 路德改教恢复个体与上帝直接信仰关系对于现代个体人权自由的基石意义;加尔文日内瓦长老制对于现代民主制度的原型意义;现代法律的基督教前提,③ 等等。

结合现代化并非迁就顺应现代化。M.韦伯《新教伦理与资本主义精神》象征代表着基督教文化意义对于现代化涵义的双重阐释关系:它一方面以路德的"天职"(Beruf,英文 Calling)观提供了现代职业伦理,"为上帝而工作"的信仰超越"为消费而生产"而转化为"为生产而生产"(如马克思评价李嘉图所言,这一观念的形成才是现代工业扩大再生产的观念前提),从而成为资本主义精神的深层支撑动力;同时,另一方面,新教伦理又遏制、批评非理性

---

① 这已是 21 世纪以来至今争论中的中国大陆思想学术论域,参阅郭齐勇主编《儒学伦理争论——亲亲互隐为中心》所收集代表性论文,武汉:武汉大学出版社,2005年版;尤西林《基督教超血亲伦理及其起源》,南京:《江苏社会科学》2007 年第 2 期,收入何光沪、杨熙楠主编《汉语神学读本》上卷,香港:道风书社,2006 年版。
② 参阅怀特海(A.N.Whitehead)《科学与近代世界》(Science and the Modern World)关于作为近代自然科学前提理念的基督教溯源,何钦译,北京:商务印书馆,1997年版。
③ 参阅伯尔曼(Harold J.Berman)《法律与革命:西方法律传统的形成》(Law and Revolution: the Formation of Western Legal Tradition)的核心命题"法律必须被信仰",贺卫方等译,北京:商务印书馆,1993 年版。

的"贪欲"占有财富观,将其排斥于理性化的现代工商精神之外,由此而开启了规范现代化的基督教文化批评态度。

上述基督教个案代表着意义世界对于现代化涵义世界普遍性的阐释。可概括为以下诸项更具体说明:

(一) 理性道德与经济制度

近现代社会的基础是以工厂为单元的产品生产与国际性市场交换相统一的商品经济。这一巨大的世俗社会基础是以什么动力推动建立起来的呢?浮现在历史表象中的原始资本积累,从"羊吃人"的圈地运动到贩奴劫掠,使世俗涵义的贪欲与投机竞争似乎无可争议地占据了历史动力的位置。

然而,M·韦伯注意的却是资本主义生产方式的社会化(这已为马克思所揭示)与"理性化"(Rationalization)的内在关系。"理性"体现着资本主义的新质,它成为以复式簿记为代表的核算计划在内的精神依据。与"理性"相比,"贪欲"与投机恰处于非本质的表象层面:"理性的工业组织与固定的市场相协调,而不是和政治的、或非理性的投机赢利活动相适应。"作为市场经济的"商业化、可转让证券的发展、投机的理性化、交换等等一类东西也是与之联系着的。因为,没有这种理性的资本主义劳动组织方式,所有这一切,即便有可能,也绝对不会具有相同的意义"。"对财富的贪欲,根本就不等同于资本主义,更不是资本主义的精神。倒不如说,资本主义更多的是对这种非理性的缓解"。① 对自然人欲的抑制,如本书第二章已述,正属于人文教化。理性作为普遍性的人文教化力量,必须拥有社会性的意义阐释背景亦即意义系统。于是,"以其自由劳动的理性组织方式为特征的这种有节制的资产阶级

---

① 参阅 M·韦伯:《新教伦理与资本主义精神》,于晓、陈维刚等译,北京:生活·读书·新知三联书店,1987年版,第 11-12、7-8 页。

的资本主义的起源问题",被韦伯溯源于新教伦理,转化为近代经济生活的精神与惩忿禁欲的新教之理性伦理观念之间的关系问题。① 他通过对新教、特别是加尔文教的社会学研究,揭示了在狂热赚钱谋财的资本主义活动背后,深层地存在着新教"劳动"、"天职"、"勤俭"等宗教意义理念的教化背景。资本之可能不断积累用于扩大再生产而非消费挥霍,表面上是知性逻辑的功利涵义算计,但其主体气质素养却源于上述理性信仰背景。

与"理性"相仿的还有"公正"。"公正"通常被视为纯道义原则,属于人文意义范畴。但商品经济基石性的"交换"却以"公平"为前提。亚里士多德《伦理学》已指出了交换的可能性以交换双方的等一性为基础,这就是公平的经济原型。然而,尽管公平观念以商品交换为经济基础,但没有公平观念,商品交换也无从确立。商品经济古已有之,但为什么近代以后才得到发展而确立呢? 马克思对此分析道:

> 因为希腊社会是建立在奴隶劳动的基础上的,因而是以人们之间以及他们的劳动力之间的不平等为自然基础的。价值表现的秘密,即一切劳动由于而且只是由于都是一般人类劳动而具有的等同性和同等意义,只有在人类平等概念已经成为国民的牢固的成见的时候,才能揭示出来。②

公平观念与商品交换这种互为因果的关系,使人们能更深刻地理解人文知识分子阐释并守护公正(平等)观念对于近代人权社会及其契约论政体的根本意义,从而明白,何以中世纪教会作家

---

① 参阅 M·韦伯:《新教伦理与资本主义精神》,于晓、陈维刚等译,北京:生活·读书·新知三联书店,1987年版,第13、16页。
② 马克思:《资本论》(第一卷),引自《马克思恩格斯全集》第四十四卷,北京:人民出版社,2001年第2版,75页。

将古罗马法学家的"公平价格"概念形上化,会更加有力地成为古典经济学劳动价值论的渊源根据;路德改革的核心是个体无中介的直接与上帝建立信仰:"唯有信仰!"这一人人享有的个体与上帝的直接关系,乃是洛克与卢梭等近代自然法学派形上设定个体人权与人生而平等的最高根据。罗尔斯(J.Rawls)在将作为市场经济基础的契约论抽象为"正义"的研究中,着力强调了"正义"的纯粹性与绝对性不能源自世俗经验的功利衡估,而只能来自形上设定。"作为公平的正义可以说不受存在的需要和利益的支配。它为对社会制度的评判建立了一个阿基米德支点。"①

上述人文形上意义对形下涵义的社会经济制度的内在结构性支撑,在当代新制度经济学(New Institutional Economics)中体现为信仰体系的经济制度意义。当代新经济史学派代表 D·C·诺思(Douglass C.North)将经济发展归因于制度结构变迁,理解制度结构的两个主要基石是国家理论和产权理论。产权的出现是国家统治者的欲望与交换当事人努力降低交易费用的企图彼此合作的结果。从而,降低交易成本费用成为关键。国家制度对交易本有明确规则,然而,个人权益最大化这一世俗社会普遍的动机,却使破坏制度的"搭便车"行为时时可能出现。这显示了产权结构的不完全与无效率一面。但通过充分界定与行使产权以及考核行为来杜绝"搭便车",却因远大于收益的成本花费而无论在理论或实践上都不可行。于是,诺思摆脱了古典经济学"经济人"的单一人性观,而注意到了人性利他与自我超越的一面。诺思指出,人性这一方面受制于信仰体系的意识形态,它提供了自制、理性、公正、博爱等人文素质,从而可以克服"搭便车"并保证社会经济制度的健康运作。

诺思虽是以形下功利(成本核算)尺度评价形上人文意义,但他不仅承认了世俗涵义界自身力量的局限性,而且用严格的经济

---

① 罗尔斯:《正义论》,何怀宏等译,北京:中国社会科学出版社,1988年版,第252页。

学语言论证了世俗界对人文意义的依赖。

诺思理论尤其适合于政教合一解体之后的后意识形态时代。他有力地突出了后意识形态时代中广义意识形态的社会整合积极作用。"随着现代信息费用观念的兴起,意识形态已经变得更为分散化而非集中化了。"这意味着本章开始所说的广义意识形态即非专制的社会化观念体系地位作用的上升。这种广义的意识形态在政教分离新时代已不是依照权力集团利益左右人心,而是社会整合的无形力量,"其基本目的在于促进一些群体不再按有关成本与收益的简单的享乐主义的和个人的计算来行事。"① 这种社会化观念甚至已渗透于"对时间价值、人力资本以及相应决策影响的考虑"之中,成为后宗教(包括政教合一的意识形态)时代维系社会人心,使之超越谋生涵义界的人文意义职能体现。

"现实的经济变化的发生不仅是因为相对价格的变动对新古典模型产生压力,而且是因为不断演变的意识形态观念使得个人和集体对自身地位的公平性产生相互对立的观点,并使他们按照这些观点而行动。"② 这表明,政教分离之后的人文意义教化依然是社会发展的重要动力。因此,即使从世俗功利角度来看,人文知识分子也有不可或缺的职能功用,诺思甚至从社会总成本核算角度提到了"意识形态的知识型倡导者的报酬体制"。③

(二) 文化理想主义:文明的价值规范

然而,人文意义支撑世俗界的涵义功能以独立并超越世俗界的意义功能为根基。这一立场使人文意义同时表现为对世俗界的批判与价值规范。与政教合一时代以教权为靶的有别,在政教分离后世俗主

---

① 诺思:《经济史中的结构与变迁》,陈郁等译,上海:三联书店,1991年版,第65页注⑥、59页。
② 同上,第64页。
③ 同上,第56页。

义流行的近现代，人文意义衡判的对象却是以科技、理性（知性）与市场经济为骨骼的近现代文明社会；同时，这种衡判已不再直接依据宗教信仰，而以作为文明未来前景的文化理想主义为尺度。

理想主义（idealism）通于理念主义（idealism），即都以超越现实为特征：唯其永恒超越于现实之上，才为现实提供了堪作绝对典范尺度的理想（理念）。

因此，理想主义只纯粹地存在于文化中而不能完全同一于文明，理想主义因此只应是文化理想主义。它典范地体现在人文知识分子所创造性阐释的文化系统中。但如前所述，16世纪开始的近代世俗化历史已标志着"轴心时代"文化系统（从先知到孔子）的衰落。新的文化理想兴起于对近现代工业文明的价值批判中，影响最为持续甚远的代表形态便是马克思的共产主义。

由于第二国际的垄断性解释传播，马克思的共产主义被广泛地理解为实证型的社会文明理论，经过斯大林主义的权力性垄断，它又被进一步改造为中世纪之后世俗化的政教合一意识形态。

然而，国际共产主义运动史实却证明，马克思主义首先恰是作为资本主义文明的人文批判者出现的，而共产主义则是一种扬弃资本主义文明所必要的文化理想。这一理想以"每个人的全面而自由的发展为基本原则"，从而是一种现代人文主义。这种共产主义的人文理想至今仍是时代的制高点，它对于资本主义文明与社会主义文明都是一种尚不可超越的价值尺度。

共产主义人文理想对资本主义制度层面的批判，促成了社会公有制取代私有制。但把这一批判成果的社会主义文明视为人文理想本身，却僵化了集体社会机制，它对"自由个性"创造机制的压制，同时也是作为文明基础的生产力自身的停滞。因此，共产主义人文理想自20世纪中叶之后将自我批判的矛头指向了社会主义的僵化机制，这导致了20世纪末叶社会主义改革发展潮流。

20世纪30年代始，以马克思巴黎手稿（1844）的发表为契机，兴起了马克思人文主义运动,它重新恢复了马克思共产主义人文理想的批判性。由此发展起来的新马克思主义,在新的时代形势下除过传统的制度批判之外,更加深入到对社会行为基础的科学技术的审视,乃至对个体心理感知与思维方式的人文省查(详见导论与第一章)。马克思共产主义的人文理想在上述人文批判中与非马克思主义的人文思想相互颉颃又互相渗透交流。当代西方人文思想代表海德格尔对马克思的高度评价,也正以共产主义的文化理想性为重点:

> 因为马克思在体会到异化的时候深入到历史的本质性的一度中去了,所以马克思主义关于历史的观点比其余的历史观优越。但因为胡塞尔没有,据我看来萨特也没有在存在中认识到历史事物的本质性,所以现象学没有,存在主义也没有达到这样的一度中,在此一度中才有可能有资格和马克思主义交谈。
>
> ……
>
> 人们可以以各种不同的方式来对待共产主义的学说及其论据,但从存在(Sein)的历史的意义看来,确定不移的是,一种对有世界历史意义的东西的基本经验在共产主义中自行道出来了。谁若把"共产主义"认为只是"党"或只是"世界观",他就是像那些把"美国制度"只认为而且加以贬谪地认为是一种特殊生活方式的人一样以同样的方式想得太短浅了。迄今为止的欧洲越来越清楚地被迫堕入的危险大概就在于,首先是欧洲的思想——曾经是它的伟大处——在逐渐展开的世界天命的本质进程中落后了。①

---

① 海德格尔:《关于人道主义的书信》,引自《海德格尔选集》上卷,孙周兴选编,上海:三联书店,1996年版,第383页。

20世纪共产主义实践的历史性教训激起了迄今仍在深入中的反思批判。海德格尔上述思路却从文化意义而非文明(实体制度)涵义的角度理解"共产主义"及其社会主义实践。1827年欧文主义者首次使用这一词时,它是指一种使人类大众实现人性意义的人文理想,它特别是针对资本主义世俗文明自发进程的价值批判与规范。身处资本主义文明环境中的爱因斯坦比许多生活在社会主义制度下的人更清楚这一本质:"社会主义的真正目标是推进人类超越'人类发展的掠夺性时期'。"① 爱因斯坦是以典型的人文知识分子眼光审视人类文明的历史与现状之后得出如上结论的。从社会主义的历史与理论中都可以得出这样一个被长期歪曲与遗忘了的结论:一个社会主义者本质上是一个人文知识分子。在后意识形态的21世纪,这一结论有着不是属于过去而是属于未来的意义:重建一种不是仰仗权势,而是立足自身感召力的共产主义文化理想,将是世纪之交的人文知识分子(特别是中国人文知识分子)参与当代文明建设的重要形式。须重复强调的是,这与意识形态完全无关,相反地,人文意义的共产主义或马克思主义文化理想迄今一直是政教合一的意识形态所摈弃的对象。②

---

① 爱因斯坦:《为什么要社会主义》,载美国《每月评论》创刊号,1949,纽约。
② 参阅尤西林:《"美学热"与后文革意识形态重建——中国当代思想史的一页》(《陕西师范大学学报(哲学社会科学版)》2006年第1期,收入氏著《心体与时间》),其中特别是80年代批判马克思主义人道主义对于执政党意识形态非人文理想化的关键意义:"胡乔木不会料到,他维护斯大林意识形态正统性的后果,却导致对后文革包括马克思主义在内的理想主义的拒斥。这是一个历史转折点:官方意识形态在放弃了革命理想主义之后又拒绝了马克思人文主义主导的审美理想主义,从此不复拥有崇高信仰并失去教化人心的道德榜样制高点。此后大陆意识形态适应市场经济的实用主义在消解专制意识形态同时,形成了无精神意义维度的私利驱动社会机制(而作为西方私利辩护经典《蜜蜂的寓言》,Bernard de Mandeville视私人恶为社会公共善的西方现代化机制却隐含着基督教文化前提背景),从而90年代以降基本失去对大规模抢占财富的权力腐败的道德自律规范。"(尤西林:《汉语神学的思想史渊源》,香港:《基督教文化评论》2014年秋季卷)

第六章　出世与入世：人文知识分子的生存张力
——人文知识分子与世界(三)

一、人文知识分子人格的特殊性

人文知识分子的个性人格(personality)承担着人类的劳动二重性矛盾,即:作为阐释并守护世界意义的人,他超越现实世界;作为现实的血肉之躯,他又不可能摆脱生存压力与特定的社会关系。这种生存的矛盾使人文知识分子个体人格处于根本性的张力之中。

作为人文知识分子原型的巫,集神使与人类代言者双重身份于一己之身,正是劳动二重性人类本体矛盾的最初人格形态。本书第二章所述杀巫与巫之自我牺牲,则是这种二重性矛盾尖锐冲突状态下巫之人格表现。但在巫术时代巫王合一大势中,巫被人类供养并代人类立言,巫之个体生存消融于人类总体生存中,因而巫并未形成近代以后个性的人格。

巫术文化解体后,人文知识分子体现为执掌意识形态的士人与教士,依然长期享有政教合一社会结构中的特权。在雅斯陌斯所说的这段"轴心时代"期间,社会依然承认这些不事稼穑的意义冥想者的特殊地位并予以生存条件(政治、经济等)保障。因而,这一阶段的人文知识分子依然具有明确的群体阶层身份感,个体人格仍然不是突出的问题。

政教分离为开端的近现代世俗化进程,以知性涵义的市场与技术重塑了全部社会,它使超越这一社会基础的形上意义阐释不再享有独立的地位,从而将以此为业的导师与教士还俗于现实社会,并迫使他们确定某种"职业"。在这种情况下,才有了与近代科学知识分子相区别的狭义的人文知识分子。因此,严格说,人文知识分子是一个现代概念。

如前所述,从近代世俗化到后现代个体主义的消解主义,都没有也不可能取消人文意义及其阐释。这一工作依然需要自巫以来的专门努力,但其承担者却都不再享有巫或教士的特权阶层地位。本书"导论"部分已经初步论证了现代人文知识分子这种非职业的精神群体特性,其中所包含的一个矛盾正是:同常人一样承担自己生存的人文知识分子如何同时承担阐释并守护世界意义的古老使命?

那么,这一矛盾及其张力如何规定影响着人文知识分子的个性人格?

二、人文知识分子人格命运的悲剧性

由于人文意义理念(理想)具有永远超出世俗涵义的一面,代表这超越一维的人文知识分子便永远与现实世界具有对立的一面:或与政力,或与金钱,或与庸俗幸福观念……又由于人文意义的先锋超前性,便使人文知识分子注定是不同于大众的个性化人格,并必然遭受习俗排斥(尽管习俗又总要吸纳人文意义)而禀有悲剧性特征。悲剧性不是指世俗幸福涵义尺度下的不幸,而是指承担人文意义的人文知识分子个性的必然性厄运。①

巫之注定终究被杀,已显示了这一悲剧性的深邃天命。此后,耶稣创立基督教伊始,一个重要话题便是自觉承受苦难与牺牲:

> 人子必须受许多苦难,被长老、祭司长和经师弃绝,并且被杀⋯⋯②
> 若有人要跟从我,就当舍己,背起他的十字架来跟从我。
> 人子也不是来受人伺候,而是来伺候人,并且为了救赎大众而献出自己的生命。③

苏格拉底被判死刑的主要罪行是他的"灵机"精神状态。黑格尔认为这种"灵机"本质是个性化的自我意识,因而"苏格拉底的命运是十分悲剧性的"。④

但应注意,"灵机"乃是脱离日常感性意识而"出神",即与"神意"冥会契合,因此,苏格拉底之死的悲剧性实质在于,一种超越日常意识的特异直觉使个体获得了独立于世的个性化人格,从而触犯了世俗秩序。⑤ 它正是意义界与涵义秩序的冲突。苏格拉底之死从而成为后世人文知识分子为意义原则而殉难的人格典范:

> 自从苏格拉底审判以来,哲学家与现实之间明显存在紧张的关系,尤其是与他们所生活的社会之间。这种紧张关系

---

① 参阅尤西林:《个性的毁灭:有别于崇高的悲剧》,载《学术月刊》1991年第10期。
② 《马可福音》第8章第30节,据1919年和合本译文,并参照1968年版思高圣经学会译文改动。
③ 《马可福音》第9章第34节、第10章第42节。
④ 参阅黑格尔:《哲学史讲演录》第二卷,贺麟、王太庆译,北京:商务印书馆,1983年版,第106页。
⑤ "因此在人民看来,提倡一种把自我意识当作原则、并且使人不服从的新的神,这当然是一种犯罪行为。"(黑格尔:《哲学史讲演录》第二卷,贺麟、王太庆译,北京:商务印书馆,1983年版,第100页。)

有时采用了公开迫害的形式,而在其他时候,他们的语言又难以为人理解。哲学家必须在身体上和精神上深居简出。①

因此,在一般情况下,人文知识分子的世俗命运规律乃是:"君子固穷"、"文章憎命达"、"诗穷后工"。相反,一个人文知识分子如果同明星一样荣耀,那往往兆示着他已不是人文知识分子。当代中国人文知识分子对商品经济大势下社会冷落人文的抱怨,表明他们还不能区分意识形态专家导师与真正的人文知识分子,他们尚有待习惯于寂寞与无闻。

人文知识分子人格悲剧的更深刻之处是,人文意义与世俗涵义的不可归约同一,使人文知识分子精神使命与现实生存二重性张力集于个体一身,从而不可避免地带来与世俗世界一系列的对立(二重化)。

人文知识分子奉全面发展的自由个性为人格意义范型,但自身却往往被迫陷于片面性而格外刺目。巫及最初的人文术士,其普遍的生理残缺(参见第三章)已预示此种悲剧性。拙于世俗事务而精于超越性想象的人文知识分子,以其片面化发展而成为人类自我意识器官,但他们自己却极少是实践理想的历史英雄。像中国古代"外王"与"内圣"合一的那种人格理想,罕见实现。② 更多的情形相反却是:在世俗眼光中,人文知识分子往往性格怪僻、落落寡合、不识时务、眼高手低,乃至无视社会道德规范,人们大都

---

① 〔德〕M·霍克海默:《批判理论》,李小兵等译,重庆:重庆出版社,1989年版,第242-243页。
② 严格讲,从《论语》时代开端的"君子"、孟子宣扬的"大丈夫",荀子标举的"上勇之士"到《西铭》集大成的人格极致形象,虽确实一直作为人格理念现实地吸引与激励着中国人文之士,但从未实现过"外王"与"内圣"的同一。其根本限定在于,内圣不可能完全外化,"外王"也不可能担当"内圣"。以诸葛亮与王阳明这两位似乎完满的人格为例,前者的蜀汉统一大业与后者的平蕃战功,都已落于意义有限的世俗事功。因而,悲剧色彩无例外地笼罩着他们的一生。

敬而远之或不可理解,甚至对之鄙视,而很少奉为做人的榜样。①

从而,人文知识分子不仅在革命中与绿林英雄或野心家气质迥异(第四章),在教化传布中与作为权力工具的意识形态专家相抵触(第五章),而且在个体定位上与民众有距离,甚至与整个世俗社会相脱离而趋于隐逸。这些对立不仅在现实生存方式中带来了一系列问题,也势必给人文知识分子个体人格内在地造成某种分裂(不和谐)。这也就是艺术家与哲学家引人注目的高比例精神分裂或自杀现象的内在根源。

三、人文知识分子的职业困境

本书导论部分已强调了人文知识分子并非社会职业阶层,而是人文意义态度立场的精神群体。但是,从事教育学、美学等传统人文学科的知识分子仍然构成为这一精神群体的骨干。

从事直接关系经济基础职业(例如科技、经济学、政治学)的那部分人文知识分子,其人文旨趣虽与本行职业不同一,但其职业却提供了可靠的经济保障与顺畅的世俗社会交往途径。第四章所述福柯对身居权力之中的人文知识分子的推重,亦正是指拥有这类社会职业的专家。与之相比,置身于商品交换法则中的后意识形态的人文知识分子,其人文事业的职业性却成为攸关重大的难题。

早在巫术文化解体之后的苏格拉底时代,人文意义的职业性就已是引起争议的问题。柏拉图《普罗塔哥拉篇》一个主题即是关于人文"德性"能否纳入"职业"的辨析。在古希腊人心目中,德

---

① 英国作家毛姆以高更为原型所撰《月亮与六便士》,主人公为追求艺术而抛家出走,占他人妻室,似乎是典型的极端自我中心主义者,但他只为艺术流泪而殉己。李贽抛弃家族与妻子被礼教斥为禽兽而被囚自杀,但李却在蔑视人间礼法同时为真人真性情狂喜。这都代表着人文知识分子在与世俗根本冲突中被扭曲的现象。

性乃自由人之人性根基,不可与谋生手艺等量齐观。在本书看来,苏格拉底坚持启发德性的哲学谈话不可取酬,这有着比维护清廉更深刻的含义。它意味着人文德性作为本体价值无法商品化进入市场交换,它不是使用价值,而是全部使用价值的本体,因而无价可估。在这个意义上,人文教化不是基于功利操作分工的特定职业(专业),从而,以人文教化为业的人文知识分子没有职业(专业)。或者说,在以劳动使用价值为基元的社会交换与分配系统中没有人文教化及人文知识分子的位置,这意味着社会拒绝或者不便(难于)供养人文知识分子,无法向他们按劳付酬。从马克思《资本论》关于非生产劳动的价值特性讨论,到当代诺思关于人文学者创造意识形态以节省交易成本的思考(参见第五章),这始终是一个难题,特别是人文教化劳动无法纳入以使用价值及交换价值为尺度的社会必要劳动时间计量化。

人文知识分子职业(生计)困境随着人类社会商品化(世俗化)而愈益严重。就历史总体来看,人文知识分子的生存方式大致有以下几种类型:

(1) 宗教作为信仰实体性的社会组织,是人文知识分子长期而可靠的生存基地。但与西方相比,中国由于缺乏宗教信仰传统,因而容纳力十分有限。

(2) 仰仗或受庇于世俗权力,则是人文知识分子更为普遍的情况。由此所造成的依附代价,其间差别却很大,可有导师与弄臣俳优之别。权力统治者在历史上可以成为人文学科昌盛的有力杠杆,伯里克利斯黄金时代、齐国稷下学宫、黎赛留的法兰西学院、齐梁宫体诗人、北宋画院都是著名例子。但同样明显的是,人文精神寄生于权力也使自身几无例外地发生了扭曲畸变。

求助于有权力者,不仅是寻求政治权势庇护,更普遍的则是乞求经济资助,直至近代,从维科、莫扎特、贝多芬到康德、黑格尔,我们至今从他们作品的扉页上还能看到他们向王公贵族几无例外的恭敬献辞。

（3）凭靠家庭财产或个人资助。前者基本上是现代社会以前的情况，如蒙田、"竹林七贤"、叔本华等。这使人文知识分子天然与贵族或有产阶层发生血缘关系。亚里士多德所说的作为人文沉思前提的与谋生"分离"的闲暇，已完全系于财富的占有。

个人资助与凭靠家产完全不同，那近乎乞讨度日。古代尚有恩主时尚，近代以降，则只剩下亲朋好友的接济。这是近现代许多人文知识分子的命运。①

（4）倚靠社会机构基金。这是现代社会发展到一定水平之后才有的现象。它或是出自私人实业的赞助，或是政府规划基金。随着现代社会商品化程度益渐增高，这种由古代施舍捐赠转化而来的社会性人文基金，也益渐成为超越使用价值交换法则的社会的化身。但这种基金、特别是政府基金仍坚执其形下功利立场的局限，从而仍使人文知识分子受到扭曲。②

（5）倚靠非人文职业来保障人文事业。斯宾诺莎曾以磨镜谋生，恩格斯抑制自己的厌恶断断续续经营工厂以保证自己与马克思的理论研究。今日中国知识分子离开人文专业去经商"下海"，其中部分人所存念头，正是打算挣一笔钱后返回头"安心做学问"。然而，迄今少有如愿以偿者，一番商海搏潮之后，人文意境已涤荡一空，昨日志愿恍如隔世。

当代人文学科较近代已大为萎缩，人文知识分子生存基础也

---

① 包括马克思。马克思自称"为人类工作"，但一生缺少稳定的自食其力职业，恩格斯的个人资助是其生活重要来源。可参阅马克思向恩格斯索讨救济款的大量信件及其近乎悲壮的人文身份自白。

② 有趣的是，私人基金（从诺贝尔奖到洛克菲勒基金等）社会性程度反倒高于政府公立基金，后者或强调结合现实"解决实际问题"（如当代中国政府人文和社科科研基金导向），或以民族国家利益为背景要求研究"文化战略"（如美国），都比私人基金急功近利得多。21世纪以来学术研究愈渐强化的行政管理，已成为当代中国学术创新的限制瓶颈。

愈渐削弱。迄今仍无希望显示,社会已成熟到理解并尊重人文教化意义的水平。

四、人文知识分子与民间百姓

人文知识分子与民间百姓的关系要比与权力或意识形态的关系更为复杂。

早在巫术时代,由公众巫术与个体巫术的分化所导致的巫师专业化,已将人文知识分子与民众常人区别开来。尽管民间文化已含有人文智慧,但它因缺乏符号系统而难以独立为意义世界,并自发地受制于生存涵义,这使人文意义的脑体分工成为必要。但另一方面,民众社会作为生活世界(胡塞尔"Lebenswelt")的基础部分,既是人文知识分子意义阐释的重要来源,又是人文教化的基本对象。

人文知识分子处于四方结构关系中:1.他是"神使";2.他代表人类;3.他与王(权力)交往;4.他与民众交往。一般易忽略第一方面,即人文知识分子要与超越界(神界只是一种称谓)对话并代表此超越界衡判世俗界。因此,人文知识分子不能定位于民众代表,而只能代表超越界同时又代表人类整体。

人文知识分子与民众的关系处于历史性演变之中。政教分离前后,即意识形态专制与世俗主义两个不同时代中,人文知识分子与民众关系情况殊异。

在政教合一的意识形态专制时期,人文知识分子以专制权力为批判与制约的对象,从而在社会阶层分野中与民众为伍。但在人文知识分子心目中的民众,却并非阶级斗争的社会力量(如无产阶级),而是人文意义的体现。从而产生了一个形上化的名词:"人民"。高尔基在《我的大学》中曾对俄国民粹派的这种人文意义化的"人民"观念作过描述:

> 有时候他们谈到了人民,连我自个儿也很惊奇,为什么我竟然会有跟他们不同的想法。在他们看来,人民是智慧、美德和善良的化身,是近乎神圣的统一的整体,是一切高尚、正直、伟大的开端。我可是没有见到过这样的人民。我曾见过的有木匠、有码头装卸工、有泥水匠,我还见过雅可夫、奥西普、葛里高利。然而在这儿他们所说的却是一种作为统一整体的人民啊。他们把人民看得比自个儿更加高贵,甘愿服从人民的意志。而我觉得倒是在他们这些人身上,才……集中地表现了一种热望依照博爱精神过生活和自由建设生活的善良意志。①

这种神圣化了的"人民"观念在古今中外都不鲜见,它在具有公共社会生活(亚细亚生产方式)传统的东方社会心理中积淀尤深(参阅本书第四章"有别于国家的天下"一节)。"人民,只有人民,才是创造世界历史的动力"、"人民万岁",时至今日,在中国话语中只要提出"人民"("群众""老百姓")一词,依然具有很强的道义震慑力,代"人民"立言者随即也拥有了最终判断根据。

然而,民粹派的"人民"已净化去了许多真实的社会存在,例如痞子(游民)。西方现代哲学与社会科学从 19 世纪开始,至少从两个方面消解了"人民"的神圣性。一是马克思主义(《德意志意识形态》)关于"统治阶级的思想在每一时代都是占统治地位的思想"的发现,同时揭示了被统治阶级("人民")的意识受制于统治阶级的社会意识形态原理。二是英美自由主义对卢梭"人民集体主权"论及法国雅各宾专政的反思批判。20 世纪法西斯主义与斯大林主义,以及中国"文化大革命"的残酷史实,更加强化了这一反思批判。上述史实及其反思理论都已尖锐地突出了一个神圣

---

① 《高尔基文集》第十六卷,北京:人民文学出版社,1985 年版,第 35 页。

化的"人民"观念的巨大危害性。集合概念的"人民"意志及判断只是虚幻的假象,那往往被独裁者利用,挟"人民"以令天下。群氓与专制相互转化补充早已是不争的事实。对于一个缺乏理性法制传统的农业文化国度,痞子文化深刻渗入几千年朝野社会生活,至今以"人民"名义遮掩而不为人所觉察。可以说,对痞子文化的批判是中国现代化必须完成的一项工作。它尤其是人文知识分子的工作。

如果说,人文知识分子"上不循于乱世之君,下不俗于乱世之民"(《荀子·性恶》),在上述反专制背景中还主要是守护真正的自由民主的话,那么,在政教分离的后意识形态时代,面对世俗主义的挑战,人文知识分子却需要为自己与一个超越性的人文意义世界作辩。

专制意识形态解体与政教分离使从中解放出来的民间大众文化蓬勃发展壮大,并由此产生出民众文化的意识形态——世俗主义。① 世俗主义作为新意识形态,却带有消解任何意识形态普遍观念的个体本位色彩,它将对意识形态专制的清算扩大到对任何价值体系的否弃,从而把人文意义及人文知识分子混同于意识形态专制一并批判。在上世纪90年代中国持续走红的大众文化代表王朔说:

> 我的作品的主题用英达的一句话来概括比较准确。英达说:王朔要表现的就是"卑贱者最聪明,高贵者最愚蠢"。因

---

① 严格的"世俗"是基于两个世界的西方基督教背景下的特定观念。"secularization"(世俗化)拉丁辞源 saecularis 标志着新约时代以来所强调的一个基本信念,即除基督之外,不承认任何人间事物(乃至圣事礼仪)的神圣永存与绝对性。作为暂时的过程,人间事物被称作"世俗的"(saecularis),构成现代性(modernity)的转瞬即逝的时间流程。这正是"secularism"(世俗主义)兴起于现代并消解任何持存意义界的依据所在。详参尤西林《现代性(modernity)与世俗性(secularity)》,香港:《基督教文化评论》2003年秋季卷。

为我没念过甚么大学,走上革命的漫漫道路,受够了知识分子的气,这口气难以下咽,像我这种粗人,头上始终压着一座知识分子的大山。他们那无孔不入的优越感,他们控制着全部社会价值系统,以他们的价值观为标准,使我们这些粗人挣扎起来非常困难。只有给他们打掉了,才有我们的翻身之日。①

王朔没有注意到,中国几千年来不乏他所说的平民翻身的思潮与行动,但从刘邦到朱元璋,"翻身"的与"打掉"的总在循环,直至20世纪末叶,中国人仍悲哀地发现,当代依然面临着辛亥革命乃至秦汉以来的某些基本问题。王朔要打掉的是被"控制"即统治性的价值系统,但他将之归于"一座知识分子的大山",却犯了一个常识性的错误,在现代中国,知识分子只有接受改造的义务,建立和控制价值系统从没有他们的份,相反地,此种统治名义始终出自"工农兵"。在上述似乎是意气性文字背后其实有着一个未曾正视的事实:秦汉、特别是明末儒学礼教没落以来,中国一直不存在真正持续有力的人文意义价值系统与独立的人文知识分子。

当代中国大众文化正在发掘与表现"老百姓自己的故事",并显示小人物平凡生活中的道德潜力。这股文化思潮在消解尚存的专制意识形态背景下无疑是富于生命力的,而且需要特别指出——也是与中国有待重建的真正的人文意义价值系统内在一致的。② 但是,如本书前述中外史实所指示的,作为绝对性亦即终极性的可靠价值根据,不是日常生活自发的产物,而如孔子儒教、耶稣基督教、释迦佛教已显示的,必须在独立阐释的人文文化传统中才能生成,这一工作有赖于人文知识分子的专门努力。民间人文

---

① 《王朔自白》,载《文艺争鸣》1993年第1期。
② 上世纪90年代初同时问世的两部电视剧《渴望》与《围城》,一者显示下层民间道德潜力,一者标榜独立的知识分子人格,但都已不同于传统意识形态话语。然而《渴望》走红,《围城》被冷落,这已反映出中国文化的传统倾向。

文化(如第二、三章所述)只有在人文科学的阐释中才获得集中、独立与稳固。

后意识形态时代需要警惕的反倒是,尽管已不存在一个强制性意识形态宗教中心,但如海德格尔及新马克思主义法兰克福学派业已广泛分析指出的,无人称的技术列维坦在当代社会却正是塑造人心的最新意识形态。当无孔不入的大众传播媒介与同样无所不在的技术操作行为方式结合一体时,那些自以为恣情任性的大众文化,其实如马尔库塞所一再强调的,恰恰是最受控制的文化。在今日,至少已可以辨识出来:那取代昔日威严意识形态地位的最强大的民众文化主宰力量正是金钱。

在政教分离与世俗化开始不久的17世纪,帕斯卡便开始捍卫一个与世俗界对立的天堂神性世界,他对世俗世界的怀疑与不信任甚至发展到仇视地步。但韦伯后来发现,天堂世界与世俗世界的这种对立,恰恰是后者获得发展的一个支撑点。①

从而,在世俗主义为主潮的当代文化中,人文知识分子以复兴古典文化或营造高层文化对抗世俗文化,已具有与意识形态专制时代全然不同的意义性质。人文知识分子自觉区别于民众百姓的自我意识也同样有了新的重要意义。②

正是在上述背景下,捷克作家昆德拉的一个重要术语"媚俗"(Kitsch)从上世纪80年代末在中国国内流行开来。反媚俗

---

① 参阅 M·韦伯:《新教伦理与资本主义精神》,于晓、陈维刚等译,北京:生活·读书·新知三联书店,1987年版,第59—61、85—86页。但恢复中世纪那样的"两个世界"已不可取,将非实体的人文意义界纳入现实生活界又不使后者吞并前者才是最关键的。
② 因此,流行的"精英文化"—"大众文化"二分法应三分为"意识形态文化"—"大众文化"—"人文知识文化",这关乎从观念上确立人文知识分子独立的位置。但必须重申"导论"论点:人文知识分子及其人文精神又并非与现实生活隔离的实体存在,更非居于民众之上的所谓"精英文化",而只是集中于人文意义世界,又渗透于其他文化形态中发生作用。那些信守善行的寻常民众,其"平常心"中正积淀有人文精神的历史成果。

成为人文知识分子自我定位的重要界标,它甚至包含了从人文意义的文化高度对世俗涵义文明的极端否定。昆德拉在《生命中不能承受之轻》中让主人公托马斯不惜以如此决绝的极端话语表白:

> 让炸弹把这个星球炸得晃荡起来,让这个国家每天都被新的群蛮掠夺,让他的同胞们都被带出去枪毙——他更能接受这一切,只是比较难于大胆承认。但是,特丽莎的悲剧之梦却使他承受不了。

在这样的人文知识分子心目中,世俗百姓不仅不是认同的对象和皈依的母体,而且全部世俗涵义(meaning)价值都没有一个真诚的人文意义(Significance)梦境更有分量。

由此延伸的一个更深刻的问题是,立足于现代化社会,政治学的平等(以及民主)涵义是否可以移用于精神意义界?或者说,在平等与民主的现代化社会,人的精神意义(并非专由人文学科知识分子承担)是否存在高低等级?面对一个倒地的老人,绕道躲开与上前搀扶,其精神意义之高低易于分判。但这一日常化个案若提升为一个普遍的命题——在法权人格平等的现代化社会中精神人格却有等级高低,便会遭遇强大的启蒙平等主义与东方民粹主义的阻击。尼采的思想史地位正与其独自挑战现代性平庸人性的高贵精神立场相关。而迄今仍未清算平均主义传统又将平等主义视为现代进步观念的转型期中国,精神等级这一课题不仅陌生而且"反动"。但这一课题迟早将成为中国未来最重要的精神建设课题之一。这一课题的复杂性与艰难性在于其社会学制度条件与人文精神意义的相互关联。例如,社会阶层化的"精神贵族"与"市井习气",便会被敏感反对。因为,精神意义在此卷入了社会学涵义,而如韦伯所看到的,"教育的与审美的限制是一切等级差别中最深的和最难弥合的"。① 布尔迪厄(Bourdieu, Pierre)更具体指出了精神地位与社会地位的依存关系:"有机会和条件接触、欣赏'高雅'艺术并不在于个人天分,不在于美德善行,而是个(阶级)习得和文化传承的问题。审美活动的普遍性是特殊地位的结果,因为这种特殊地位垄断了普遍性的东西。"② 欧洲与日本皇室的贵族教养之可能被现代化平等政治观念已天然化的本国民众视为文化共同体的更高代表,乃至作为民族文化自豪,是以皇室在政治上的平等谦和亦即现代化对精神与社会的分离为前提的(这也应视为广义的政教分离)。但在前现代化的中国,精神意义却被社会阶层绑架而扭曲为两极对立:"文化大革命"中以工农兵及其无产阶级意识形态名义对"资产阶级太太小姐"服饰用具的践踏,审美等级的颠覆成为阶级仇恨最痛快的感性象征。③ 与之相反,在财富取代权势及其意识形态的现代化转型时代,缺少西方"维布仑-齐美尔(Veblen-Simmel)"模式背景的中国爆发户新贵阶层顾忌以炫耀财富的奢侈为荣,却可能凭借财富居于审美时尚上游而在精神上优位于民众。审美时尚不仅俘获民众而将精神意义的审美共通感转化为社会政治涵义的准法权,而且可以在审美时尚等级中无顾忌地厌恶与蔑视肮脏低俗的下层社会。富人对穷人的蔑视与厌恶只有在美丽厌恶丑陋时才无所顾忌地达到了现代深度。审美等级成为阶级意识的审美表达式。在审美共通感这一人类普遍天则下,时尚美感在厌恶丑陋同时也超脱了正义。④

因此,意义世界与涵义世界的分梳及其互动才是健康的:精神

---

① M.韦伯:《儒教与道教》,王容芬译,北京:商务印书馆,1995年版,第332页。
② 布尔迪厄:《实践与反思》,李猛等译,北京:中央编译局出版社,1998年版,第123页。
③ 详参尤西林:《人格与风格:文革审美风格的阶级斗争涵义》(收入氏著《心体与时间》)。
④ 详参尤西林:《审美共通感的社会认同功能:审美时尚在当代中国转型期的政治哲学涵义》(《文学评论》2004年第4期。收入氏著《心体与时间》)。

意义等级的正当性有赖于社会涵义的平等性,反之,社会涵义的平等性有赖于更高精神意义的教化提升。当代中国却正处在上述关系的犬牙交错阶段。

对这样一个基本事实无论怎样强调都是不过分的:在伦理纲常统治的中国,从秦汉以来并不存在独立的人文知识分子阶层。中国人文知识分子的独立乃至人文知识分子明确的自我意识都是有待争取的目标。走出依附"官"—"民"形下两极(或意识形态专家或民众代表)旧格局,将是接近这一目标的重要一步。

五、隐逸的人文意义

隐逸是一种脱离社会主流的生存方式。本书第二章第二节在引据亚里士多德分离(kekhoriosmene)说追溯脑体分工的人文意义时曾指出,思维主体的心灵为保持独立自主性而需要脱离日常涵义思维。就此而言,人文知识分子本质上就是脱离(文明)现实者。如本书劳动二重性理论所指出的,受动性谋生是以劳动为内核的社会生活无法净化掉的属性,这一属性主导了迄今的几千年文明史。这迫使人文知识分子以疏离现实文明的生存方式保障阐释人文意义的独立性。前述亚里士多德的"分离"、康德与阿伦特的"旁观"、海德格尔的"泰然置之",表明作为文化哲学与社会哲学交融范畴的隐逸,不仅是人文知识分子在世生存的社会学特性,而且是阐释世界意义的阐释学前提。隐逸性成为人文知识分子普遍的内在精神气质,那就是:对社会主流与中心一种自觉的间距化或边缘化。其西方古典极端形态即愤世嫉俗乃至出格为狗一样生活的犬儒主义(Cynicism)。它类似于庄子道家。但在当代中国政治生态文化中,汉语"犬儒"一词被转义指称怯弱或乡愿式妥协于涵义世界的知识分子。隐逸的上述本质意义须要与怯弱或乡愿式妥协于涵义世界区分开来。中国现代化转型包含着人文知识分子可歌可泣的投身斗争,但也分化出包括怯弱或乡愿式妥协在内的复杂多样的知识分子生存样态。革命家与犬儒构成这一光谱的两极,但间距"旁观"亦即独立思考仍是人文知识分子本质特性。今日中国思想界似应更宽容看待而非极端评判知识分子的多样生态。①

隐逸超越了个人行为动机。尽管个人生存挫折、丧失亲人、信念破灭诸经历都可构成隐逸的直接动因,但作为一种文明伊始即与之相伴随的持续历史现象,隐逸即使为重重厌世氛围包裹,也依然在总体上构成人类文明—文化运动进程中积极重大的环节。这不仅是本书逻辑分析的结论,也是世界文明史规律性的史实。

汤因比依据大量史实指出,隐逸乃是历史实现自身前进的一种必不可少的准备条件。因而它是社会历史行为。② 他特别强调了出世的隐逸在历史总体上终归是积极入世的功能性环节:

> 退隐可以使这个人物充分认识到他自己内部所有的力量,如果他不能够暂时摆脱他的社会劳苦和障碍,他的这些力量就不能觉醒。这种退隐可能是他的自愿的行为也可能是被他所无法控制的环境逼成的;但是不管怎样,这种退隐都是一种机会,也许还是一种必要的条件,促成这个隐士(anchorite)的变容;"anchorite"这个字的希腊原意本来是指"分裂"的意思;但是在孤独中的变容是没有目的的,也是没有意义的,除非在他后来重新出现于他所自来的社会环境里的时候,他变成了一个改变了的人物:人,这种社会动物不可能永远脱离他所生长的自然环境,如果他脱离了人性,他就会像亚里士多德所说的那样,"或是变成了禽兽,或是变成了神"。复出是整

---

① 如杨绛逝世(2016)所引起的思想界对钱杨处世态度的评价争议。
② 参阅汤因比:《历史研究》,曹未风等译,上海:上海人民出版社,1997年版,上册第274—303页,下册第97—98页。

个运动的实质,也是它的最终目的。①

汤氏"复出"的普遍性当然不应拘泥于个人进退,而应视为作为整体的人文知识分子出世隐逸与其积极的入世功能之间的因果联系。

隐逸作为生存方式只是保障人文阐释的"分离"(kekhorismene)性条件,而作为隐逸精神的疏离,即与主流社会世俗涵义的价值取向及操作方式自觉间距化的态度,才是更为本质的。但外在的隐逸生存方式与内在的隐逸精神之间的关系在历史演进中愈渐复杂化,实际存在着多种选择的可能与模式。

在一个一元化或高度控制的社会中,独立的人文沉思或价值守护一般只能以与社会完全脱离隔绝的代价争得。在社会文明等同于军事部族的殷周,伯夷、叔齐为超越"以暴易暴"的社会革命,便只能躲入蛮荒的原始自然界而完全失去文明依托条件,饿死于首阳山。人类历史至今未能摆脱"以暴易暴"的演变模式,3000年前的中国第一批隐士,终以其生命昭示了超越性的人文乌托邦原则。这种避世甚至以极其悲惨的逃命方式出现。② 法西斯德国时期知识分子逃离祖国即可视为一种特殊的隐逸。

社会多元化与民主化的标志之一则是,人文知识分子不仅可以遁于自然,也可以在社会内部获得宽容空间,甚至在社会生活主流内自在隐逸。后一点标志着不仅人文知识分子而且社会个体普遍地都享有了独立与自由。但这当然只是一个漫长的演进方向。

《文选·反招隐》诗:"小隐隐陵薮,大隐隐朝市;伯夷窜首阳,

---

① 汤因比:《历史研究》上册,曹未风等译,上海:上海人民出版社,1997年版,第275页。
② 中国"文革"中,著名画家石鲁不堪折磨而逃入终南山,"逃入山中"这一模式迄今有效,其哲学意味正是从社会向自然的隐逸。人化的社会在此代表了残酷的非人迫害力量,而原始自然却无害于人。社会异化在此退返中达到了顶点。

老聃伏柱史。"《晋书·邓粲传》："隐之为道,朝亦可隐,市亦可隐,隐初在我,不在于物。"先秦隐士,不仅隐于博徒、卖浆、屠户酒肆,亦隐于社会基本劳动职业的工农商医之中。隐者所依托的民间社会,与"江湖"密切相关,在西方近代,则是独立于政治权威的市民社会。① 至于隐于朝,却实际从来是一句大话。迄今的中外权力统治中心,远未进化到足以宽容独立隐逸的地步,事实上有的只是"伴君如伴虎"或作为权力机器零件的运转。

因此,隐逸空间的拓展,与民间社会的发展壮大密切相关。在社会内部隐逸,意味着统治中心之外社会边缘自由地带的增长。事实上,绝对孤立的个体隐者总是例外。隐者更多是依托与构成种种"小社会"圈子。传统最为强大的"小社会"当然是宗教,它收纳与养育着独立于世俗权力之外的僧侣阶层。但宗教自身又构成为一个新的社会,特别是在政教合一时代,它事实上又蜕化为隐逸的世俗对立物。欧洲近代以后发展起来的沙龙(Salon)文人、在中国明中叶以后围绕太湖流域苏州等城市游怡于诗文、戏曲、绘画与娱乐场的文人名士圈子,则是城市隐逸(隐于市)的成熟社会形态。这种城市隐逸在当代更寄托于图书馆、同人刊物与丛书编辑、影视集体等现代文化客体而获得长足的发展。在这种城市隐逸中,出世与入世已完全失去了界限。这里有着须深入辨析的问题。

隐逸,作为与世俗社会的间距化,包含有至少三种对立面:1.是与世俗社会的集中代表即权力(含意识形态权威话语)的疏离;2.是与世俗社会普遍形态即流行生活(生存)方式(时尚)的疏离;3.是与无人称公共集体的疏离。与之对应的则是民主、个性与自由,它们体现着隐逸所造就的脱俗品格的基本含义。

但上述三种疏离又并非并行不悖。城市隐逸针对的主要是权力中心及其话语。明清文人不仅脱离了政治权威、伦常纲纪与科

---

① 参阅本书第四章第二节。

举制度,而且脱离了士之道统神圣使命责任与学者学术规范,表现出巨大的边缘化离心消解力量。但这种边缘化所依托的市民文化(青楼、曲苑)却恰恰成为那一时代世俗生活的流行内容。从而,如唐寅等名士的个性解放,事实上又成为名倾江南的世俗声誉中心,由此而构成了新的世俗潮流。这样的城市隐逸遂以新的无个性时潮与世俗化为代价,在与传统社会权威中心的对抗中转化向自己的对立面。明清文人这一格局在当代重新出现。20世纪90年代之后迅猛发展起来的中国大陆市民文化(从崔健摇滚乐、王朔小说到以调侃为特色的京派电视剧),一方面成为消解僵化传统权威中心的重大力量,另一方面又逐渐走俏走红而构成新的流行世俗生活中心。这些随缘自由自在的俳优文人在其疏离权威中心的活动中曾表现出人文意义的隐逸旨趣,但其愈渐聒噪(炒热起来)的明星影响却终与种种世俗特征吻合为一。除过本书"导论"所说消解权威与守护理想的关联之外,这种世俗文化对人文独立隐逸品格的腐蚀包围,也是90年代中期开始,中国大陆人文知识分子与世俗文人紧张对立的另一潜在原因。①

由此返转来应深入思考的是,人文隐逸与世俗生活之间是否必须保持一条不可转化与抹去的界线?是否坚持这一界线,隐含着中国文化与西方及印度文化深刻的差异背景。

世俗生活所包含的不可勾销的受动谋生性是一个普遍的人类学事实,这是隐逸与现实(世俗)生活无法同一化的最终界限。它使隐逸始终包含着无法净化掉的世俗残余物。金代元好问在其《市隐斋记》中对于朝市之隐乃至山林之隐的可能性曾有根本性

---

① 先秦之士即有志道与游艺之分蘖,游艺一途从宫廷俳优(司马相如)到明中叶"文人"("才子"),形成了与使命责任之士的深刻对立。从扬雄、韩愈、顾炎武、鲁迅斥责文人("才子加流氓")到当代大陆学者与王朔群体的紧张关系,线索清晰可辨。但王朔群体的调侃话语随着社会腐败而以白话议政锋芒毕露,而学者却愈渐失去思想锋芒而凸出专业化类似乾嘉避世。其区别基于21世纪以来大学强化体制化而形成的体制内外格局。这是前述当代中国知识分子复杂生态的主要原因。

第六章　出世与入世：人文知识分子的生存张力

怀疑：

> 以予观之，小隐于山林，则容或有之，而在朝市者未必皆大隐也。自山人索高价之后，欺松桂而诱云壑者多矣，况朝市乎？今夫于没氏之属，胁肩以入市，叠足以登垄断，利嘴长距，争捷求售，以与佣儿贩夫血战于锥刀之下，悬羊头、卖狗脯、盗跖行，伯夷语，曰："我隐者也"，而可乎？
> ……
> 伯休卖药都市，药不二价，一女子买药，伯休执价不移。女子怒曰："子韩伯休邪？何乃不二价？"乃叹曰："我本逃名，乃今为儿女子所知！"弃药径去，终身不返。①

遗山对隐逸之疑，基点正是生存无法清洗掉的功利性。市井生活无可逃遁的功利竞争法则固不必说，即使韩伯休这样真诚的隐者，也无法避开"价"的挟制与"名"的缠困，他"弃药径去"，但只要隐于市与生存下去，便无可回避地将再度与"价"打交道，他能保持人文意义的绝对纯洁性吗？

然而，中国传统文化却坚持着入世隐逸的朝市大隐对山林小隐的优越地位与化解力量。这集中表现在对"出家"观念的理解上。

在以血缘宗法为背景的中国传统文化中，"齐家"占有重要地位。南北朝时印度佛教大举入侵，乃至梁武帝四次舍身佛寺，彼岸外在超越的"出家"成为向中国此岸内在超越的"齐家"观的严重挑战。但借助对佛教大乘的引申性阐释，梁武帝从《般若经》混同世间与出世间的"权善方便"和"不二法门"入手，终将皇帝与菩萨集于一身。从而，"身在家，心出家"的居士模式成为同化遁世出

---

① 元好问：《市隐斋记》，《遗山先生文集》卷三三，四部丛刊。

家的佛教中国化方向。① 中国世俗主义文化主流性格在这里又一次得到表现。可与蒙田(Montaigne)的下述自白细细比较一下：

> 我们应该有妻子、财产,尤其是健康,如果可以;可是别要粘着得那么厉害以致我们的幸福全倚靠它们。我们得要保留一所"后栈",整个我们的,整个自由的,在那里,我们建立我们的真自由,更主要的是退隐与孤寂。在那儿,我们日常的晤谈是和我们自己,而且那么秘密,简直不存在为外人所知或泄露出去的事儿;在那里面,我谈笑一若妻子、产业和仆从都一无所有。②

这里透露出西方人个体本位的倾向,而作为此孤寂(中国人贬称之为"冷清""孤单")后盾背景的却是个人与上帝对话的信仰格局(即蒙田所说"秘密"),这一点在宗教改革后愈显突出。从而,个人退出社会的隐逸成为真实信仰的前提。从表面上看,近代宗教改革以后,外在独立的隐逸生存被同化于世俗生活中了,但如马丁·路德及其他新教改革者所强调的,这一同化的重心却是个人甩开社会化亦即世俗化了的教会中介而直接与上帝对话。这种"我"与"上帝"(超越性意义界象征)独在的境界恰是一切真正隐逸的生命核心,即由一切派生性存在物(世俗社会是其最大实体)退返而出,径由自我意识而进入形上人文意义(Significance)境界。这与以人际伦理为中心的中国式市隐区别甚大。③

---

① 出家,在中国始终受到较西方严重得多的歧视指难,更不可能享有印度文化社区(含西藏)的尊崇地位。李贽之死,出家招致的罪名迫害便是一个重要的原因。
② 蒙田:《蒙田随笔》,梁宗岱译,长沙:湖南人民出版社,1987年版,第127页。
③ 参阅尤西林《重建本体论对中国文化现代化的意义》(载香港中文大学《二十一世纪》,1993年8月号,全文收入氏著《人文学科及其现代意义》"实学与本体论"一节,1996年版,2006年增订版)。

由此推广为对儒学人文主义与西方人文主义的比较,二者的关键区别之一在于,后者在渊源于古希伯来的宗教精神支持下始终有着独立的和超越现世的基点,而中国却是将向上向外的超越收摄于现世的社会。经世致用、实用理性、中庸之道都以俗世为基点。在世俗精神支配下,终南山之隐逸基本是长安仕进之阶。"士之仕也,犹农夫之耕也。"(《孟子·滕文公下》)中国知识分子经由科举制度代复一代地被输入世俗社会的权力中心官僚政府。"学而优则仕"之外更高的人文理想也仅仅只是"为王者师"。因此,依附权力的中国知识分子很难体验到西方人文知识分子传教布道的神圣自尊,往往只是对英主恩公知遇之恩的期待感激和怀才不遇、蒙受冤屈的自我哀怜。① 即使是汉、明党人的壮烈气概,那也更多的是作为政治异端的殉政(请愿一个清明的政权)而不是殉道。非主流的道家虽比儒家更倾向于外在超越,但它根本不敢正面对抗礼法,如司马氏威势下阮籍所典型代表的那样。

---

① 如电影《牧马人》男主人公泣诉表白的。这种表白心态是中国大陆知识分子 80 年代代表性心态。

结　语

人文知识分子所扭结的人文精神与知识分子,是今日中国思想界呼声甚高的两个问题。但这种呼声中杂有一种坚持昔日理想以对抗现实的意味。与之对立的占据压倒优势的流行观念——无论务实的官员或新潮青年,以及世俗大众商业文化,则一致视人文知识分子为不识时务、有待改造的没落之物。但这两种对立的声音有一个共同点,即都将人文知识分子溯源于过去时代。然而,无论形上超越性的人文精神或独立的人文知识分子,在政教合一与世俗主义的中国却恰恰未曾获得成熟形态。

需要强调的是,20世纪80年代末以来关于人文精神与人文知识分子的探究,对于中国社会来说,表面上似乎是熟悉的传统话语,其实却完全是一个新问题,它根本不是历史回声,甚至也超出了现实回应,而属于有待争取的未来目标。

然而,新意识依然有其对应的社会存在基础:"人类始终只提出自己能够解决的任务,因为只要仔细考察就可以发现,任务本身,只有在解决它的物质条件已经存在或者至少是在形成过程中的时候,才会产生。"① 这是一种客观的社会需要。

---

① 马克思:《政治经济学批判》序言,引自《马克思恩格斯全集》第三十一卷,北京:人民出版社,1998年第2版,413页。

致力于现代化的中国对人文知识分子至少有如下客观需要:

(1) 实现社会监督,以建立真正的现代民主制度;

(2) 制约短期行为意识,维护和发展非直接生产性的社会文化教育事业;

(3) 为商品经济提供道德与理性资源,构成当代社会整合中普遍的精神层面。

这构成了当代中国人文知识分子与其生存世界的重要关联域。但满足上述需要并非手段性事务,而是向社会提供新人文主义的目的、动力与规范。本书愿将此种新人文主义归于马克思人文主义。① 就其更广意义而言,马克思人文主义不仅对于中国社会,而且对包括后工业化社会在内的全球性变革依然是一种有前途的方向。正是这一高度(而不仅是民族主义的世界经济大国目标),才使中国的现代化深刻地面向了世界并获得了选择与超越的可能。

因此,在世俗大潮汹涌、人文精神式微消沉的历史进程深处,伏有中国人文主义新生的重要契机。但在伪神圣化(伪人文精神)与世俗化缠结的今天中国,能看到此种新人文主义前景的尚只是很少数的人。

如同意义不是世界的自发产物一样,当代中国人文知识分子的独立也不是经济进程自发运动或向社会吁求恩赐的结果。人文知识分子独立的群体意识与独立的人格只能产生于阐释并守护世界意义的活动中。本书的基本命题之一正是,人文知识分子并没有自己特殊的利益。不管特定个体的生存条件多么艰难,那些憧憬理想(idea)的男女只有超越一己得失,正视并阐释转化自己时代的现实涵义(meaning),将之引向意义(Significance)境界,才能

---

① 马克思人文主义的未来命运与内涵是远超出本书的重大课题,这里应说明的是,它不应再是权力意识形态,也不是第二国际型狭隘的宗派,而应包含着与世界性文化(例如孔学与海德格尔)的对话与吸收。

造就与确认自己代表人类的品格身份并同时完成个人的安身立命。这也将是当代中国人文知识分子群体形成与诞生的过程。

"士不可以不弘毅,任重而道远。"

附论 1

大学人文精神的信仰渊源[*]

一

近现代意义的大学,自 12 世纪初诞生至今,甩开诸多外在形态改变,就其最为根本的精神宗旨所规定的大势而言,可以区分为两大演变阶段:以 19 世纪德国柏林大学建立为标志,此前的大学基本以基督教神学修道院为原型而向世俗化方向演变,此后的大学则愈渐定位于民族国家精神文化与科技所需求的教育并科研。

这一转变更具体的情况是:中古大学不仅脱胎于基督教会,而且不管如何趋于世俗化,一个国际性的基督教团体、特别是一个普世的基督教精神世界,始终是大学的实质性依托。文艺复兴发展起来的世俗化迄至 18 世纪也未能提供一种取代基督教世界的依托体。这一情况随着法国大革命所产生的近现代民族国家及其民族主义观念而根本转变。民族国家及其民族主义观念终于成为迄今现代人类社会最为坚硬的统一体单位。正是承续赫尔德(J.G.

---

[*] 本文首次发表于"基督宗教与大学"国际学术会议(香港浸会大学,2000 年)。部分文字以同名刊于《高等教育研究》2002 年第 2 期。

von Herder)的"文化民族主义"(Cultural Nationalism),在普法战争惨败时刻,德国的现代民族国家自我意识被有力激发,它不仅体现为费希特(J.G.Fichte)著名的《告日耳曼国民书》(1806),而且推动了洪堡(W.von Humboldt)上书申请创办柏林大学(1809)。

柏林大学的成立,与汲取战败教训、强盛德意志民族国家的背景密切相关。柏林大学为此后的大学开创了一个深远的转变方向,那就是,将科学研究视为与大学传统教学并重的职能。这一方向固然可激活教学传统而成为现代大学重要的特性,但以研究为方向却成为大学服务于民族国家建设、特别是转化为商业经济的纽带。这一纽带对于大学具有双重意义:它既是大学回应社会以激发活力的途径,又包含有使大学隶属于现代化技术进程,从而丧失大学本已的现代性批判位置的危险。海德格尔(M.Heidegger)后来从后一角度反思了它更为深远的危害:

> 一种以研究所方式活动的历史学或考古学的研究,本质上比它自己的还处于单纯博学中的人文科学院系里的学科,更接近于相应地建立起来的物理学研究。所以,科学的现代的企业活动特性的决定性展开也造就了另一类人。学者消失了。他被不断从事研究活动的研究者取而代之了。是研究活动,而不是培养广博学识,给他的工作以新鲜空气。……
>
> 研究者必然自发地涌向根本意义上的技术人员的本质形态的范围中。……除此之外,还有某些时间和某些地方,能够保持着变得越来越淡薄和空洞的学究和大学的罗曼蒂克。但是,大学的有效的统一特性,以及大学的现实性,却不在于科学的原始统一过程所具有的某种精神力量,这种精神力量发源于大学,因为它得到大学的培育,并且在大学中得到了保存。"①

---

① 海德格尔:《世界图象的时代》,孙周兴中译文,《海德格尔选集》下卷, (转下页)

海德格尔在此反思中把作为现代化及现代性思维典范的科学归源于大学。但是,大学这种涵摄并超越现代性的本源地位又起源于何处呢?

　　这是有关大学本质的根本问题。与现代关于大学(高等教育)经费来源、毕业生就业去向等亟迫重大而具体应对性的现实问题相比,关于大学本质的超迈反思形成了另一类型的"高等教育研究"。值得注意的是,此类思考兴起于人文科学现代建构的19世纪,这同时是从思想观念到社会运动(以社会主义为代表)空前激烈地批判现代化——现代性的时期。关于大学本性的思考成为现代性批判与人文科学现代建构重要的组成部分。

　　这一关于大学本性的现代性反思不断强调的关键词有:渊源于柏拉图的"理念"(idea)及其近现代演化概念"理想"(idea)、"精神"(德文"Geist")、"人文学科"与"人文精神"(人文主义)。围绕这些关键词产生了"大学"思想的一系列著作:英国纽曼(J.H.C.Newman)大主教《大学理念》(*The Idea of a University*, 1852)、美国佛雷克斯纳(A·Flexner)《大学》(*Universities*, 1930)、德国雅斯陌斯(K.Jaspers)《大学理念》(*The Idea of the University*, 1946)、美国克尔(C.Kerr)《大学功能》(*The Uses of the University*, 1963)、德国哈贝玛斯(J.Habermas)《大学理念》(1986)、美国彼里坎(J.Pelikan)《大学理念:一个回顾》(*The Idea of the University: A Re-examination*, 1992)……。在中国,蔡元培在《中国现代大学观念及教育趋向》(1925)、《大学教育》(1930)中所阐发的"大学理念"及其北京大学范型,即使历经近一个世纪的沧桑巨变,依然在当代

(上接注①)上海三联书店1996年版,第894页。引文将原中译文中"精神科学"(Geisteswissenschaften)一词按照其学术思想史含义改译(意译)为更为通行的"人文科学";原中译文中"学院"一词其文化雅用涵义(学院、经院)》颇传神韵,但汉语"学院"一词流行指称是指低于"大学"的建制,鉴于本文恢复"大学"本义题旨,故改译为"大学"。

中国思想界的大学思考中享有经典原型地位。① 而以解构主义名世的法国著名当代哲学家德里达(J.Derrida)关于大学理念的执着思考(从1983年在美国的"大学在今天是否有'存在之理'?"专题讲演,到2001年在中国复旦大学接受名誉博士时的讲演"关于'无条件'的大学")则表明,大学理念已成为抗衡现代拜金主义与技术主义的重要基石,这是一个即使在后现代消解主义时代也无法消解的理念。

"理念"(idea),这个希腊理性哲学所信仰坚执的真善美的故乡观念,在启蒙之后已转化为人文精神的"理想"观念,关于大学的思考,为什么总要与其相连,并透出一种神圣的信仰意味呢?

二

有必要从区别于历史编纂学与实证社会学的人文信仰发生学角度重新审视大学的诞生。

大学12世纪初诞生于欧洲。② 与此相关的背景因素有以下几项:

1. 十字军运动与东西方文化交流

十字军东征带回的东方文化、特别是阿拉伯文献所保存的古希腊罗马文化,不仅为后来的文艺复兴提供了条件,而且推动与提

---

① 蔡元培依据柏林大学洪堡的人文精神而承接现代大学理念,但自1928年国民党训政化进入大学,三民主义被列为必修课,即标志着现代大学在中国的夭折。新中国建立后不久,大学又纳入苏联技术专业大学体制。因而,迄至20世纪90年代,继人文精神讨论(1994)后,大学理念才作为一个启蒙性课题提出。这在某种意义上是继续蔡元培话题与事业。
② 此指与近现代大学一脉相承的波隆那(Bologna)大学(公元1100)、巴黎大学(公元1150)、牛津大学(公元1168)等。此前阿拉伯的赫克曼大学、仪勒姆大学以及拜占廷帝国的君士坦丁堡大学,乃至中国古代的大学("辟雍")等,则不属此范围。

高了专业学术(特别是亚理士多德研究、罗马法学、医学)研究。这是中古神学转变为近代学术与科学的一大契机。

2. 近代城市的形成

这里尤其须要注意的是,城市,如文化人类学研究所发现的,不能仅仅外在地归因于人类直接觅食藏身与工商贸易的聚合结果,而同时还是起源于祭祀地点的固定化、以及"精神世界"(innerness)保存寄托的需要。① 城市特有的向心力,不只是由于它意味着财富、生存机遇与享受,而且更深刻地是因其所象征与代表的文明、文化的精神中心。奥古斯丁《上帝之城》(*De Civitate Dei*)对罗马所代表的世俗城市的否弃,可视为对城市精神灵魂的极端强调。但即使上帝之城"不属这世界"(《新约·约翰福音》18:36),人类向上帝之城迈进之途,却也不仅处于历史性时间中,也得落脚在空间中。

因此,一个在世间又超世间的精神(文化)空间不仅成为追寻意义的世人个体减除孤独与抚慰的需要,而且成为人类提升世俗生存走向至善世界的共同体基础。这一精神空间实体曾经是教会。但大学诞生之前的10世纪,基督教会已严重地蜕化为最有权势的世俗团体。对于基督教及其教会而言,政教合一使其代表精神世界并引领世俗社会的能力受到严重伤害;对于世俗社会而言,王权及新兴资产主义工商业却不只需要从一个世俗权势化的政教合一信仰体压迫中获得挣脱解放(由此而指向后来的文艺复兴世俗化),而且也需要一种新的有意义的精神信仰空间(由此而指向后来的新教改革)。

近代城市在工场制作与商贸市场将人群聚集之后已经形成,

---

① 参阅〔英〕弗雷泽(J. G. Frazer)《金枝》(*The Golden Bough*)、〔美〕芒福德(L. Mumford)《城市发展史——起源、演变和前景》,倪文彦、宋峻岭中译本,中国建筑工业出版社1989年版。

但城市及其开始现代化的社会,需要为自己寻找一种适合于近现代专业技术与商贸社会的新的精神信仰空间,它同时也是以城市为中心的现代社会的灵魂。

3. 修道院与经院哲学

修道院始终是基督教信仰的纯洁基地。如基佐(F. P. G. Guizot)所强调的,修道院即使在基督教会声名狼藉的时代也在社会心目中享有神圣的地位:"在蛮族人的想象中,世俗教士、主教或一般的教士都是十分普通的人,因为他们常常看到他们、虐待他们、甚至抢劫他们。可是袭击一座修道院则是一件严重得多的事,那边有那么多的圣徒集结在一处圣地上。在野蛮时代修道院是教会的避难所,正像教堂是俗人的避难所一样。"① 从 5 世纪到 12 世纪,一方面基督教会愈渐世俗中心化,另一方面自 6 世纪圣·本尼狄克特(Benedikt·von Aniane)建立其修道会开始,基督教信仰通过远离世俗幸福的修道院生活磨炼,维护着自己的历史使命。修道院成为基督教信仰真正的精神空间。

从 6 世纪开始,修道院开始办学校,到了 9 世纪,修道院办学已蔚然成风。修道院学校不仅招收院内学生(Oblati),而且招收俗界走读生(externi)。就其直接目标而言,修道院办学校是为着培养修士。但从基督教整体在中世纪的状况来看,修道院作为维护基督教信仰的团体聚集,此种扩张性的办学教育,正属于基督教信仰在政教合一困境下的精神空间开拓或突围。这一开拓与突围后果深远地使基督教信仰将重心移向教育。

修道院学校以古典人文学科的"七艺"为内容,由此而指向后来的文艺复兴。"七艺"(特别是辩证法)用于基督教神学,而发展

---

① 〔法〕基佐:《欧洲文明史——自罗马帝国败落起到法国革命》,程洪逵、沅芷中译本,商务印书馆 1998 年版,第 111 页。

起经院哲学。经院哲学使信仰与理性结合,神学的学术性获得深化与精致化,由此而作为学术规范传统与学术观念态度风气塑造了大学的灵魂。

经院哲学传递给后来大学的学术观念,其中最为珍贵的一个核心乃是对学术的信仰态度。与现代基于个人立场的论争不同,经院哲学特有的基督教信仰大前提,使之更鲜明地体现着学术传统的一个基本态度:学术论辩不是个人之争,而是互以对方的对立所构成的认识论差异为条件,在相互诘难中共同趋近真理的活动。因而,真理不是现代人辩论文化观念所以为的胜者占有的对象,而是论辩双方共同努力接近的信仰目标。真理在经院哲学中所享有的基督教信仰地位,使学术成为超出任何特定个人意志的信仰性对象。这就是后来大学中学术享有至高无上尊严的渊源。

4. 行会与近代社会功能分化

社会功能的分化及其在社会功能分化意义上相应的社会阶层的分化,是现代性(modernity)基本特性之一。社会功能范畴因此属于近现代,它表征着社会作为有机体系统的现代化方向。它在两个基本点上不同于非现代社会:(1)它基于社会有机体功能分化(分工),而非基于世袭与战争暴力所形成的权力财富多寡来确定社会阶层。在此意义下的商人、工人、知识分子与官僚不同于前现代社会的奴隶与奴隶主。同时,这一着眼于社会系统正当分工的社会职能性阶层也不同于现代社会基于经济政治利益格局的阶级(如无产阶级与资产阶级),后者拥有自己的意识形态观念。(2)它是分化性而非未分化性的。古代的君主统治与中世纪的政教合一则是未分化性的。

注意到上述区分,我们就会对中世纪的行业公会(Universitas)有更多角度的认识。拉丁文 Universitas 指由一些有知识和技艺的人组成的传授知识技艺的联合体。行会的社团涵义后来由中古英语的 gild 和古斯堪的那维亚语的 gildi 混合成的英语 guild（基尔特）主要来承担。古代行会发展至中世纪 Universitas，有这样一些特性：(1)其职业团体性质与近代开端的社会职能分化具有重要的吻合对应性；(2)职业行会构成近代城市社会结构的基础；①（3）尽管组成行会的动机与直接的生存利益密切相关，但行会所凝聚强化的近代社会职业意识及其职业文化，却超越了特定阶层的利益格局。其中特别侧重的是本行职业的传授与教育。但这种教育却超越了具体行业技术的传授。对各行业普遍需要的知识(当时是法学)、人文学科基础教育与神学信仰，使 Universitas 转化为 Universitates（大行会），这就是今日英语的 University（大学）。"Universitates"最初称为"Studium generale"，②意即"来自各方的人一起参与学习"，它表明一个超行会的社会公共教育机构的产生。这恰是前述近现代社会职能分化中的定位，由于 Universitas 的信仰团契本义（由 unum"向一个东西"versito"定方向"两词合成），它特别满足了以城市为中心的现代社会对精神信仰空间的重建需要

因此，大学一方面同渔贩、商行等行会一样是一种特定的行会团体：一群教育职业者的行会。这一大学行会由教师与学生共同组成，他们有着自己本行的条件要求与协作利益，例如游学四方的学生在各地大学可获得的食宿与听课权利，教师职衔待遇的保障协定等等。就这些利益内容而言，大学与渔贩商业行会并无特别不同之处。

但是，大学这一职业行会的职业内容及其性质却超越了包括大学师生在内的社会各个职业行会的特定利益格局与立场。大学承担了文化贮存、文化传播和交流，以及文化创造和发展的专门功

---

① 参阅芒福德《城市发展史——起源、演变和前景》第9章第6节。
② 这也就是19世纪兴起的作为现代大学理念基础环节的"通识教育"（general education）的词源。

能。其中,尤其是作为各行业经营活动的涵义(meaning)所具有的终极价值与意义(Significance),① 它不能够依据各行业直接的涵义(meanig)自身来确定,而相反地只有在起源于巫师巫术到文明时代的宗教与哲学中才获得专题对待。② 如前所述,中世纪政教合一使基督教教会沦陷于世俗涵义(meaning)中已无力研究意义(significance)境界,于是经由修道院中介,这一承担社会终极价值意义(significance)保存与教化的功能便历史性地传递给了大学。一个重要的演变是:教化与知识相结合而成为教育。

如同巫师身兼神使·与人类代言人双重身份而不能拥有私人身份及利益一样,③ 大学行业也具有了社会最高代表的特殊意义。所谓社会最高代表,在此并非指行政实体的首长,而是指大学行业人士更应超越自身特定利益立场、甚至超越特定阶级、政党与王国、民族利益,从更高的人类社会整体与终极价值意义角度思考行事。处于这一位置上的人,远古时即巫师,至中古时仍是教士,但在近代社会开始的 11 世纪,它被一批大学人士所取代,这一社会职能的承担者被称作"知识分子"。④

Universitates 及其知识分子因而在各行业公会中享有了特殊的地位。拉丁文"un-ns"从此指称着卓越崇高者。

只有从上述深层精神结构与社会职能角度,我们才会更深刻地理解大学在中世纪社会中的特殊地位:

(1) 大学脱胎于基督教(修道院、教会)团体并长期作为宗教

---

① 参阅尤西林《有别于涵义(meaning)的意义(significance)》(上海:《学术月刊》,1996 年第 10 期)与《阐释并守护世界意义的人:人文知识分子的起源与使命》第 2 章,河南人民出版社 1996 年版。
② 参阅尤西林《阐释并守护世界意义的人:人文知识分子的起源与使命》第 3 章。
③ 参阅尤西林《阐释并守护世界意义的人:人文知识分子的起源与使命》第 3 章。另参阅〔英〕弗雷泽《金枝》第 17 章、第 59 章。
④ 参阅〔法〕雅克·勒戈夫(J.Le Goff)《中世纪的知识分子》,张弘中译本,商务书馆 1996 年版。

性教育与研究机构存在。大学除直接脱胎于修道院外,还来自接受捐赠基金的济贫院,而"在以捐款为一种虔敬行为的时代,它赋予有关机构以一种宗教的性质。在这种情况下,它引导建立的不是像现代为师生们建立的世俗的寄宿宿舍,而实际上是建立仅仅和其他大学教堂(Collegiate church)不同的大学教堂,是建立兼顾祈祷的研修,而非兼顾研修的祈祷。"① 因此,初期的大学实际是适应即将来临的人文世俗时代的修道院衍变体。牛津大学默登学院(Morton College)著名的默登法规作为此后欧洲大学基金会的经典文本,浓郁的修道院气息宛然可见:"在这个称为默登学者之家中,将永远有一些学者潜心于学问,并且必须把全部学习时间用于学习人文学科、哲学、教会法或神学,直到照院长和同事们的意志转而学习神学。但其中四、五个人将按照上级的规定允许学习教会法;如有方便,还可听听民法课。"②

因而,大学"首先是个宗教组织。虽然它的成员很久以来就不全都属于一个教团,虽然它的队伍里纯世俗教徒的数目越来越多,大学的成员仍全部被当作教士看待,接受教会的管辖,并且更要受罗马教廷领导。它们是在宗教世俗化的运动中出现的,从属于教会,尽管它试图在组织上脱离教会。"③ 大学创办人即该城市的主教,校长由大教堂司法官兼任,教师即牧师,学生是教士或在一定程度上被定向为未来的教士。④ 更准确地讲,大学是宗教世俗化运动中的一种迁移衍变体,它乃是世俗化时代的世俗大教堂或一种"知识教会"。

(2)大学的国际性。尽管中世纪行会组织追求的一个方向

---

① [英]威廉·博伊德(W.Boyid)与埃德蒙·金(I.King)合著《西方教育史》,任宝祥、吴元训等中译本,人民教育出版社1985年版,第150页。中译本未将"an studendum et orandum"与"an orandum et studendum"译出。
② 同上,第151页。
③ [法]雅克·勒戈夫:《中世纪的知识分子》,第65页。
④ 参阅[英]威廉·博伊德与埃德蒙·金《西方教育史》第148-156页。

是跨地域的普遍联系与认同,但只有大学才真正达到了最为普遍的国际性联系。大学教师的讲授与大学学生的听课是跨国界的。大学的国际性直接依托基督教世界的教会组织。但大学普遍性的一体关联与高度认同,更深层依托的是基督教信仰亦即精神世界的普世性。这深刻标志着大学行会的精神共契性质。

(3) 大学高度自治的独立性。大学高度自治的独立性是大学引人注目的一个特性。大学的这种自治独立地位,起初是依凭基督教会在中世纪的特殊地位而来。大学与市民、与各种行会、与王权的冲突摩擦,均以享有修道院式的种种豁免权而未受制裁。大学这种自治独立性的更高发展,则是在与教会组织(包括修士会)的磨擦矛盾中逐步摆脱教会控制,而终于成为王权、教会与各种世俗势力不得侵犯的神圣领土。质而言之,大学是世俗化时代一个神圣的独立王国。大学这种自治独立地位,不能仅仅外在地视为大学自身争取的历史性结果——恰恰相反,透过大学与世俗社会各种冲突的解决方案,不难看出,大学这种自治独立地位,毋宁说是整个社会出于对大学某种近乎一致的尊敬态度而照顾让步的产物。教会、王室、世俗行会与市民,对大学潜意识地怀着某种新时代精神信仰的期待与信靠。由此可以得出的结论是:基督教创办大学,不能仅仅看作一桩历史事实,而同时是一个精神信仰演进的逻辑环节:在文艺复兴与现代历史行将来临的前夕,基督教将精神信仰教化从宗教形态转化为大学人文精神,这是一个意义深远的现代性开端。大学从此不仅在基督教与政权分离的近代意义上,而且在独立于政治、经济与大众媒体的现代意义上成为政教分离的现代文明的一个致动因。诞生于基督教世俗化的近现代开端的大学,不仅从基督教那里承接了至高无上的意义阐释权利与教化资格,而且也从新兴的世俗人文意义那里获得了同样的委托。巴黎大学重要的先驱活动人物阿伯拉尔(Abalard, Patrus),作为修道院经院哲学家、教士兼文艺复兴人物先驱形象的人文主义者,其复杂综合的活动,正是大学的个人缩影。

如果我们接受韦伯关于现代信仰私人化与小圈子化的判断,那我们便可以这样说:大学就正是现代社会信仰域的"小圈子",或者说,大学是世俗化时代的信仰团契。这一结论使我们再度回到了作为大学母体的修道院定位。由此是否可以引伸出一个更加骇世的结论——大学是知识分子的"教会"?

三

确如韦伯(M.Weber)著名的概括:现代社会已不再是神性信仰的时代,世界除魅(disenchantment of the world)化了。与此相应的是以科技与工商为代表的理性化。这样便又返回到本文开始的话题:启蒙运动以降,科技工商主义及其引发的现代化(外在的客观世界)与现代性(内在的心性精神世界)危机,均在深层需要上要求重建规范与引导科技理性的终极信仰。这信仰在 19 世纪以迥然别异于文艺复兴世俗化人文主义的新人文主义——人文精神形态出现。它一方面同经过启蒙理性批判洗礼的宗教精神联系,一方面又以现代理性的人文科学与现代复兴的古典人文学科为学术教育基地。这两方面都与大学相关。以柏林大学为代表的现代大学自此将中古大学的基督教神学信仰转变为人文精神信仰。人文精神与人文教育成为现代大学引人注目的话语。这也就是"大学理念"的基本涵义。这人文精神所针对的不再是文艺复兴时代的宗教神学,而是现代科技工商主义。宗教神学恰如同启蒙理性大师康德第四批判(《单纯理性限度内的宗教》)所象征定位的,它已转化为现代性伦理价值本体的功能性资源。在这个意义上,现代大学与中古大学是一脉相承的。

这就是北京大学百年校庆(1998)时,哈佛大学校长尼尔·陆登庭(Neil L.Rudenstine)首先以人文学科教育在大学基础理论研究与基础教育中的核心地位展开讲题的时代背景。① 来自世界各地的数十位大学校长几乎一致地在"21世纪的大学"主题下强调了人文精神与人文学科教育,这一"大学理念"与以财政为中心的现实问题论域形成了现代大学校长们的两大问题共识。

只有从人文精神的高度,才能更深刻地理解与把握现代大学的功能与精神:

1. 大学知识及其研修的特性

(1) 大学所研修的知识,其主干并非实用的技术规则,而是技术的原理,即"知识的知识"。原理性知识为各类职业技术所倚凭遵循,但并非其认知与传授的对象("百姓日用而不知"),唯有大学将各行业技术所根据的原理作为知识研讨并传授为学术传统。这是大学与职业学校、乃至专才学院根本区别之一。知识体系本身的重要性超过了所研究的特定对象及其应用价值。大学精神之理念在此体现为"为知识而知识"、即"爱智"。此即古希腊最高科学的"哲学"(Philosophia)本性,它在近代以后的科学领域中体现为区别于特定具体科学技术的科学精神。科学精神是科学及技术的原动力。科学精神构成大学精神之一。

(2) 大学知识超越实用技术的精神同时体现为对技术分工专业知识的综合整合。"meta"(超、元)"physics"(物理科学)之"metaphysics"汉译名"形而上学",表明此"学"乃道体(本体)之大学问;而"爱智"之"智",亦并非仅指近代科学意义的规律认知,而是真善美统一的人生最高智慧。因而,大学知识的整合性不仅指各科分支知识的系统化,而且更是指知识意志情感及相应各类学问与价值的有机统一。这种有机统一系于人格的全面发展与完

---

① 参阅《21世纪的大学——北京大学百年校庆召开的高等教育论坛论文集》,北京大学出版社1999年版,第20-21页。

善,由此而指向大学人文教化的最高目的。

正是这种有机整合性与完整人性的教化目标,使大学的系科与古典人文学科密切关联。以培养优秀自由民为目标的古希腊罗马的"七艺"与塑造士君子的中国先秦"六艺",在现代大学人文精神背景下转化为大学人文(素质)教育的重要资源。

大学人文精神的人文价值整合统一性是大学完整统一性的内在保证。大学文理工商诸专业相隔系科之所以聚于一校而不落于外在空间聚合,端赖此大学精神纽带维系。大学精神因而是超专业的。一个北京大学的学生以隐含自豪的口气道出自己的校名("北大!")时,已表明了他对于自己所在大学整体人文精神的归属认同,这一认同超越了他所在专业系科。

承载大学人文精神的不仅是大学的专业知识,而且有那代代相传的学术传统风气(重实证或重思想、"兼容并包"的自由学术,等等)与社会个人观念(如"五四"以来北大突出的以天下为己任的责任使命感),还有大学社团活动、卓越教授的个人魅力、同学的聚合,乃至那古老的校园建筑与林木古藤……大学是一个活的生命体,而且是个性化的生命体(北大之别于天津大学、耶鲁之别于麻省理工,宛如一批卓而特立的优秀人士)。"大学校园"成为上述因素的统一体。因而将大学简化为知识传授,就抽去了大学的人文精神而不复为大学。电脑时代的信息网络教育或诸种远程教育的"大学校"(Multiversity)之所以不可能取代大学,根本限定之一亦在于此。

2. 大学知识分子涵义

大学所培养的本源意义的知识分子,如别尔嘉耶夫(H. A. Бердяев)所强调,应是以人文关怀为理念的人文知识分子。① 这

---

① 参阅尼·亚·别尔嘉耶夫(Н. А. Бердяев):《俄国共产主义的起源与涵义》(Истоки смысл русского коммунизма, Москва, 1990, Стр.18.);另参阅尤西林《阐释并守护世界意义的人——人文知识分子的起源与涵义》,第24—27页。

一意义的知识分子特别应注意与技术专家角色区别开来:

(1) 就其系统的专业知识与深厚的超专业知识基础而言,大学所培养的知识分子作为博学之士不等于专家,但又是专家与职业技师的母体源泉。这不仅指知识分子优秀的专业素质,而且指在专业技能与知识结构更新日趋加速的知识经济时代,大学知识分子深广的基础知识亦即原理性知识结构更新专业技术的"迁移"(transfer)能力与自我教育能力。激光照排技术的问世可令印刷行业铅字排版技术工人一夕失业,但拥有高等数学与电子学原理知识结构的知识分子却可以很快掌握新技术、而且开拓更新技术。此即原理创生("迁移")知识与技术。①

(2) 大学原理性思维培养了知识分子追根究源的精神品格。但如前所述,原理性思维与追根究源的"本体论"思维习性乃植根于终极性信仰。因而,大学知识分子理性究问的深层气质乃是对真善美终极价值的执着向往。这一境界也是大学教育最深层亦即最高的培养目标。领略此一境界的大学知识分子从而可能超越一已利益与各类特定利益的狭隘限定,而得以区别于民族国家的"社会"最高最长远的公共性视野思想行事。例如生态保护,这一超出了民族国家直接眼前利益的新人文立场,即是人文知识分子最先提出并艰苦推行才逐渐为各国政府所接受的。大学知识分子从而成为真正以天下为已任的大公无私者。大学则不仅作为科学原理创新的基地,也成为社会道义的策源地。

上述大学知识分子的特性,若用 Michael Confino 关于现代知识分子的著名概括来表述,即:深切关怀一切有关公共利益之事;将公共利益视为自身之事;将政治、社会问题视为道德问题;有一种义务感,不顾一切代价地追求终极结论;深信现状事物须作改

---

① 此即当代大学坚持通识教育为本的一个根据。民族国家创新竞争格局迫使政府与社会顺应这一立场。

变。① 能够如此立身行事者,即为知识分子:这当然不限于大学,但培养这样的知识分子却是大学的天职。

四

中国近代启蒙思想家黄宗羲已指出:"学校,所以养士也。然古之圣王,其意不仅此也,必使治天下之具皆出于学校,而后设学校之意始备。"这不仅指有形之规章制度礼仪以学校为原型,而且"使朝廷之上,闾阎之细,渐摩濡染,莫不有诗书宽大之气。天子之所是未必是,天子之所非未必非,天子亦遂不敢自为非是,而公其非是于学校。"② 现代民主法制社会的最终根据不仅是理性的,而且是价值意义(Significance)的,它们以教育机制为依托统一于大学。大学作为知识科学、理性与自由、公共精神的教化——策源中心,成为现代社会统一性的终极保证。因而,"大学教育乃是一个社会的心脏"。(耶鲁大学"Giamatti 座椅"铭言)

然而,现代化压力却一直在迫使大学片面地服务于市场经济与全球化形势下民族国家的竞争。从纽曼时代开始,大学人文精神即被视作一种需要守恃维护的理想信念(理念)。追溯大学的基督教起源背景及其信仰渊源,有助于获得一种历史视野,以使人们更深刻地领悟历史赋予大学包容并超出经济技术之上的信仰教化使命。一个成熟的社会与民族,应当理解那近乎精神隐修的大学人文精神支撑现代社会——不只是科学技术、而且是终极价值——的信仰意义。艾伦·布鲁姆(Allon Bloom)如此描写他的母校芝加哥大学:"组成芝加哥大学的是一群仿哥特式的建筑物,……它们指向一条路,这条路通向伟人会面的地方。……这是

---

① 转引自余英时《士与中国文化》,上海人民出版社 1987 年版,第 3 页。
② 黄宗羲:《明夷待访录·学校》。

一个最沉溺于实际生活的民族向沉思生活表达的敬意。……由于这些殿堂被赋予了先知与圣人的精神,因而有别于其他的处所。如果不计其精神的话,这些殿堂具有与普通房舍相同的许多功能,然而由于信仰之故,它们至今还是圣殿。一旦信仰消逝,先哲与圣人传播的经典成为无稽之谈时,即使房舍中活动不断,圣殿也不再成其为殿堂了。它会因此而走向死亡,至多成为一种纪念碑,悠闲的游客将永远不会领略它的内在生命。也许这个比较并非恰当,但是大学的讲坛的确也受到一种类同的精神的熏陶,这就是已故的先哲的精神,只有为数不多的人分享着这种体验。先哲的精神几乎可以包容一切人,然而只有人们尊敬并且认识到它的尊严之时,才可能如此。"①

但愿 21 世纪的人们还能够对那些葆存着中古神圣气质的老楼旧屋怀恃敬仰与想象,大学从而还会是一种理念,社会从而还会有一处理想源泉。

---

① A·布鲁姆:《走向封闭的美国精神》,缪青中译本,中国社会科学出版社 1994 年版,第 291 页。

附论 2

百姓日用是否即道？*
——关于中国世俗主义传统的检讨

"百姓日用即道"是泰州学派王艮的著名命题。今人有关研究，多着眼于这一命题的社会学背景（"代表劳动民众"）或思想史意义（对近代个性解放的启蒙）；而从哲学史角度的研究，也多限于与之直接关联的王学后学演变梳理。本文不拟进入上述讨论，而将这一命题置于中国哲学的总体行程背景下，视之为中国世俗主义传统的激进表达；进而通过对这一命题批评性的阐释，对中国世俗主义传统，以及支撑这一传统的同一性与内在超越性致思倾向予以检讨。

一

"百姓日用即道"在中国哲学传统中有其世俗主义渊源。

作为中国精神源头的先秦本有其非世俗的价值源头。殷周时

---

* 系作者在"中国哲学的回顾与展望"两岸研讨会（台湾·花莲·1994）上的发言。原刊于台北辅仁大学《哲学与文化》1994 年第 9 期。

期"帝"与"天"即为至上神。即使周人祖先崇拜逐渐获得至上神地位,天道仍享有最高指称。由天道派生,在儒道墨诸子创造性的阐释下,远古大同公天下遂从过去永恒化为未来。从此,天道—天下—大同构成了一个本体性的外在价值目标。①

"礼"之隆重,正缘其与五帝三王时代的血缘存续关系。然而,孔子历史性地将外在规范之"礼"内化为由个体心理体察的"仁",价值超越的重心遂倾斜向现世之人。人道(人文)主义由此开始区别于古代天道主义。孟子在将先验道德本体的"仁"进一步感性经验化与心理化的方向上重大地推进了孔子"为仁由己"的人文主体性。"万物皆备于我矣,反身而诚,乐莫大焉"。(《孟子·尽心上》)普遍的"仁义礼智"原则均发端于恻隐、羞恶、辞让、是非之心理,"集义"基于"养气"。从而,个体后天的人格修养成为"事天"的基础。由此便引出了"人皆可以为尧舜"的著名命题。尧舜,圣人也,这已是后来阳明"满街人都是圣人"的先声。

《中庸》可以说是儒学个体心性论的专著。"天命之谓性,率性之谓道,修道之谓教。"(《中庸》第一章)天道已与人性修养贯通一体。这种修养又并非宗教修持,而就寓于俗世日常生活。"极高明而道中庸"(《中庸》第二十七章)。如朱子《中庸章句》所释,"庸,平常也"。因此,"夫妇之遇,可以知焉","夫妇之不肖,可以能行焉"(《中庸》第十二章)。在这种世俗化倾向中,还可以觉察到中国人注重实际运用的生活性格。今人(李泽厚)称之为"实用理性"。

与立足于人伦现世的儒学相比,道家似乎更富于外在超越性。但作为道家本体之"自然",却隐含着出世与入世的相反的两种价值取向。"自然"与"人工"(人为="伪"=非自然)的对立性,一方面可导致离开人世、皈依天道;但另一方面,"自然"又可指一切不

---

① 参阅本书第四章《意义空间:有别于国家的"天下"社会》一节。

予改造的事物原状,它含有"保持现状"的意思。就此而言,"自然"要求人放弃主体性而沉溺于此时此地,一任由之。郭象曰:

> 自然者,不为而自然者也。……不为而自能,所以为正也。故乘天地之正者,即是顺万物之性也。……故有待无待,吾所不能齐也;至于各安其性,天机自张,受而不知,则吾所不能殊也。(郭庆藩辑《庄子集释》第1册,第20页,中华书局,1982年)

在"人为"之上树立"自然"更高的地位,本是据此显示社会功利价值的局限性以恢复本体,但彻底否定任何"人为"主动性,也就在根本上取消了价值判断。作为庄子"真人"重要特性的"无所待",也就从超越相对性目的一变而为无所追求。"自然而然"的委运任化因此变成了放弃评价与行动的随遇而安的世俗适应,"安时而处顺,哀乐而不可入也。"(《庄子·德充符》)

与此关联的庄子相对主义从而消解了绝对价值尺度与任何有待超越的目标,甚至泯主客、齐物我,使自我完全消失。这诚然可理解为本体之道无所不在,但道体与物器完全同一后的"和光同尘",也意味着道体自身的消失:

> 东郭子问道于庄子曰:"所谓道,恶乎在?"庄子曰:"无所不在。"东郭子曰:"期而后可。"庄子曰:"在蝼蚁。"曰:"何其下邪?"曰:"在稊稗。"曰:"何其愈下邪?"曰:"在瓦甓。"曰:"何其愈甚邪?"曰:"在屎溺。"
>
> 东郭子不应。庄子曰:"夫子之问也,固不及质。正获之问于监市履狶也,每下愈况。汝唯莫必,无乎逃物。至道若是,大言亦然。周遍咸三者,异名同实,其指一也。"(《庄子·知北游》)

屎中觅道是道器同一之后泛道论的必然体现。"无乎逃物"也就是同一于物。在这种对既成现状无条件的承认与接受中，超越也就是沉沦。因此，庄子对文明进程原本含有强烈批判性的自然之道，又很可能转身从愤世嫉俗的决裂性出世态度沉入世俗。所谓"大隐"，此后便隐于闹市了。但这种安于世俗的非价值批判，反过来却可以意味着对世俗现状全称性的肯定性价值判断。①

作为中国哲学三大来源之一的佛教，同样参与建构了世俗主义传统。作为外在超越性的宗教，佛教曾遭遇到入世传统的中国本土哲学的顽强抵抗。但入室操戈，不独宋儒所为，关键性的转变早在禅宗手中已经完成。佛禅南宗对印度佛教的改造，乃是通过消除佛经（语言文字）中介、压缩与简化教义认知，而将彼岸佛祖转化为此岸普遍的自我佛性，以自性自悟取代外在的西天崇拜。因此，佛教中国化实即佛教世俗化。

在这一过程中，同儒道一样，世俗化以同一性为前提：儒学经由"礼"→"仁"→"诚"的逐步内化而将天与人同一，道家以相对主义泯除一切对立而将道器同一，禅宗则基于空观斥对立为偏执，大破"区别心"，以"现量智"的禅悟直观，将瞬间经验永恒本体化。正是在将本体与现象同一化之后，终极价值才无可选择地受制于世俗。这在佛教大乘普渡主义中原有其根据。早在南禅之前，竺道生已据大乘精神为冥顽之"一阐提"恢复佛性具足资格。湛然曰："一草一木一砾尘，各一佛性各一因果具足缘了。"岂止凡夫，无知猪畜与无情草木亦有佛性。因而，佛教大乘的泛佛性论在宗教超越性框架支撑下，在与儒道摩荡激扬之后，反而从本体论高度强化了中国世俗主义传统，使之获得了更加广阔而深入的发展。禅宗"向下一路"、所谓"平常心是道"（南泉），由于经历过"直向

---

① 黑格尔批评怀疑论所据以怀疑的抽象否定性其实正是怀疑对象的偶然相对性，这完全适用于对庄子相对主义的批评。参阅黑氏《精神现象学》上卷，商务印书馆1979年版，第138页。

那边会了,却来者里行履"(《古尊宿语录》第十二卷),经历过先"截断众流"、次"涵盖乾坤"、复"随波逐浪"的否定之否定,这种平淡践履与顺应自然式的"随波逐浪"便较之道家综合有更加深厚的内容。从而,由圣入凡之"堕",反而是"百尺竿头更进一步"之"超圣",而禅宗著名的"担水砍柴无非妙道"及其所标榜的"世间法即佛法",也比儒教之下的民间庸俗更具有哲学深度与吸引力。也正是佛禅这种由外在超越转化而来的内在超越,以及在此种内在超越支持下的世俗化,才刺激了理学关于理事、体用、道器、功夫与学问等一系列对立统一范畴的辩难,使理学一翼的心学把同一性与世俗化空前推进,在明中叶之后愈渐骚动的民间社会基础上,泰州学派才能终于将"百姓日用"与"道"体直接等同为一。

二

就"百姓日用即道"命题改造之前的《易·系辞上》的原始语境而言:

> 与天地相似,故不违。知周乎万物而道济天下,故不过。旁行而不流,乐天知命故不忧。安土敦乎仁故能爱。范围天地之化而不过,曲成万物而不遗,通乎昼夜之道而知。故神无方而易无体。
>
> 一阴一阳之谓道。继之者善也,成之者性也。仁者见之谓之仁,知者见之谓之知。百姓日用而不知,故君子之道鲜矣。显诸仁,藏诸用,鼓万物而不与圣人同忧。盛道大业至矣哉!

在此文本中,一方面强调天道是本体,其运行支配着万事万物;另一方面则强调此本体之道难以认知:仁知不免各自有片面性,而百姓日用受道支配更是颟顸不觉。这不仅是以"体"驭"用",而且排除了"用"的主体性。此中富有深意的一句是:"君子之道鲜矣。"它提出了"君子"在与"百姓"相区别的意义上自觉体道明道的使命。这乃是儒学始终重视与紧扣的"畏"、"敬"、"诚"等心态(范畴)超越性源头所在。

因此,不管儒学如何向"人"内化,但使这人区别于禽兽的"修身",依然要外推为"事亲"、"知人"、"知天"的追求。同样,对于不失自然本性的"真人"来说,解衣般礴、心斋、坐忘的气概也始终非俗世可同化;而穿行于世界的禅师,内心深处亦保持着"不即不离"的平衡。中国传统思想史深层存在着的对立线索是:一方面,周人忧患意识、孔子三畏、克己复礼、《大禹谟》十六字诀警告、"戒慎乎其所不睹,恐惧乎其所不闻"、天理人欲血战、"战战兢兢,如临深渊、如履薄冰"的慎独涵养、"敬肆之分,人禽之弁"的持敬集义与功夫论的主体"面对"与己区别的本体敬仰;另一方面,则是"人能弘道,非道能弘人"、至诚主体可达至赞天地之化育、与天地参的天人合一本体主体合一、"收拾精神,自作主宰,万物皆备于我,有何欠阙"、"我的灵明便是天地鬼神的主宰"、"造命"、"易命"的满街圣人……

因此,中国哲学固有其世俗化倾向,但总有种种因素与之相抗衡而保持着超越性所必需的张力。

然而,"百姓日用即道"命题的问世,却表明不仅体道之"君子"无须存在,种种维系超越性的中介性修养也不再必要,与天道源头的联系已被斩断。世俗主义终于在晚明独立流行。但这一结局,原已作为可能性隐伏于中国内在型超越结构中。

中国哲学的内在超越性有别于二元分立的外在超越性西方哲学,这已是今日学界谈论很多的论题。其实,任何超越性结构总须具备两个方面:超越者与超越的目标。超越目标总须在超越者之外,超越总要超出超越者自身,从而总是表现为由此离去的外在超越;就超越者而言,超越总是超越者的活动,超越总须基于超越者自身的改变(超越),从而总要表现为内在超越的一面。作为人类超越性结构,中西哲学和文化价值的超越性结构理应共同具备上述两个基本方面,其内在与外在型之区分,仅就对这两个方面的不同侧重而言。这种侧重差异所导致的利弊得失,也早已为思想家所注意并做出了针对性的检讨省查。对于西方哲学而言,早在亚里士多德,已针对外在目的区分出了更深刻的内在目的;后来康德区分机械因果与生命目的,以之论证道德人作为自然最后目的;黑格尔以自我设定、自我回返的"真正的无限"批评只知直线外求的"恶(坏)的无限"……直到当代海德格尔,将对二元分立的西方哲学的反省批判推向空前的广度与深度。

相比之下,中国哲学内在超越性的缺陷及其负面影响却始终难以成为一个深入研究的课题。

三

至少可以从五个方面考察"百姓日用即道"所体现的世俗主义传统与中国哲学的内在超越性关系。

1.《中庸》第二十章对"天""人""诚"这一组中心范畴做出了如下规定:

> 诚者,天之道也;诚之者,人之道也。

本文倾向于将这一"天—诚—人"的规定看作儒学本体论的纲目性命题。

朱子注解曰:

> 诚者,真实无妄之谓,天理之本然也。诚之者,未能真实

无妄,而欲其无妄之谓,人事之当然也。(《中庸章句》)

"诚"作为天道本质,可作名词,按朱子所释,即真实自然。"诚之者"之"诚"则应是副词,"之"则可有两解:(1)代词,指代天道之"诚"。全句形容对"诚"之诚意;(2)动词,去追求。全句形容对天道真诚笃信地追求向往。此为人道。在这个超越性结构中,天道是人的追求对象,"人"是自我超越者。而"诚"是"人"—"天"中介:"诚"既是超越者的人的精神心态,却又名词化(外化)为天道本质。这就规定了两个基本原则:(1)"诚"是以人态附会天态。因此,较之天道,人道是真正的重心。但并不能据此认为人道先于天道,因为人道之"诚"乃"人"—"天"之"诚",天道已经先验地参与了"诚"。(2)人道本质上是"诚"之自我追求运动。在这种以"诚"("诚之者")求"诚"("天之道也")的循环中,人部分地自我设定又自我超越。"诚"因内在地沟通"天"与"人",故"诚"成为内在超越的枢纽。这也就是儒学以修养心性为基点的根据所在。

但由此所发生的重要问题是:尽管"诚"是"人"对"天"的态度,因而"天"作为"诚"的对象是先验规定"诚"的客观条件;但"诚"终究是"人"的主体心态。如前所述,人因此而部分地有权自我设定,这又造成了"诚"的主观相对性一面。因此,"诚"不是一个绝对性的尺度。如果这样,内在超越的标准就因发生了部分的自我相关性而有滑入悖论循环的可能。质言之,内在超越因缺乏一个绝对异于超越者("人")的客观尺度而有可能出现失去超越目标、乃至丧失超越性的危机。①

---

① 这同样是西方近现代世俗化所面对的问题。海德格尔之所以批评宗教改革以后以个体体验承担神灵自在、批评狄尔泰以后人文主义流行的体验论,其思虑担忧也基本同于此。但当代流行的基于中西比较的框架,却可能诱使当代本土立场论者夸张突出人文主体性对比西方神性背景,从而将中西双方各自均有的(转下页)

由以上分析可知,内在超越性结构中天道对"诚"(以及类似的"敬"、"畏"、"仁"等)的先验参与,以及由此而对"人"道的制约,乃是其超越性脆弱而又至关重大的保证一环。之所以说它脆弱,是因为天道过于遥远,特别是,在缺乏宗教传统的中国,天道缺少客观化的保证形式。

"百姓日用即道"一出,表明人与天道原本脆弱的联系已经切断:人道完全自我设定了。超越的目标已被勾销,只剩下人的此岸自我设定了——而"即道"之完全同一性,甚至使这种"设定"也无必要了,超越者即超越目标,超越性结构已不复存在。以"日用"为"道",是以"用"为"体"(而不是相反),世俗之"用"既是道体亦是超越性尺度。在这种自我衡判中,由于已失去任何可参照的意义背景(不同于禅宗,运水搬柴之日用因佛教背景而获得超出自身的更高意义),同时又失去了"诚"(惟剩有"狂")及一切尚可联系到异己对象(他者、或马丁·布伯所说的"你":"Du")的中介,便只剩下赤裸裸的自我中心感。用海德格尔以来的现代哲学术语说,"百姓日用即道"也就是人类中心论。

2. 作为人类中心论,"百姓日用即道"的人性观念又并非形而上意义的,而就体现为世俗生活。但世俗生活并非单一性的,它包含有从礼仪交往到饮食男女的区别甚大的复杂内容。而就王艮及其后学意向而言,"百姓日用"是针对上层礼仪教化而被强调为非人为教化的自然人欲表现:

> 天性之体,本是活泼。鸢飞鱼跃,便是此体。(《明儒王心斋先生遗集》卷一)
> ……要之,自然天则,不着人力安排。(同上)

(上接注①)复杂并存趋势剪裁失真。参阅笔者对成中英本体诠释学的批评:《本体主体化与主体本体化——成中英"本体诠释学"与Jullien"间距"(écart)观评议》(澳门:《南国学术》2014年第4期)。

天理者,天然自有之理也。……凡涉人为,皆是作伪。……人性上,不可添一物。(同上)

不亦说乎?说是心之本体。(同上)

其后何心隐更直接点明:

性而味,性而色,性而声,性而安逸,性也。(《何心隐集》,第40页,中华书局,1960年,北京)

李贽同样讲:

穿衣吃饭,即是人伦物理。除却穿衣吃饭,无伦物矣。世间种种,皆衣与饭类耳。故举衣与饭,而世间种种自然在其中。(《焚书》卷一)

如好货,如好色,如勤学,如进取,如多积金宝,如多买田宅为子孙谋,博求风水为儿孙福荫,凡世间一切治生、产业等事,皆其所共好而共习、共知而共言者,是真"迩言"也。……我之所好察者,百姓日用之"迩言"也。(《焚书》卷一)

财之与势,固英雄之所必资,而大圣人之所必用也,何可言无也?吾故曰,虽大圣人不能无势利之心。则知势利之心,亦吾人禀赋之"自然"矣。(《李氏文集》卷一八,《明灯道古录》卷上)

夫私者,人之心也。人必有私,而后其心乃见;若无私,则无心矣。(《藏书》卷二四)

后来戴震也讲:

好货好色,欲也;与百姓同之即理也。(《孟子字义疏

证》)

……

晚明个性解放自有其积极的意义,此处不论。但如以自然欲望为本,人与禽兽区别何在?作为人生劳作的自然基础,饮食男女是人类永恒的与自然物质变换的需要,固然无法取消,但人于历史进程中的不断自我超越,一项基本内容正是人的自然欲望从内容、形式到方向的不断文明化,此即教化。如果颠倒过来,还有什么超越性可言?

在人性超越与教化进程中,自然欲望始终包含着种种危险的趋向。"人心惟危,道心惟微",体道正以教化人欲为前提。儒学于入世传统中对此有着深刻的理解与体验:"战战兢兢,如临深渊,如履薄冰",对世俗人欲剔抉防范、教化陶冶,以培育人性。孔子将"克己"与"复礼"关联,朱子说从欲望中悟道如血战,"天理存则人欲亡,人欲胜则天理灭"(《朱子语类》卷十三),显见此种危险之严重。

3. 从另一方面看,"百姓日用"对于个体而言,往往又是先在既定的习俗传统或秩序规定。个体在日用操作中实际总已受制于某种社会规范,却又习焉不察,所谓"百姓日用而不知,故君子之道鲜矣"。习俗规范并不一定是道体,但这里重要的是是否有省查意识。但"日用"一旦"即道","用"者自身的反身思考与体道明道的"君子"便都不再必要。从而,本是倡导"自作主张"、"倚自不倚他"、从外在求教回返自悟的"百姓日用即道"说,却实际上可开出取缔自我意识、安于无知蒙昧一途。

4. 作为王学之后"现成派"的著名命题,"百姓日用即道"以天然自在为道,因而同道家一样反对"人为"之"伪"。这便从根本上否定了对现状的改变:

> 南野公尝讲"致良知"。先生戏之曰,某近讲"良知致"。南野延先生连榻数宵,以日用见在,指点良知。(《明儒王心斋先生遗集》卷三)

把"致"(追求)良知颠倒为良知"致"(到来),把有待改造发展(超越)的"日用现在"即日用现状作为自足完善的本体尺度,任何超越将自始不再可能。超越必须以自我批判意识为前提,既已放弃自觉意识而安于自在,又以佛禅式的"当下现在"顿悟取代"明觉"功夫而无从展望未来,日常生活便成为缺乏时间三维分化、缺少自否定飞跃环节、没有差异区别(不再区分有无意义或意义大小)、没有对立统一矛盾动力机制,从而也失去超越与发展的停滞匀质态。无条件地肯定并沉溺于这种匀质态,正是腐朽的一个根源。①

5. 当然,对于少数智慧之士而言,"百姓日用即道"不失为践行并扩展意义的有效原则。但他们固然可于日常生活中玩味意义、内在地提高生活质量,可以通过内在(超越)转变心态而使某些日常生活内容诗意化,从而不仅为自己、亦为他人(例如当今的西方后现代主义者们)提供一种生活艺术,然而,犹如盆景,它不可能扩大为真正的现实生活。日常生活有其固有的客观结构规定性,它受制于更大范围的社会条件。心学可以像禅诗所吟咏的,自信"春有百花秋有月,夏有凉风冬有雪;若无闲事挂心头,便是人间好时节",在有限的事情上调适心境;也可以与人、物契印交流,改变主观的实用功利执著而消解工具性对象(如西哲海德格尔之

---

① 试读李渔《闲情偶寄》卷六"随时即景就事行乐法",可为王艮《乐学歌》及其"日用即道"论一实例:"睡有睡之乐,坐有坐之乐,行有行之乐,立有立之乐,饮食有饮食之乐,盥栉有盥栉之乐;即袒裼裸裎、如厕便溺,种种秽亵之事,处之得宜,亦各有其乐。苟能见景生情。逢场作戏,即可悲可涕之事.亦变欢娱。"秽亵之乐,岂非腐朽之乐?

消解工具对象性"物")。但是,作为"日用"基础的社会结构与法权制度不可能仅仅通过精神转向而消解,而须诉诸物质实践的改造,这关乎历史:道普遍地成为个体之用、亦即"日用"与"道"的同一,乃是历史性的目标,严格讲,它只能展现为历史地平线的一种极限。

四

中国世俗主义传统与中国社会心态中适应现状、不求创新的滞缓一面有着明显的联系。① "百姓日用即道"问世近 500 年来,由于未能形成真正超越性的意义背景,无论其间争取民族自立或社会民主富强的献身斗争多么可歌可泣,也不管意识形态的传布与管束如何强大,但社会心态深层的世俗性格始终未有根本改变。值此空前汹涌的商品化时代,中国人已鲜有神圣感或信仰感,世俗主义传统已渐趋庸俗化乃至恶俗化。面对这世纪之交的精神价值空场,当代人文知识分子是否有勇气去承担体道明道的君子责任?如何基于中国现实培养起新的超越性结构、以赋予世俗日常生活以意义?这将是今日与 21 世纪中国哲学最重要的课题。

---

① 余英时先生批评韦伯关于儒家对现世取适应态度的判断是"有关全面判断的基本错误",并以理学为证,说"儒家对'此世'决非仅是'适应',而主要是采取一种积极的改造的态度;其改造的根据即是他们所持的'道'或'理'"(《士与中国文化》第 487 页,上海人民出版社 1987 年版)。这若指程朱理学自有道理。但就基本结构而言,朱子的二元对立在中国哲学中并不典型,牟宗三先生因而说朱子是"别子为宗"。所以,韦伯的判断未被驳倒。

附论 3

关怀公共精神的"积极自由"行动者[*]
——鲁迅与现代知识分子角色

一

对于现代中国而言,鲁迅最重要的意义不仅仅是作为文学家和思想家,而且是涵摄文学、思想与社会批判为一体的一种人格姿态,他象征着一种现代社会角色:知识分子。

"知识分子"是一个现代概念。与前现代社会的巫、士、教士、意识形态权威相比,知识分子——同样拥有文字符号,但已属于理性工具,而不再是谵妄的象征;同样超越具体实用涵义(meaning)而追问根本的价值意义(significance),但不是依据神性而是依据人性;同样关怀公共性特别是公共精神,但不拥有任何身份资格或特权背景。精神观念与权力亦即政教之分离,构成知识分子现代性最重要的基础与标志。

由此而拓展为知识分子一个独特的现代特性,即它不是从属于生产力范畴的脑体分工框架下的脑力工作者,甚至也不是某种专业或职业,而是基于高度专业分工化现代社会的人文整合需要

---

* 原刊于《学术月刊》2000 年第 8 期。

而超越专业分工的精神群体。在这一意义下,爱因斯坦并非因拥有物理科学涵义知识而为"知识分子",而是当他关怀原子能科学的人道主义意义时才称为"知识分子";设若他后来又不关怀公共精神了,则不复为"知识分子"。

康德把脱离蒙昧的现代人定位于自主运用理性。但运用理性却有"私下运用"与"公开运用"之别:"必须永远有公开运用自己理性的自由,并且唯有它才能带来人类的启蒙。……而我所理解的对自己理性的公开运用,则是指任何人作为学者在全部听众面前所能做的那种运用。一个人在其所受任的一定公职岗位或者职务上所能运用的自己的理性,我就称之为私下运用。"① 康德饶有深意地将专业职业与"私下运用"关联而与知识分子("学者")的"公开运用"区别开来。它意味着,一个政府官员虽则天然地与公共事务关联,但若仅仅作为职业例行公事(亦即国家机器必需的"消极服从"),则只是"私下运用理性"。但当他超越这一社会分工,而以"世界公民社会成员"亦即"学者"独立批判态度面对公众事务时,就成为"公开运用理性"的知识分子。这种超越事功职业而力求保持意义境界的社会定位,导致了后来韦伯关于"志业"或"天职"("Beruf")的著名表述。

在中国现代知识分子发生史上,鲁迅,无论其精神旨趣或实际生活道路,都成为上述知识分子现代涵义的一个人格象征。

从甲午惨败到废科举,依托宗法—皇权的儒教上千年政教合一格局终结,包括鲁迅在内的中国第一批现代知识分子由此独立问世。但遑论康、谭、章、王,即使是严、梁,也终究未能与传统断脐。鲁迅却是从内在精神观念到现实世事,终生与儒教为主流的中国传统意识形态文化搏斗者。

---

① 康德:《答复这个问题:"什么是启蒙运动?"》,何兆武中译本,《历史理性批判文集》,商务印书馆1991年版,第24—25页。

辛亥革命后中国政治及种种"主义"思潮在树大根深的旧传统势力面前的脆弱表现,是鲁迅一生铭记的教训。《野草》所表达的深沉苦闷与拒斥任何形式依傍的孤独执著,实际是鲁迅整体气质的代表性特色。鲁迅从而终生对政治与意识形态持独立审视与批判态度,不仅与亲近政权的自由主义派系相区别,也与挟"主义"话语和政党组织身份的极左文化圈保持着距离。

鲁迅的这种知识分子独立立场当然不应视为知识分子与现代社会唯一正当的关系模式,但它却是知识分子与现代社会(包括国家与广义意识形态)建设多种积极良性互动关系的基点。因此,毛泽东称赞鲁迅"是一株独立支持的大树"。但这似乎并不能依据他所谓"大胆地指出托派匪徒的危险倾向"的"助革命"之功,而更应从现代知识社会学高度,视之为"思想性的无依托者"(别尔嘉耶夫)、"社会性非实体(non-entity)"的"自由职业者"(曼海姆)。

鲁迅的自由职业归宿,为其知识分子志愿所定位。辞中山大学教职后定居上海的人生最后十年,鲁迅虽然未间断大学讲演,却典型地是以康德所说的"摆脱公职"的自由独立身份,"面对全体公众""公开运用理性"。这十年同时成为鲁迅以"自由职业"的自由撰稿人身份,写作社会评论杂文的黄金十年。

即将进入21世纪的今日中国,仍仅有极少数人能幸运地将个人生计与超职业地"公开运用理性"结合为自由"天职"。鲁迅择业的知识分子自我意识至今在感召着后来人。

青年鲁迅弃医弄文的著名精神事件,应提升到鲁迅自觉选择现代知识分子道路的高度看待。这一转变奠定了鲁迅一生的事业目标:改造国民精神。鲁迅以"立人"、"张精神"为立国之"首"的信念,既反映了中国近代启蒙从器物、制度向文化精神逐步推移的深度,又表现了这一启蒙无力综合,反而割裂社会形态诸要素的前唯物史观局限。但着眼于精神意义,以科技工艺为主流的现代社会的盲区,恰恰是知识分子现代兴起的一大背景。与之相关,"国民精神"又关系到知识分子现代起源的另一背景,即在现代分化性社会中重建公共性,特别是公共精神的历史性要求。

在与科技工艺相区分的方向上选择人文学科的文学,则同样典型地体现着现代知识分子的人文价值特性。文学在知识分子现代起源史上占据着特殊位置。与知识分子互动共生的现代公共领域,其母体与原初形态,恰是18世纪开始,依托沙龙、读书会与艺术展览馆而产生的文艺评论交往空间。① 法国大革命后,欧洲现代化进程将文学评论扩展为更加广泛的社会政治评论。文学评论家成为了最早的现代知识分子。以左拉为首的文艺家群体在著名的"德雷福斯案件"中,向现代社会第一次显示了知识分子的公共关怀形象。

上述知识分子与文学、公共性的现代产生历史,不仅可以为理解鲁迅弃医弄文提供深层背景,而且有助于对鲁迅继而从纯文学走向社会评论性杂文这一转变、以及鲁迅杂文的思想史地位做出更为深广的新解释:如鲁迅明确道白的,为改造国民精神而弃医弄文,是因为文艺"善于改变精神"。但随着中国现代社会与思想状况的演变,"改造国民精神"的知识分子公共关怀精神势必扩大与超越作为工具的文艺而转向社会评论。作为公共社会评论的杂文,成为鲁迅知识分子公共关怀的典范形态。其普遍性不仅可从前述西欧现代公共领域演进史得到印证,也可从19世纪别、车、杜为代表的俄国第一代知识分子将文学评论扩展为社会评论获得印证。② 这一普遍性甚至在20世纪后半叶开始的欧美文学评论的

---

① 参阅哈贝马斯《公共领域的结构转型》第二章与贡布利奇《艺术的历程》、《理想与偶像》等研究结论。
② 参阅别尔嘉耶夫《俄国共产主义的起源与涵义》第四章,俄文版(1990)。别林斯基在俄国现代知识分子发展史上的地位酷似鲁迅。

文化评论化、①以及90年代后半叶中国大陆文学刊物大规模思想评论化现象中一再显现出来。

二

然而，恰恰是在20世纪末叶中国社会空前现代转型时代，鲁迅的现代知识分子角色受到

严重质疑。这一质疑发自现代思想主流的自由主义。

自由主义的质疑有其深广的现代性反思背景。

现代性的重大危机是，在神力与纯暴力已失去合法性的现代，私利扩张统治的基本方式之一，是利用伪理性的意识形态话语冒充公共领域代表、继而恢复政教合一。20世纪"意识形态加恐怖"的极权主义数起肆虐，均与此直接相关。

与之对立的自由主义捍卫以私有财产为核心的个人权力的不可侵犯性、坚持私人生活的"消极自由"对于公共参与的"积极自由"的优先性。作为现代性开端的马丁·路德信仰私人化原则表明，精神的个体性已收摄了一切普遍主义观念。韦伯的著名说明是："我们这个时代，因为它所独有的理性化和理智化，最主要的是因为世界已被除魅，它的命运便是，那些终极的、最高贵的价值，已从公共生活中销声匿迹，它们或者遁入神秘生活的超验领域，或者走进了个人之间直接的私人交往的友爱之中。"② 从而，康德主义的形式规则性与消极性为现代公共话语确立了两大规范。实质内容性精神价值意义谈论权属于个人，而不可抹平的个人不可规约为一，因此不再存在一元论的普遍公共价值意义体，只有个体之间交往共存的多元个性差异的价值意义群丛。这样，关怀公共精

---

① 参阅拉尔夫·科恩主编《文学理论的未来》，中国社会科学出版社1993年版。
② M·韦伯《学术与政治》，冯克利中译本，三联书店1998年版，第48页。

神的知识分子正当的关注对象应是个体交往的纯形式化言谈规则制度及其平等宽容妥协精神。韦伯称那些在现代仍虔诚怀抱精神信仰者为消极性的"守夜人",而那些僭越这一消极界限的立论布道者则是"伪先知"。20世纪最响亮的口号"反形而上学"("反本体论"),其政治哲学涵义,正是对一切可导致泯除公私畛域的"大一统"观念理性资格的褫夺(分析哲学甚至从语言哲学角度判一切逾越个体感知经验的名词为"伪词")。福柯关于话语权力性质的观点更成为喝问一切言谈公共精神者的根据:"谁给你的权力!?"

这就是现代特别是后现代精神氛围。经历过斯大林集中营、纳粹毒气室与"文革"侵入私人日记或梦呓恐怖拷问之后的现代人类——不仅是西方人,也包括我们中国人,难道不应警惕那些企图以种种名义强求一律的做法吗?难道不应更宽容地看待个人差异吗?

正是在这一社会转型背景与现代精神氛围中,90年代以来的中国思想界在(韦伯)意图伦理—责任伦理、(柏林)"积极自由"—"消极自由"、激进的理想—经验地改良一系列对比中反省前者而倾向后者。"私人写作"受到尊重并推崇,王小波"我顶多能拯救自己,哪能拯救社会"(大意)的话被传颂,恪守个人自决立场而与承担社会道义的哈维尔决裂的昆德拉获得同情,从"现代评论派"到"学衡派"的自由主义现代意义被重新认识并高度评价,鲁迅曾与之论战的几乎所有派别人物、不仅"第三种人"与林语堂,甚至周作人,都不仅获得同情理解,而且成为现代自由主义资源。

正是上述消极自由主义的现代性解读,使作为改造国民精神的"积极自由"斗士的鲁迅成为前现代的。

本文充分同情地理解自由主义对于今日中国的现代意义。包括上述各种说法,也包括对鲁迅严峻的不宽容性格、对以自由主义为论敌及曾被专制意识形态权威化的史实的深层反省,本文均同情理解。

但是，本文将在一个根本基点上对消极自由主义作出批评：作为践行"积极自由"的公共精神关怀者的鲁迅、以及依托此基点的知识分子，是否妨碍现代自由？

三

现代自由亦即个性自由，恰恰也是与消极自由主义歧异甚至对立的其他现代思想的宗旨。它们对消极自由及其私人基点的批评，构成现代自由思想内在的张力。

从贡斯当到柏林，对现代自由的私人性强调被人们非社会化了。哈耶克认为一个流浪汉比一个军营中温饱不愁的士兵更为自由。个体自由在这里恰恰被浪漫地抽象化为孤闭的古代自由，自由所包含的人对自然与社会的丰富关系荡然无存。现代自由相对于群体性的前现代社会诚然突出了个体性，但同时又空前地发达了个体自由的普遍交往关系性。现代自由从而在一个基点上不同于古代：在古代可以单独存在的个体自由（如一个与世隔绝的自耕农），在现代却必须同时是无数个体间息息相关的社会化自由。"每个人的自由发展是一切人的自由发展的条件"（《共产党宣言》），马克思主义这一经典名言在此意味着：当一个现代社会成员受到不公正压迫失去自由时，即表明了所有其他自由个体的自由是偶然暂时的、是没有理性依据与法制保障的虚假自由。左拉为一个犹太人冤案挺身而出，他必定是当时清晰地意识到了此事与法国大革命以来现代自由的社会性的重大关系。这也就是鲁迅临终前的潜意识深处的意念："无穷的远方，无数的人们，都和我有关"。① 这种知识分子的公共性意识，同时也是衡判一个现代社

---

① 鲁迅：《且介亭杂文末编·"这也是生活"……》。

会成员公民精神的最高尺度。

自由主义实质视私有财产为道德之基。但马克思却看到了私有制作为自由创造活动主体的异化性质。汉娜·阿伦特从新亚里士多德主义角度更多地揭示了以私产为核心的私人领域的贪婪、冷酷与占有,是如何借助现代资本主义营利观念而膨胀为公共社会通则,垄断占有不仅推动自由资本主义演化为帝国主义,并成为现代极权统治的一个根源。①

即使对合理的私人领域及其消极自由而言,也不是封闭自足的,而必须依赖积极自由的公共领域保障。阿伦特以二战时代拥有巨额私产,却无积极自由公民权的犹太人的悲惨遭遇为例,强调进入公共领域的积极自由不仅是私人消极自由的前提,而且是私人升格为公民从而实现更高自由的必经之途。相反,萎缩于私生活的个体,一方面形成公共领域的意义空场,使乘虚而入的私利个体及集团得以扩张(这是自发必然的趋势)为专制统治,另一方面又被现代大众商品文化抹平为单子,成为极权主义的暴民材料。消极自由主义的魏玛共和国及英法绥靖妥协,与失去公共交往、唯剩受纳粹摆布一途的德国市民,分别为上述两个方面的史实证明。而或是无自我无人称的家国成员、或是自私动物的中国人,从"文革"的切身历史中当不难明白这两极向专制转化的内在同一性。

因此,现代专制既是私欲"积极自由"扩张的恶果,同时也是"消极自由"个体放弃公域"积极自由"自取之后果。公共关怀的积极自由与私人自在的消极自由具有辩证的亦即依存的矛盾关系性质,但消极自由主义却将两者当作"真正的对立"(康德)。柏林认为,一个人挺身反抗纳粹与留在父母身边尽孝,是无法统一评价的两种责任。② 这种消极自由主义不仅软弱,也势必在放弃个体

---

① 参阅阿伦特《人的条件》,竺乾威等中译本,上海人民出版社1999年版;《极权主义的起源》,林骧华中译本,台北:时报出版社1995年版。
② 参阅柏林《论追求理想》,中译文载《哲学译丛》1998年第3期。

升华同时毁灭自己与他人。

事实上,倡导私生活消极自由优先者,本身已是在积极自由地倡导一种公共原则。其"公开运用理性"的方式,证明着他们和鲁迅一样关怀着公共精神,同样属于现代知识分子。此中的悖论是,身体力行消极自由论者不会再向他人倡言宣传此原则,因为这仅是他私人生活方式。但这样他也就不再是知识分子,同时也不再会有两种自由的讨论。这一悖论深刻地显示了积极自由与消极自由的相互依存性。

四

自由主义所强调的个体独立自由(特别是"消极自由"),是中国几千年封建专制从未有过、"五四"以来近一个世纪变局亦未能建立的新人性。这也正是鲁迅一生为之斗争的目标。鲁迅矢志不移的"国民精神"改造,核心即"奴役他人或为他人所奴役"的奴隶性格改造,它指向一种现代公民精神:用权却不骗人,利导却非迎合,既不看轻自己,也不看轻别人,作为大众中一员做大众的事业。鲁迅称这种新人为"知识者"。① 但鲁迅一生批判的重要对象恰是包括他自己在内("抉心自食")的传统知识人。鲁迅曾断言中国不存在俄国那样的"智识阶级"。因此,一种作为公民精神先驱的新知识分子,只能是在"公开运用理性"精神建设中互动生成的产物。鲁迅迄今仍是这一行程中的人格象征。中国大陆20世纪90年代发生过两次典型"公开运用理性"与"积极自由"的公共关怀:一是就商业文化淹没社会伦理而展开的"人文精神"讨论,二是以推动《现代化的陷阱》出版为标志、对转型时期权力掠夺社会财产的道义评判。这两次公共性讨论均非政府行为,但却均属高度公

---

① 参阅鲁迅《门外文谈》。

共性的问题;尤其是,无论就参与者的职业和学科背景或讨论的形式与目标而言,这种讨论都典型地具有康德所强调的超专业性。这显示了中国现代化所达到的一个重要阶段:一个现代公共领域在一批"积极自由"地"公开运用理性"的知识分子言行中开始出现,或者说,中国现代知识分子在这一建构中开始生长。人们应能从中听到鲁迅的声音,并从这些成长中的"新知识者"身上真切地感受到鲁迅的血脉气性。

不要以为"积极自由"的公共关怀只属于争取与建构现代民主制度阶段的事,似乎一俟现代制度建立,"积极自由"的知识分子只需维护形式化的公共交往规则即可。康德不承认自己的时代是业已"启蒙了"的时代,二百年后的后现代,福柯则断言启蒙将是一个永远进行的过程。现代专制一再轻易推开法制而得逞的史实表明,现代自由所依靠的高度理性形式与专业化的国家法制本身,恰恰需要法制之外实质内容性的公民精神维护。知识分子无权亦无力僭越国家行政职能,但却以关怀此职能赖以维系的公共精神为天职。一个支持法制国家并不息启发私人"积极自由"地参与公共领域的启蒙,由此成为恒常的功能环节。

这意味着,鲁迅所体现的现代知识分子角色不仅属于今天,也属于未来;但这同时意味着,逝去的鲁迅并非至高无上的存在,现代知识分子角色尚有待在今天与未来的公共参与中自我超越地不断生成。

附 录

2008年台湾繁体版前言

　　本书所论知识分子，并非通常理解的基于现代化分工的专业人士，而恰恰相反，是针对现代化分工的超专业关怀者。这一知识分子观念肇始于19世纪，20世纪才成为西方思想界确定论域，20世纪末叶开始为汉语思想界关注。但本书并非西方思想的译介或舶来产物，而植根于中国大陆本土思想。读者可通过"序"、"导论"、"后记"与"增订版引言"径直进入此书的中国处境与语境。

　　贯彻全书的一对相反相成的核心概念是"意义"（significance）与"涵义"（meaning），他们是对人类基本生存形态的劳动的功能结构抽象。本书剖析了人类在脱离猿群不断扩展文明的劳动机制中，有限而确定的操作性"涵义"在获取生存目标的同时，如何必须凭借"意义"超越性提升自身。人类无"涵义"无法生存，无"意义"则无法在区别于动物的人性向度上生存。"意义"需要对"涵义"超越性阐释才能显现。此种超越性阐释是每一个体本己的意向，但只有那些有能力将一己"意义"关怀扩展为公共话语者，才成为阐释并守护世界意义的人亦即知识分子。人类第一批专职阐释"意义"者巫师即是知识分子始祖原型，它特别突出了知识分子超越性的信仰背景。

　　现代化根本改变了"意义"阐释形态与阐释者的身份。现代政教分离原则不仅禁止利用公权阐释"意义",而且将"意义"阐释从代表公共领域的工商政法主流活动中剥离出去。在与形式制度化公共领域相区分的宗教、艺术乃至私人交往中,现代社会才提供了阐释"意义"的栖息地。超出这一栖息地的"意义"阐释不再是正当的职业。因此,恰恰在专业知识分子空前发达的现代,以阐释并守护世界意义为使命的知识分子传统却衰落了。由此形成了现代社会终极关怀与整体关怀的萎缩乃至缺失,并关系到19世纪经济危机与20世纪世界大战、生态危机、伦理危机、公共精神诸多危机,诸种危机"涵义"指示着根本性的"意义"危机。

但现代文明不应也不可能以恢复巫师传统重建意义世界。本书系统追踪了权威意义及其阐释传统在现代文明进程中的内在演变线索,并将现代社会的意义阐释承担者定位于人文知识分子。人文知识分子并非社会学的职业分层概念,而是超越现代分工的意义阐释者。但这切不可囿限理解为人文学科专业人士或与宗教对立的狭义人本主义者,积极响应现代性处境的宗教人士或爱因斯坦那样关怀人类命运的自然科学家,要比那些缺乏意义意向的人文学科从业者更能代表现代意义的人文知识分子。

大部分中国知识分子至今没有学会使用平等与和平的话语阐释意义。时下披挂国家民族主义的教派,即使以温柔敦厚为教义,其悍戾独断却并不逊于20世纪的专制主义意识形态。与此同时,对意义的渴求则不仅推动了宗教这一传统意义载体的复兴,而且泛滥为层出不穷的大众审美迷狂崇拜集会。原子自由主义与后现代主义者们则继续排斥阐释意义的"宏大叙事"。这一切表明,现代人文知识分子及其现代文明基础上的意义阐释,至今仍是有待生成的艰难历史目标。

本书初版引言自识系"参与中国思想界论战而匆匆出版"的"简陋"小册子,却激发了意想不到的反响,除大学校园专题研讨会外,竟至夸张到被数家网站与苏格拉底柏拉图孔孟老庄诸人类经典同列为必读读物。这件事本身可视为当代中国思想史的一个标记,它毋宁是以一种异常方式激进而沉重地表达了中国现代化转型期意义失落所引起的痛苦与渴望。

本书初版已受到台湾学者关注,此次繁体版已有新的增订,期望着与台湾思想界精神同道的进一步相遇与交流。

2006年增订版引言

承蒙李玉皓女士盛情提议,《阐释并守护世界意义的人:人文知识分子的起源与使命》与《人文学科及其现代意义》两书得以纳入陕西人民出版社"新世纪学人文萃"而增订再版。两书1996年同时以寥寥千册初版,由于发行不畅,仅托几位朋友代售百余册,但当年底竟居北京"万圣书苑"与"风入松"书店销售榜首,因此而收到多封同道者的诚挚来信。特别是以四川大学一批中青年学者为主体的"成都地区高校面向21世纪学术月会"两次讨论《阐释并守护世界意义的人》一书,中国青年政治学院孟登迎教授推荐大学经典阅读书目,此书亦忝列其中,台湾中原大学曾庆豹教授将此书列入学位课研修书目,《大学人文教程》(广西师大出版社,2003)"知识分子"一章作者邵建将此书与萨伊德的《知识分子》同列推荐,美国国际神哲学院(ITS)院长唐崇怀教授甚至从此书中提取创造出术语用于他的论文……这些反响引领我超出作者身份而从思想史角度理解该书的时代背景。

诚如《阐释并守护世界意义的人》初版序言所强调的,此书并不奢望传世,而是迫于时势写给当代中国大陆读者的(正如四川大学吴兴明教授所指出的:此书的语境完全是中国大陆的)。序言坦言此书与中国社会现实关联的思想论战性质。这也正是此书之后尽管已有相当数量的域外知识分子论名著译出，我依然相信此书本土独立价值并同意再版的主要原因：书中所描述与分析的中国精神价值问题仍旧存在而且更为严重了。此书手稿于1988年后在友人中流传，1996年成书出版，其间中国大陆社会发生了继1976年结束"文革"之后第二次重大变动。这一变动的主要社会涵义是新的利益集团或阶层的形成与分化。1996年至今已十年，这一利益分化已远超出了社会转型期自然分化性而呈恶化格局。攸关此书题旨的是，正是这一恶性分化格局不仅畸变了中国现代化改革，而且从社会存在根基处动摇与瓦解着中国人的共同体观念与精神价值信念（而据专门研究者的友人告知：经历过纳粹集中营的波兰人、处于"休克疗法"大动荡中的俄国人却保持着高贵宁静的精神）。值此严峻时代，此书所定义的作为阐释并守护世界意义的知识分子，所承担的便不仅是一般的文化观念传播（如80年代文化大讨论），而更突出的是关怀并挺身实践（不仅是"守护"，而且是更为艰难的探索与建设）公共精神。这也是今日中国大陆语境下人文精神的首要含义。

但恰是这种攸关知识分子特性的公共精神，在今天受到来自知识分子生存压力的重大限定。此书首章关于劳动二重性的原理与末章关于知识分子处世困境的规律在今日呈现为残酷的生存法则。不仅是时代观念，而首先是变化了的社会生活机制，使金钱成为当代人的上帝（尽管表现为富人穷奢极欲与穷人赖以活命迥异形态）。笔者交往所观察到的是：与20世纪80年代完全不同，21世纪中国大陆一流知识分子中已少见超越金钱者。这意味着个人幸福已成为统治性的人生观。2005年一位有名望的中国哲学家因走私人口被捕，据说替亲属筹措金钱以改善生存处境。网络对此事的评论，是强调儒学学者应知行合一。这诚然是对现代人文知识非实践化的针砭，但所立足的却是知识分子的个人修身，而未能正视知识分子生存基础及其制度环境的变迁。可是，历史生活中真实发生效力的儒士仁学理想与人格节操不仅拥有巫史传统，而且拥有从科举到品评、从书院到乡约一系列社会支撑体制。就此而言，每一时代知识分子之可能超越性地阐释并守护世界意义，均有其相应的社会基础与时代认同心理氛围。然而，继辛亥革命与五四运动打碎绅士社会及其文化基础之后，作为将共产主义意义阐释推至反人性极端的"文化大革命"的反拨，20世纪末叶以来的市场化转型也瓦解了作为共产主义意义阐释基础的公有制。这是现代中国人耳熟能详的"社会存在决定社会意识"的马克思主义基本原理（尽管《阐释并守护世界意义的人》一书力图阐发的正是相反方向的原理：意识如何不可或缺地参与建构社会存在）。人心随社会存在转变之快，使两个时代之交替甚至成为毋须记忆分隔的同一时空下的直观画面。困难的是：只有基于公民权利与民主法制的现代化社会才会有现代性的公民道德与公共精神，但只有现代性的公共精神才是特权共同体演进为现代文明社会的守护神。人文知识分子及公共精神在当代中国现代转型的处境比上述现代化—现代性悖论更为复杂。例如，与西方现代化—现代性历史不同的一点是，中国缺少如基督教那样仍保持现代生命力的精神团契体制（而团契则是现代性私人信仰衔接现代化公法体制的重要环节），因而缺少支撑现代人文知识分子的制度性资源。关于当代中国人文精神重建与人文知识分子的思考从而不能仅仅执着于个体修身与节操品质的精神形而上学，而亟待从理论与实践结合的调查、试验中建设中国的现代团契。90年代以来的中国社会变动已日益突出地要求人文科学走出哲学思辨而与社会科学相结合，两书增订版所增加的内容只是极其有限地透露出这一转向。

增订版除校正初版技术性错误外，对《人文学科及其现代意义》做了较大调整，增添了最近十年的相关论文，改名为《人文精神与现代性》。《阐释并守护世界意义的人》附录增添的几篇关于公共精神的论文,针对性背景之一则是 90 年代输入中国的柏林(I.Berlin)消极自由观淮橘成枳的复杂影响。以消极自由为底线的个体自由观念诚然至今仍是中国现代化有待养成的文化条件,但在转型期公共财产被强行瓜分的扭曲社会分化格局下,无视公共精神的现代或后现代的个体主义或私人化思潮,实际后果却是犬儒主义乃至更糟的利己主义。将与之对立的公共精神混淆为极"左"意识形态,执著于个体差异性与抽象虚假的个体自由主义,不仅脱离了 90 年代以来中国的现实境况,也是对西方反思现代性思想(如新共和主义、新亚里士多德主义)的忽视。因此,人文精神及人文知识分子在现代公私两域本属正常的形态差异,在增订版中呈现出紧张对立,这正是回应 1996 年初版以来中国社会及思想状况所留下的烙印。

增订版将初版中本已包含的一个观点明晰化了:人文观念及人文主义,实质是其表面对立一方的神性信仰的转化与替代物。在现代性文化中,人文精神不仅与科技对立互补,而且与神性信仰对立互补。对这种对立互补的或显或隐状况的观察与思考,是我自 90 年代末以来在"基督教与中国现代化"方向下的工作,希望今后可以结集面世与同道者交流。

值此天崩地解动荡时世,天下事、国事、家事何等艰难沉重。与 90 年代开始流行的嘲讽伪崇高意识形态的喜剧感有别,我感受着一种几乎绝望的进行中的悲剧。列维坦式的社会进程置人文精神于不顾,一如后者恝然于前者。现代主义习于批评人文精神为"道德主义",却不能从历史高度评估中国式现代化的缺失:中国转型期最深远的代价并非经济政治,而恰恰是不亟迫的软性领域的环境破坏与道德沦丧,这才是几代人也难以恢复重建的。这意味着形上人文精神代价绝非空洞虚词。当前首要的是正视今日人文精神的历史性危机事实。当从经济领域到学术领域的巧取豪夺摧毁公德后,中国人的私德已危及人性底线:

2003年5月6日,陕西省城固县二里镇三名男中学生将寻亲途中沦为乞丐的李文兰——一位年近他们母亲的妇女挟持到野地凌辱,并以菜秆捅李下体,李拖着血污的身体死去。① 这一虽属恶性但绝非个别孤立的事件表明:孟子所揭示的作为先验人性标志的"四端"已被打破。我们今日不再抽象盲目地美化"民间"甚至"童心",但更深刻的困境是,在结构性伦理解体的今天,我们是否还有理由以伦理操守要求那些生存挣扎中的民众,或责备他们生存自保性的某些违规行为?……身心疲惫的我日益痛切地感受到自己的无力渺小。虽曾激情投身"文革"毁家纾难、插队于贫困山区与近三十年学术思想活动,但在今天作一名阐释并守护世界意义的人文知识分子,我已愧难担当。十年前撰写《阐释并守护世界意义的人》末章末节"隐逸的人文意义"的意象,近年来卜兆般不时浮现心头。

但我仍确信人文精神深伏于不知何处。我每天如饥似渴地阅读《华商报》生活事件报道,追寻人文精神的踪影,积攒那些感动与教育我的报道。具有历史哲学意味的是,人文精神似乎在危难之际才格外清晰地显现出来:正是在日常甚至趁人命危勒索的医护室中,2003年春夏之交,同"非典"搏斗殉职的医生与护士以生命见证了希波克拉底誓言的真理存在,这古老的誓言回响在警察、司机、接线员的职业道德信念行动中,使这个危险的季节成为久已罕见的精神季节。今天,2005年12月16日,辽源大火灾后的第二天,响应夜半求血的高音喇叭呼唤,百余名市民起身走入零下18度的室外,汇聚在辽源市中心血站排队献血。"成排的出租车等在血站门口,他们不是为了赚钱,而是排队等着把献血者免费送回家。"② 这一场景必定不能够持存于

---

① 见《华商报》2003年6月3日-7日报道。
② 见《华商报》2005年12月16日报道。

刚性涵义支配的日常功利世界,但"人类历史上的这样一种现象不再被遗忘,这是由于它揭示了人的本性中向着更善的一种禀赋和一种能力,这类东西不是任何政治家从事物迄今为止的进程中推敲出来的,而且惟有它才在人类中按照内在的法权原则把自然和自由统一起来……"① 康德这一判断所依据的经验原型乃是:正是那些平日对邻人算计每一法郎的法国市民,却在攻打巴士底狱的战斗中为正义毫不犹豫地牺牲自己的生命。纵使劳动二重性结构中的人为着谋生难免自私自利,但劳动超越性前景却令人不可遏止地思乡归家般倾听着意义世界的召唤。正如孟子所深刻揭示的:"舜之居深山之中,与木石居,与鹿豕游,其所以异于深山之野人者几希。及其闻一善言,见一善行,若决江河,沛然莫之能御也。"② 善言善行的感召力尚且如此,一种善的(亦即公平正义的)制度下的人性又将如何!然而,善的制度之需要善的人,一如善的人之需要善的制度。

惭愧的是,我已只能以读者身份阅读网络与报纸上那些密切关注中国每天所发生的事件并迅速反应的杂文——我视之为从意义高度阐释中国转型并直接建设中国善的制度的思想行动:例如"孙志刚事件"那样介入并改造社会存在的推进中国现代化行动。这些杂文与网帖是当代中国思想真正优秀的代表。这些思想型的作者与行动者同那些诉讼维权的底层抗争者、舍弃一切甘与残疾亲人相依为命者一道,构成今天中国伦理与人文意义溃败时代的抵抗中坚。在这个幸福主义与享乐主义的生存时代,他们依然如同人类知识分子远古原型的自我牺牲巫师一样,③ 为追求与动物

---

① 康德:《学科之争》,引自《康德著作全集》第七卷,李秋零译,北京:中国人民大学出版社,2008年版,第85页。
② 《孟子·尽心上》,阮元刻本《十三经注疏》下册,北京:中华书局,1980年版,第2765页。
③ 详参《阐释并守护世界意义的人》第三章第一节所述"自我牺牲"的文化人类学含义。

生存相区别的人性意义(significance)而义无反顾地牺牲一己幸福。

谨致以深切的敬意。

2005 年 12 月 16 日于陕西师大

1996年初版序

本书试图从人文哲学角度对知识分子的本质提供一种阐释。

知识分子固然可以从社会学角度加以统计归类,也可以就某一特定时代的知识分子状况进行历史学的研究,但本书坚持认为:知识分子职能最独特的那一部分已越出了实证领域,它关乎人性本质;因此,知识分子独特的本质主要由人文知识分子承担,它需要从人文哲学角度来把握。

但是,人文哲学并不提供普遍适用的科学知识,它只是一种阐释。如现代阐释学所揭示的,阐释总是基于特定阐释者生活境况而对对象的阐发,它已含有特定的价值意向。因此,本书愿意坦然承认:本书的观点并非纯知识论意义上的客观真理,它不是无可争辩的科学结论,而是当代中国知识分子自我定位的一种寻求方向,或者毋宁说是一种期望与召唤——期望与召唤着世纪之交的中国与世界能有一批知识分子坚强地成为阐释并守护世界意义的人。本书试图为这样一种知识分子观念提供学理上的论证。它没有垄断知识分子观念,实际上一直流行着的倒是与之不同的技术型或权力型的知识分子观念。

人文阐释蕴含着历史与逻辑的张力:基于特定生活境况的阐释者却要援引与追求普遍的理性逻各斯。作为学理阐释,本书势必把论题推向人类全景、征引中外论据。这种学理论证模式依据着逻辑普遍性。何谓逻辑普遍性？本书将之归结为劳动技术（含语言）的普遍性。本书不同于非理性主义或极端的后现代消解主义，而坚持逻辑语言论证，这也就是坚持技术操劳的生存世界对于人文意义的基础性。但这当然不是将人文意义视作技术的派生物，如贬抑个体选择与评价的黑格尔总体理性主义同唯经济论的第二国际学派所主张的。本书基本题旨之一正是为人文意义的非自发性质以及由此而来的人文知识分子不可或缺的职能地位作辩。这表现出本书的价值意向与问题背景。

因此，本书又不属于教科书式的"知识分子学"原理研究，它浸染着20世纪末叶中国知识分子特有的焦虑与忧患；就其阐释意向与问题背景而言，它甚至可以在一定程度上视作当代中国知识分子思潮录：启蒙与救亡、学术独立与社会关怀、中心自居与边缘化、个性本体与普遍价值、导师传统与痞子化、学者与"下海"……这些自20世纪80年代末以来开始急剧困扰中国知识分子、而且迄今尚在争辩中、甚而激化为思潮对立的问题，均构成本书的阐释境况。

本书无权居高临下地裁判各种思潮，它自身即属于这诸种思潮中一种，因而本书又在一定意义上具有直接论战的性质：作为本书雏形的同名论纲，写作于中国大陆第二次全民经商高潮的1988年，它为回答周围友人的困惑与痛苦而曾以手稿形式流传过。1992年，对于中国当代思想史而言，具有象征意义的一件事是，北京大学与复旦大学这两所人文传统最深厚的中国高等学府首次招生欠员：它意味着当代中国人文知识分子正在失去自己的角色位置，或者说正在被一个不再需要人文意义的社会排挤出去。而自1988年以来，关于知识分子境遇的种种具体问题议论又绝非偶然地一再周期性地回溯如下基本理论问题："知识分子的社会功能究竟是什么？"

"究竟什么人是知识分子？"它表明,关于知识分子基本理论或原理的研究在今日中国已具有极为现实而紧迫的意义。正是基于这种逼迫性的时代背景——不只是指人文知识分子自身的安身立命,而且首先是20世纪末叶历史转型期中国特殊的精神意义危机——本书才不避简陋匆匆成书,以及时地参与当代中国重建精神价值的对话。

阐释本质上就是对话。一种人文知识分子的理想观念哪怕享有人类总体进程中更高的真理位置,那也从不意味着拥有教阶或权柄的高贵地位。一切真正的人文阐释不带有任何的强制性,它只是以向往与憧憬的态度诉说,以吸引那些从自身生存经历中有幸看见过洞穴之外太阳光的人(柏拉图的著名比喻),吸引他(她)们不断走向人性境界,使他(她)们手中的劳动工具不只具有谋生手段的涵义(meaning),而且有可能开拓出超越于动物式生存的人所独有的意义(Significance)。

后　　记

　　关于中国知识分子的任何当代研究都不可免地具有当代中国知识分子自我阐释的特性。本书兼融学术原理与思想史的体例，只是更加突出了这一特性，即：以当代中国人文精神及其知识分子的问题困境为阐释立场，去展示知识分子学原理；以论证知识分子原理为普遍坐标，来指示当代中国人文知识分子的位置。

　　中国近现代知识分子的基本问题是回应并挽救民族国家的危机。因此，20世纪80年代以来出现的人文主义思潮与知识分子自我叩问，是极可注意的新质现象。这不仅是思想史现象也是社会结构的变迁。我希望以后能以切身体验的现象学式描述与社会学结合的方式，更加确切地指明，正是在60年代末与70年代初，中国产生了明末以后的第一批人文知识分子群体雏形。

　　应当说明的是，为了突出这一新质，本书着力强调了人文知识分子与世俗社会的区别及其独立性。由此而未能展开的另一方面，即人文意义由世俗生活而生并积淀为生活世界的"平常心"，我将通过另一关于日常生活美学的专题研究予以补述。

1995年11月于陕西师大中文系

图书在版编目(CIP)数据

阐释并守护世界意义的人:人文知识分子的起源及其使命/尤西林著.
--上海:华东师范大学出版社,2017
ISBN 978-7-5675-6257-8

Ⅰ.①阐… Ⅱ.①尤… Ⅲ.①知识分子-研究 Ⅳ.①D013

中国版本图书馆 CIP 数据核字(2017)第 041697 号

华东师范大学出版社六点分社
企划人 倪为国

本书著作权、版式和装帧设计受世界版权公约和中华人民共和国著作权法保护

阐释并守护世界意义的人——人文知识分子的起源及其使命

著　　者	尤西林
责任编辑	彭文曼
封面设计	刘怡霖
出版发行	华东师范大学出版社
社　　址	上海市中山北路 3663 号　邮编　200062
网　　址	www.ecnupress.com.cn
电　　话	021-60821666　　行政传真　021-62572105
客服电话	021-62865537　　门市(邮购)电话　021-62869887
地　　址	上海市中山北路 3663 号华东师范大学校内先锋路口
网　　店	http://hdsdcbs.tmall.com
印刷者	上海盛隆印务有限公司
开　　本	890×1240　1/32
插　　页	2
印　　张	9.75
字　　数	225 千字
版　　次	2017 年 5 月第 1 版
印　　次	2017 年 5 月第 1 次
书　　号	ISBN 978-7-5675-6257-8/G.10213
定　　价	60.00 元
出版人	王焰

(如发现本版图书有印订质量问题,请寄回本社客服中心调换或电话 021-62865537 联系)